理論と実践をつなぐ
教育心理学

杉本明子・西本絹子・布施光代 編

執筆者一覧

編集

杉本　明子（明星大学）・西本　絹子（明星大学）・布施　光代（明星大学）

執筆者

序　章……………… 杉本　明子（同上）

第1章……………… 西本　絹子（同上）

第2章……………… 布施　光代（同上）

第3章……………… 布施　光代（同上）

第4章……………… 杉本　明子（同上）

第5章……………… 杉本　明子（同上）

第6章……………… 金子　真人（国士舘大学）

第7章……………… 佐藤　有耕（筑波大学）

第8章……………… 榎本　拓哉（東海学院大学）・西本　絹子（同上）

第9章……………… 熊木　悠人（福岡教育大学）・戸田　有一（大阪教育大学）

第10章……………… 大久保智生（香川大学）

第11章……………… 西本　絹子（同上）

第12章……………… 高下　梓（松本看護大学）・黒岩　誠（明星大学）

第13章……………… 島田　博祐（明星大学）・森下由規子（明星大学）

まえがき

　本書は、大学の教職課程で学ぶ学生や、教育心理学に興味を持っておられる初学者に向けて書かれたテキストです。本書を読まれる方が、教育心理学の基本的理論や概念を理解し、教育に関わるさまざまな事象や支援について心理学的視座から考察できるようになることを目指しています。

　本書は、主に次のような特徴を持っています。

(1)教育心理学の理論がどのように教育実践に関係しているのかについて考えていただくために、第1章から13章までの各章の最初に「学びの入り口」を設けました。「学びの入り口」では、各章のテーマに関連するさまざまな教育現場の事例を取り上げており、具体的にどのように取り組めばよいのかについて心理学理論に関連づけながら考察する糸口を提供しています。

(2)教育現場で起こっている問題に対応できるように、「認知・学習」「学級集団」「臨床」「障害」などのテーマについて実践的な支援に関する内容を盛り込みました。日々子どもたちに向き合っておられる教師や教育関係者の方々にとっても役立つ情報になることを意図しています。

(3)教職課程の学生が効果的に学ぶことができるように、第1章から13章までの各章の最初に「学びのポイント」を明示しました。また、各章ごとに「ミニットペーパー」（出版社（株）みらいのホームページ：http://www.mirai-inc.jp/→「書籍サポート」からダウンロードもできます）が用意されており、学生自身が学んだことの振り返りや重要事項に関する知識の確認ができるようになっています。「ミニットペーパー」は、小テストとしてもご使用いただけます。なお、小テストの解答は上記「書籍サポート」に掲載してありますが、スマートフォン等で同頁にあるQRコードを読み取れば、その場で解答を確認することができるようになっています。

(4)教員採用試験の参考書として役立つように、近年の教員採用試験で出題された重要語句・人物を網羅的に取り上げています。また、各章の初めに「キーワード」を設け、重要語句・人物が一覧できるようになっています。

(5)教育心理学に興味を持っていただけるように、第1章から13章までの各章の最後に「コラム」を設けました。「コラム」では、各章のテーマに関連した興味深いエピソードを紹介しており、一般的な読み物としても楽しんでいただけることを期待しています。また、教育心理学についてさらに深く学びたいと考えておられ

る方のために、各章の最後に「さらなる学びのためのブックガイド」も設けてあります。

(6) 教育心理学の伝統的な理論とともに最近の研究動向も紹介し、新しい時代の教育の在り方について考えるための有用な情報を提供できるように配慮しました。

(7) 教育心理学について先行知識がない読者にとっても理解しやすいように、できるだけ一般的な用語を用い、読みやすい文章で説明するように心がけました。また、専門用語や補足的な内容に関しては側注で解説し、図表や写真も多く取り入れています。

　本書が、「教育心理学とは何か」について学ぶ入り口になると同時に、「人間の行動と変容の背後にある心理とはどのようなものか」「教育はいかに人間の発達と学びに寄与できるのか」という知の探究の入り口につながることを願っています。

　最後に、本書の編集に多大な労をお執りいただいた（株）みらい編集課の西尾敦氏に心より感謝申し上げます。

2019年2月

編集代表　杉本　明子

目次

まえがき

序章 教育心理学とは

第1節 教育心理学の定義と領域　12
1　教育心理学とは何か　12
2　教育心理学の領域　13

第2節 教育心理学の歴史　15

第3節 教育心理学の研究方法　17

第1章 発達の基礎

第1節 発達とは何か　23
1　発達の原理　23
2　発達を規定する要因　26

第2節 人格発達の基礎　29
1　フロイトの心理性的発達理論　29
2　エリクソンの心理社会的発達理論　31
3　アタッチメントの理論　34

COLUMN　39

第2章 認知・思考の発達

第1節 ピアジェの認知発達段階理論とその後の展開　42
1　ピアジェの認知発達段階理論　42
2　ピアジェの理論のその後の展開　46

第2節 ことばの発達　50
1　コミュニケーションの道具としてのことば　50
2　思考の道具としてのことば　51

第3節 ワーキングメモリの発達　53
1　ワーキングメモリとは　53

　　　　2　ワーキングメモリの発達と教育　54
　COLUMN　56

第3章　学習意欲と動機づけ

第1節　欲求と動機づけ　59
　1　欲求とは　59
　2　欲求と動機づけの関連　60

第2節　学習に対する動機づけ　61
　1　学習意欲　61
　2　学習動機に影響を及ぼす要因　64

COLUMN　70

第4章　学習理論と教授・学習指導法

第1節　学習理論　73
　1　行動主義学習理論　74
　2　認知主義学習理論　78

第2節　授業形態と学習指導法　84
　1　行動主義／認知主義学習理論に基づいた指導法　84
　2　協調学習　88

COLUMN　93

第5章　学習につまずく子どもの認知と指導

第1節　ディスレクシア児の認知・行動特性と学習指導　96
　1　学習障害（LD）とは　96
　2　ディスレクシアの定義・出現頻度と読み書きの行動特性　97
　3　ディスレクシアのサブタイプと認知特性　98
　4　ディスレクシアの脳神経学的基盤　100
　5　ディスレクシア児への学習支援と読み書き指導　101

第2節　学習のつまずきの原因と指導　103
　1　メタ認知　103
　2　スキーマ　105
　3　記憶の特性　106

COLUMN　109

第 6 章　知能・創造性・学力

第 1 節　知能　112
1　知能とは　112
2　知能の捉え方　113
3　知能検査の変遷　113
4　知能は個人間差から個人内特性へ　115
5　知能理論　116
6　知的能力の発達　120

第 2 節　創造性　121
1　創造性とは　121
2　創造性の理論モデル　121

第 3 節　学力　123
1　学力と学業不振　123
2　RTIモデル（指導に対する反応モデル）　124

COLUMN　126

第 7 章　パーソナリティと自己

第 1 節　パーソナリティの理論　129
1　パーソナリティの類型論的理解　129
2　パーソナリティの特性論的理解　131
3　ビッグファイブ（パーソナリティの5因子モデル）の展開　133
4　力動論（フロイト）と場の理論（レヴィン）　135

第 2 節　青年期における自己とアイデンティティ　136
1　青年期の特質と発達的意義　136
2　自我と自己　137
3　アイデンティティの形成　137

第 3 節　自己に対する評価と感情　139
1　青年期を彩る否定性　139
2　肯定的自己評価の様相　140
3　感情から見た青年期の理解　141

COLUMN　143

第 8 章　アセスメントと教育評価

第1節　子どもの問題をどのように理解するか　146
1　アセスメントによる対象理解　146
2　アセスメントの方法　147

第2節　フォーマル・アセスメント　149
1　性格検査　149
2　知能検査・発達検査　152

第3節　インフォーマル・アセスメント　154
1　行動観察による評価　154
2　面接による評価　154
3　行動所産物による評価　155
4　三項随伴性（ABC分析）　156

第4節　教育活動を評価するための方法　157
1　伝統的な教育評価　157
2　新しい教育評価の方法　160

COLUMN　162

第 9 章　社会性の発達と多様な人間関係

第1節　人間関係の広がりとその質的な変化　165
1　人間関係の広がり　165
2　人間関係の質的な変化　166

第2節　人間関係の中で育っていく「ちから」　167
1　周囲の人を分かっていく「ちから」　167
2　周囲の人と生きていく「ちから」　170
3　より良く生きていく志向性としての「道徳性」　171

第3節　人間関係の中で直面する問題と子どもの発達　174
1　問題を乗り越えての発達　174
2　多文化共生の中での発達　176

COLUMN　178

第10章 学級集団

第1節 学級集団づくり　181
  1 学級における集団の特徴・機能・発達　181
  2 学級集団の査定　184

第2節 教師の学級集団への影響　187
  1 教師の子どもへの影響力　187
  2 教師の学級経営　188

第3節 学級集団への不適応予防と対応　192
  1 学級集団への不適応　192
  2 学級集団への不適応の予防策と誤解　192
  3 学級集団への不適応に対する対応策と課題　194

COLUMN　196

第11章 困難な状況にある子どもへの支援

第1節 子どもの発達支援としての教育実践　199
  1 教師に求められる子どもの発達支援の役割　199
  2 カウンセリング・マインドを生かす支援の在り方　200

第2節 学校における危機への支援　201
  1 小1プロブレム　201
  2 不登校　202
  3 いじめ　204
  4 非行・暴力行為　208
  5 児童虐待　209

COLUMN　211

第12章 心理臨床

第1節 ストレスと適応　214
  1 ストレスとは　214
  2 ストレス対処に関わる心の働き　214
  3 ライフサイクルとストレッサー　216

第2節 幼児期・児童期・青年期における心の問題　217
  1 心の問題とその原因　217

　　　　2　幼児期に見られやすい心の問題　217
　　　　3　児童期から青年期に見られやすい心の問題　217
　　　　4　心の問題を見つけるためのサイン　219

　　第3節　カウンセリング　220
　　　　1　カウンセラーの姿勢　220
　　　　2　カウンセリングの立場　221
　　　　3　傾聴の基本的技法　221

　　第4節　心理療法と心理相談機関　222
　　　　1　心理療法とは　222
　　　　2　代表的な心理療法　223
　　　　3　心の専門家や外部機関との連携　227

　　COLUMN　229

第13章　特別支援教育

　　第1節　特殊教育から特別支援教育へ　232
　　　　1　はじめに　232
　　　　2　特別支援教育で始まった取り組み　233
　　　　3　インクルーシブ教育システムと合理的配慮　233
　　　　4　個別の教育支援計画と個別指導計画　234

　　第2節　身体障害児の特性と支援　234
　　　　1　視覚障害について　234
　　　　2　聴覚障害について　235
　　　　3　肢体不自由（運動障害）について　237
　　　　4　病弱・身体虚弱について　238

　　第3節　知的障害児の特性と支援　239

　　第4節　発達障害児の特性と支援　241
　　　　1　発達障害の定義と分類　241
　　　　2　LDについて　241
　　　　3　ADHDについて　242
　　　　4　ASDについて　243
　　　　5　DCDについて　245

　　COLUMN　248

引用・参考文献　251
索引　266

教育心理学とは

第1節 教育心理学の定義と領域

1 ── 教育心理学とは何か

　いじめ、不登校、非行、発達障害など多様な問題を抱える子どもへの対応は、学校教育現場において大きな課題となっている。また、子育て中の親からも、自分の子どもは「他の子どもと比べて全般的に発達が遅れているように感じる」「乱暴で他の子どもにけがをさせてしまった」「勉強が苦手だ」「何に対してもやる気がない」「授業中先生の言うことを聞かないで、すぐに立ち歩く」「友達がいない」「最近、学校に行きたがらない」「家ではほとんど話さないので、何を考えているか分からない」「親の言うことをまったく聞かない」などなど、子どもの教育に関する悩みや不安の声を聞くことが少なからずある。学校教育や家庭教育だけでなく、保育、職業教育、社会教育などにおいても、教育に関わるさまざまな問題に直面することも多いだろう。こうした問題に直面したとき、「なぜ、人はそのような行動をするのか」「なぜ、そのように変わっていくのか」「どのような支援や指導をすれば良いのか」という疑問を持つかもしれない。このような人間の行動や変容の様相、および、その過程とメカニズムを心理学的に解明し、教育実践上の問題解決に寄与することを目的とする学問が教育心理学である。

　教育心理学の定義はさまざまあるが、大きく分類すると、①一般心理学の基礎的知見や理論を教育現象に応用する学問である、②教育現象を心理学的手法により実証的に研究する学問である、③教育に関連する諸事象や活動について心理学的（理論的・実証的）に研究し、得られた知見および技術を教育実践上の課題を解決するために提供する学問である、という3つの主要な立場がある[1)2)3)4)5)]。①は教育心理学を心理学の一分野[★1]であると捉える立場、②は教育科学の一分野[★2]として捉える立場であり、心理学と教育学のいずれに重点を置くかで捉え方が異なっていると考えられる。近年では、教育現場における実践的研究により、心理学実験室では得られないような豊富な研究成果が多数報告されるようになり、教育心理学は単に心理学の基礎的知見を教育現場に応用する学問ではなく、教育に関わる諸事象や活動を多様な研究手法（基礎的・実践的研究方法）を用いて研究し、その法則・

★1
心理学には、知覚心理学、社会心理学、神経心理学、進化心理学など、さまざまな分野があるが、特に、発達心理学、学習心理学、認知心理学、パーソナリティ（人格）心理学、臨床心理学などは教育心理学と密接な関連がある。

★2
教育心理学は、教育哲学、教育史学、教育社会学、教育法学、教育行政学、教育方法学などとともに教育科学の一分野である。

原理を心理学的に解明する学問であると考えられるようになってきた。すなわち、教育実践上の課題を解決し、効果的な教育的支援・指導を行うために、心理学の基礎的研究で得られた理論や技術を教育現場に提供するのみならず、教育実践に根差した研究のなかでさまざまな知見を得て、理論や技術のさらなる精緻化や進展に生かしていくというように、基礎的研究と教育実践研究の相互循環的過程のなかで心理学的な法則・原理を解明していく重要性が認識されるようになってきたのである。

　教育心理学は、現代社会において重要な役割を担うことが期待されている。教育職員免許法施行規則第6条の「幼稚園、小学校、中学校又は高等学校の教諭の普通免許状の授与を受ける場合の教職に関する科目」として定められている科目の1つに、「教育の基礎理論に関する科目」（①教育の理念並びに教育に関する歴史及び思想、②幼児、児童及び生徒の心身の発達及び学習の過程（障害のある幼児、児童及び生徒の心身の発達及び学習の過程を含む。）、③教育に関する社会的、制度的又は経営的事項）があるが、教育心理学は②に対応する科目である[★3]。また、児童福祉法施行規則第6条の2第1項第3号の「指定保育士養成施設の修業教科目」として「保育の対象の理解に関する科目」があるが、その中の必修講義科目として教育心理学に関連する科目が含まれている[★3]。このように、教育心理学は教員や保育士になるために必要な知識・技術を提供する学問領域であると認識されているのである。また、教育心理学の専門家は、学校教育現場において講演、巡回相談、授業検討会の講師などを依頼されたり、国や都道府県、市町村などの公的機関の審議会・協議会や研修会の委員として参加したり、公的試験の計画や実施に関わるなど、種々の行政活動に寄与している。

★3
「発達と学習」「学校教育心理学」などの名称で開講されることもある。

2 ── 教育心理学の領域

　教育心理学の研究領域は幅広いが、主に次の領域から構成されている。これらの領域は各々独立しているわけではなく、互いに密接に関連している。

1．発達

　受胎してから死に至るまで、人の年齢に伴う発達的変化を対象とする。主に、身体・運動、認知・思考、言語、パーソナリティ（人格）、社会性、情動などの発達の一般的傾向と原理、発達に影響を与える諸要因、発達の個人差と測定、および、発達支援の方法について研究する（本書では、主に第1章・2章で解説する）。

2．教授・学習

　人（動物）はいかに学ぶのか（学習理論）、どのような教え方をすればどのような学習効果が得られるのか（教授・学習指導法）について、学習環境（刺激）、行動、

認知過程、記憶、知識、動機づけ、教授者と学習者および学習者間の社会的相互作用、授業過程、教科教育などに焦点を当てて研究する（第3章・4章・5章）。

3．測定・評価

テスト理論（信頼性・妥当性の高いテスト［学力・知能・性格などを測定］を作成し、テストの得点から的確な情報を引き出す理論・技術を構築する）、心理統計学（心理学研究において必要な統計学の理論と方法を検討する）、教育評価（教育活動の過程や効果、および、その背景となる諸条件に関して、教育目標に照らして価値判定を行い、教育の改善に役立てる）を主な対象とする（第6章・8章）。

4．パーソナリティ（人格）

パーソナリティの特性および発達的特徴を説明する理論を実証的研究に基づいて構築するとともに、その測定方法を開発する。また、パーソナリティの個人差を生み出すメカニズムを、遺伝的要因、環境的要因、認知的要因などの観点から研究する（第7章）。

5．社会・学級集団

子どもの多様な人間関係（親子関係や仲間関係など）とその発達過程や諸問題、社会性（他者理解、道徳性など）の発達を研究対象とする。また、学級における教師と子どもの関係や子ども同士の関係、教師の子どもへの影響、教師のリーダーシップや学級経営、学級集団の特徴と形成過程、学級集団における問題などについての研究を行う（第9章・10章）。

6．適応・臨床

ストレスの要因・メカニズム・対処法、幼児・児童・青年期の問題行動（いじめ、不登校、非行、暴力など）と心の病（摂食障害、うつ病、統合失調症など）、カウンセリング、心理療法、学校の教育相談体制・外部の相談機関と効果的な支援の在り方などについて研究を行う（第11章・12章）。

7．障害・特別支援

障害（視覚障害、聴覚障害、知的障害、肢体不自由、病弱・身体虚弱、言語障害、発達障害など）の特性、診断・評価の方法、および、障害児・者の心理などに関して研究し、適切かつ効果的な支援の在り方を検討する（第13章）。

序章　教育心理学とは

第2節　教育心理学の歴史

　教育学の起源は古代ギリシア時代まで遡ることができるが、教育心理学の萌芽が見られるのは、18世紀から19世紀前半のヨーロッパにおいて、啓蒙主義の影響を受けて発展した教育思想—教師による一方的な教え込みではなく、子ども（学習者）の発達・思考・経験を重視する教育思想—においてである。当時の有名な思想家としては、フランスのルソー（Rousseau, J. J.）、スイスのペスタロッチ（Pestalozzi, J. H.）、ドイツの**ヘルバルト**（Herbart, J. F.）やフレーベル（Fröbel, F. W. A.）などが挙げられる。なかでも、ヘルバルトは、教育の目的を倫理学に、教育の方法を心理学に依拠する体系的教育学の構築を目指し、教育心理学を学問として位置づけた最初の教育学者であり、『一般教育学』（1806）6)や『心理学教科書』（1816）7)を執筆した。彼は、独自の教授理論である4段階教授法（明瞭→連合→系統→方法）を提唱し、教師は子どもの認知過程を把握しながら教授を段階的に行うべきであると主張した。この教授法は、弟子のツィラー（Ziller, T.）やライン（Rein, W.）らによって**5段階教授法**★4に発展し、効果的な教授法を求める世界中の教師から支持され、明治期の日本の教授法にも影響を与えた。

　19世紀半ば以降、今日の実証的な教育心理学の礎となる研究が芽生えてきた。イギリスの**ゴールトン**（Galton, F.）は、従兄弟であるダーウィン（Darwin, C. R.）の進化論の影響を受けて個体差に興味を持ち、遺伝と能力の関係性について研究を行い、『天才と遺伝』（1869）8)を著した。彼は、個人差を数量的に測定することにも関心を持ち、現代の心理測定の基本となる正規分布、中央値、パーセンタイル法などを用いた統計手法や、相関係数の原型となる指標★5を考案した。また、アメリカの**ジェームズ**（James, W.）も、「意識」の研究においてダーウィンの進化論の影響を受け、人や動物の環境への適応過程において自発的な「意識」が果たす役割の重要性を主張した。ジェームズは、最初の教育心理学のテキストとなる『心理学について：教師と学生に語る』（1899）9)を出版し、実験室で行われていた心理学を現実世界である教室場面の活動・現象に応用することなどを提唱した。

　ヴント（Wundt, W. M.）が1879年にドイツのライプチヒ大学に世界最初の心理学実験室を公式に開設した★6ことにより、近代の実験心理学が誕生したといわれている★7。彼は、フェヒナー（Fechner, G. T.）の精神物理学（精神世界と物質世界を関連づける数量的関係の解明を目指す）などの影響を受け、感覚の精神物理学、反応時間、連想などの実験研究を行った。ヴントの実験室には世界中の国々から多数の研究者が集ったが、彼らはのちに世界各地の大学で心理学実験室を開設し、一般心理学、教育心理学、発達心理学を成立・発展させる役割を担った。例えば、**モイマン**（Meumann, E.）は、実験心理学の手法を教育学研究に適用し、発達、学習、

ヘルバルト
（1776-1841）

★4　5段階教授法
予備（新しい学習内容に関連する既習の内容を想起させる）、提示（新しい学習内容を提示する）、比較（既習の内容と新しい学習内容を比較し関係づける）、総括（新しい学習内容をまとめる）、応用（新しい学習内容を他の領域に応用する）の5段階である。

★5
のちにピアソン積率相関係数、スピアマンの因子分析法へと発展した。

ヴント
（1832-1920）

★6
実際には、それ以前から実験室は開設されていたが、1879年から大学の正式な授業科目である「心理学演習」で使用されたことで、世界最初の公式な心理学実験室と認められるようになった。

★7
「心とはどのようなものか、心はどのように働くのか」という問題についての研究は、古代ギリシア時代のプラトンやアリストテレスなどの哲学にまで遡ることができ、それ以来、心の問題を研究する学問である心理学は長期にわたり哲学の学問領域の一部であった。しかしながら、18世紀から19世紀にかけて目覚ましい進歩を遂げた物理学、化学、医学、生理学などの自然科学の影響を受け、心理学も哲学者たちによる思索ではなく、自然科学のような実験的手法を用いて実証的に研究しようという流れが生まれてきた。このような潮流を生み出した代表的な心理学者がヴントである。

★8
元良勇次郎(1858-1912)は、ジョンズ・ホプキンス大学に留学し、ホールのもとで博士号を取得した。帰国後、帝国大学（現在の東京大学）教授になり、精神物理学、発生的心理学、児童心理学の知識や研究技法を紹介した。『心理学』（1890年）、『倫理学』（1893年）などを著し、その後の日本の心理学研究や教育の基礎を築いた。

ソーンダイク
(1874-1949)

教授法、個人差などの内容を含む『実験教育学講義』(1907)[10]を著した。**ホール**(Hall, G. S.)★8は、アメリカに帰国後、質問紙法を用いた発達心理学的研究（最初の質問紙法による児童研究など）を行い、質問紙法の原型をつくるとともに、児童心理学や青年心理学などの新しい研究領域を開拓し、『入学児童の精神内容』(1893)[11]や『青年期』(1904)[12]を出版した★9。彼は、初代アメリカ心理学会（APA：American Psychological Association）の会長になり、心理学の学術誌『The American Journal of Psychology』を創刊した。**キャッテル**（Cattell, J. M.）は、ヴントの元で学んだ精神物理学的測定法を発展させ、知能検査の先駆けとなる「精神能力テスト」を開発した。また、彼は心理学の学術誌「Psychological Review」を創刊した。**クレペリン**（Kraepelin, E.）は、精神疾患の系統的分類に多大な貢献をし、作業検査タイプの人格テスト（わが国では「内田・クレペリン検査」と呼ばれる）を開発した（第8章参照）。

ソーンダイク（Thorndike, E. L.）は、ジェームズの心理学に興味を持ち、ハーバード大学で彼の教えを受けたが、キャッテルに招かれてコロンビア大学へ移ったのち、動物が環境に適応するプロセスについて実験研究を行い、動物が問題状況において自発的に試行錯誤しながら学習する「試行錯誤学習」や、行動の結果がその行動の生起に影響するという「効果の法則」などの学習原理を提唱した（第4章参照）。さらに、ソーンダイクは、人の学習の転移や知能・適性などの測定に関する研究を行うとともに、『教育心理学』(1903)を刊行した。この著書は、その後、長きにわたり教育心理学の基本的テキストとして使用されることになる3巻本の大著『教育心理学』(1913-1914)[13]となり、今日の教育心理学の基本領域である「発達」「学習」「測定・評価」の領域の確立に多大な影響を与え、教育心理学の体系化に貢献した。

ヴントの影響を受けた心理学研究が発展していく一方で、ヴントの心理学に対立する心理学派も現れてきた。1つは、1913年にアメリカの**ワトソン**（Watson, J. B.）によって提唱された**行動主義心理学**である（第4章参照）。ヴントの心理学では、人の意識を研究するために**内観法**★10という研究手法を用いていたが、行動主義心理学者は、内観法は客観性がないため排除すべきであり、研究対象は誰もが観察可能な行動に限るべきであると主張した。もう1つは、1912年頃からドイツの**ウェルトハイマー**（Wertheimer, M.）らによって創始された**ゲシュタルト心理学**である（第4章参照）。ヴントの心理学は、人の意識は要素という基本単位に分解でき、複雑な心理現象も要素の連合から構成されるという要素主義・構成主義の立場をとっていたが、ゲシュタルト心理学者は、意識は要素の組み合わせではなく、まとまりのある全体として捉えるべきであると主張し、心理現象の全体的な構造特性を重視する立場をとった。また、ヴントの心理学では意識を対象とした研究が行われていたが、オーストリアの精神医学者である**フロイト**（Freud, S.）は無意識に光を当て、

意識と無意識を中心とする心の構造論（第1・7・12章参照）によって神経症を説明した。フロイトは、独自の心理療法である精神分析を開発し、医師の資格を持たない心理学の専門家でも精神分析を行うことができると主張したため、心理学の専門家によってカウンセリングや心理療法が行われるようになり、今日の臨床心理学の基礎が築かれることになった。

このように、20世紀初頭以降、さまざまな領域で多様な心理学理論が提唱され、教育心理学研究は目覚ましく進展していった。発達の領域では、ピアジェ（Piaget, J.）、フロイト、エリクソン（Erikson, E. H.）、ヴィゴツキー（Vygotsky, L. S.）など（第1・2章）が、学習の領域では、スキナー（Skinner, B. F.）、ケーラー（Köhler, W.）、ブルーナー（Bruner, J. S.）、認知心理学の研究（第4章）などが大きな影響を与えてきた。知能の理論・測定の領域では、ビネー（Binet, A.）、ターマン（Terman, L. M.）、スピアマン（Spearman, C. E.）、サーストン（Thurstone, L. L.）、ギルフォード（Guilford, J. P.）、ウェクスラー（Wechsler, D.）など（第6章・8章）が、パーソナリティの理論・測定の領域では、クレッチマー（Kretschmer, E.）、ユング（Jung, C. G.）、オルポート（Allport, G. W.）、マーレー（Murray, H. A.）、キャッテル（Cattell, R. B.）、アイゼンク（Eysenck, H. J.）、ロールシャッハ（Rorschach, H.）など（第7章・8章）が有名である。また、社会の領域では、レヴィン（Lewin, K.）、コールバーグ（Kohlberg, L.）など（第7・9章）が、適応・臨床の領域では、フロイト、レヴィン、ロジャーズ（Rogers, C. R.）など（第12章）が大きな影響を与えた。これらの心理学者の理論については、本書の該当章で解説されているので、そちらを参照していただきたい。

★9
ホールは、ヴントの著書「生理学的心理学要綱」を読んで心理学に興味を持ち、ハーバード大学のジェームズのもとで（「空間知覚における筋肉的てがかり」という実験心理学的な研究論文によって）博士号を取得した後、ドイツに留学してヴントの下で学んだが、帰国後は、主に発達、教育、宗教などの心理学的研究を行うようになった。彼の発達心理学の研究は、ドイツの生物学者ヘッケル（Haeckel, E. H. P. A.）の理論「発生反復説」（個体発生は系統発生を繰り返すという説）に依拠しているといわれている。

★10 内観法
自分自身が直接経験した意識に現れる心的過程を観察し、その内容を報告する手法。

ワトソン
（1878－1958）

第3節　教育心理学の研究方法

教育心理学は、科学的な方法でデータを収集・分析することにより、心や行動について実証的に解明することを目指している。教育心理学の研究方法は、自然科学領域の研究方法を基盤として発展してきたが、人間の心と行動という独自の対象を研究するため、教育心理学特有の研究方法も開発されてきた。本節では、教育心理学の主要な研究方法である**実験法、調査法、観察法、面接法**について解説する。

1．実験法

実験法とは、人為的につくり出した条件の下で、行動や事象などを組織的に観察する方法である。特定の条件がある場合（**実験群**という）とその条件がない場合（**統制群**あるいは対照群という）を比較し、条件の有無によって対象としている行動・事象などの結果に違いが生じるならば、結果の違いの原因を条件の有無に帰属させ

フロイト
（1856－1939）

ることができる[★11][★12]。例えば、教授法Aが計算能力を向上させるか否かを検討したい場合、教授法Aを用いて教えるグループ［実験群］と教授法Aを用いないグループ（あるいは、教授法Bを用いて教えるグループ）［統制群］を設けて教授実験を行い、実験の前後で両群の計算能力を比較する（事前テスト・事後テストを実施する）ことにより、教授法Aの効果を検討するという方法である。事前テストでは両群に差がみられなかったにも関わらず、事後テストにおいて実験群の方が統制群よりも著しい成績の向上がみられたならば、教授法Aは計算能力を向上させるのに効果的であると推測できる。得られた結果が、データの偶然の誤差から生じたものではなく、一般化可能であることを主張するために、通常、多数の対象からデータを収集し統計的分析を行う。

実験法では、①自然な環境下では滅多に生じることがない条件、あるいは、現実場面では物理的・倫理的に実現することが難しい条件を、人為的に（単純化して倫理に適うように）つくり出せる、②所定の実験手続きに従えば、何度も同じ結果を再現することが可能である、③条件と結果の関係から因果関係を特定することが可能であり、それに基づいて理論の妥当性を検証する[★13]ことができるなどの利点がある。しかしながら、実験は人工的な環境のもとで行われるため、得られた結果が自然な状況下で再現できない可能性があり、再現できない場合には実験法によって得られた知見を現実場面に適用できないという点にも留意すべきである。

2．調査法

調査法は、研究対象とする事柄・現象の特徴を記述・解明するために、研究目的に適合した個人や集団を選定して必要なデータ・資料を収集する方法である。調査の方法として、**質問紙調査**（質問事項を紙に印刷して配布し、調査対象者に回答を記入してもらう）を使用することが多いが、近年、**オンライン調査**（パソコンやスマートフォンなどのデジタル端末機器から、インターネット上で質問項目に回答してもらう）の利用も増加している。

質問紙調査法では、あるテーマに関してさまざまな側面から系統的に作成した質問項目群を用意し、対象者に回答（選択回答・自由記述）してもらうという形式で行われる。単なる観察だけでは把握するのが難しい個人の内面や特性について直接尋ねるという特徴があり、対象者の意見、気分、興味などの心理的特徴や、態度、行動傾向などを調べる場合に適している。例えば、「あなたは、1日に平均何時間インターネットを利用しますか」という質問に対して、「①全く利用しない、②1時間未満、③1時間以上～2時間未満、④2時間以上～3時間未満、⑤3時間以上」などの回答の選択肢を用意して行動傾向を調べる研究や、「心理学に興味がある」に対して、「①まったく当てはまらない、②あまり当てはまらない、③どちらともいえない、④まあまあ当てはまる、⑤非常によく当てはまる」などの段階評価（評

[★11] 「特定の条件が行動・事象などの結果に影響を及ぼす」というように、「XがYに影響を及ぼす」という変数間の因果関係について検討する場合、原因（X）であると想定している変数を**独立変数**、結果（Y）であると見なしている変数を**従属変数**という。

[★12] 2つ以上の条件が設定されることもある。

[★13] 研究者は、事前に仮説（特定の条件と結果の因果関係に関する予測）を立ててから、その仮説を検証するための実験を行う。

定尺度法）により心理的特徴について検討する研究などがある。

　調査法の利点としては、①回答者の内面を幅広く捉えることができ、さまざまな研究テーマに利用できる、②質問紙と筆記用具があれば比較的容易かつ短時間に実施できる、③一度に多人数から情報を収集できるので、大規模データの統計的分析が可能になり、結果の一般化を行いやすいなどが挙げられる。その一方で、欠点としては、①回答者の内面を深く捉えることが難しい、②回答者の主観的判断や自己報告に頼らざるを得ないため、回答者が質問を誤解して回答したり、自己防衛反応や社会的望ましさによってバイアスがかかった回答をしたり、虚偽の回答をする可能性がある、③文字を媒介として質問を行うため、文章が読めない年少者や障害児・者に対して実施するのが難しいなどがある。

3．観察法

　観察法は、研究対象の行動の観察に基づいて質的・量的データを収集し分析することにより、その行動の特徴や法則性を明らかにする方法である。観察法には、**自然観察法**（自然な状況下で研究対象の行動をありのままに観察する）と、**実験観察法**（ある特定の行動が生じやすい状況を人為的につくり、その状況下で研究対象の行動を観察する）がある。自然観察法には、日常生活の自然な振る舞いをそのまま把握できるという利点があり、実験観察法には、日常生活で生起頻度が低い行動を効率よく捉えることができるという利点がある。自然観察法は、さらに、**偶然的観察法**と**組織的観察法**に分類できる。偶然的観察法は、事前に明確な目標や仮説を設定せず、偶然出合った出来事や行動を観察していく過程で、徐々に行動の特性や法則性を発見していく方法である。それに対して、組織的観察法は、あらかじめ一定の目標や仮説を定めたうえで、特定の場面を選択して観察する（**場面見本法**：母親が幼児に絵本を読み聞かせる場面の観察など）、特定の種類の出来事や行動に着目して観察する（**事象見本法**：幼稚園児のいざこざの観察など）、一定の時間間隔で対象となる行動・事象の観察・記録を繰り返し行う（**時間見本法**：自由遊びにおける保育園児の泣きの頻度・条件の10分間隔の観察・記録など）というように、組織的に観察する方法である。

　また、観察者が観察場面にどのように関与するかにより、**参加観察法**（観察者が、対象者の生活の場に継続的に参加しながら直接観察する方法）と**非参加観察法**（ワンサイド・ミラーや隠しカメラなどを利用して、観察者の存在を意識させないように観察する方法）に分類できる。参加観察法には、観察者が対象となる集団やコミュニティに入り込み、その内部の視点から人々が事象や行為に対してどのように意味を付与しているのかを探る**エスノグラフィ**や、さらには、観察者が研究対象となる集団・コミュニティにおいて実際の問題を発見し、積極的にその問題を解決していく（現状を改善していく）過程を内省的に観察・記述する**アクション・リサーチ**な

どがある。例えば、研究者が、実際に学級崩壊が起きているクラスの担任教師と連携し、基礎的研究と**フィールド研究**[★14]を相互循環的に進めながら、学級経営を正常化させていく過程を記述・分析した研究は、アクション・リサーチである。

観察法の利点としては、①言語の理解・表現の能力が十分でない年少者や障害児・者にも適用できる、②観察対象者の行動だけでなく、周囲の人々の行動や状況、および、それらとの相互作用も同時に観察できる、③観察対象者の変化と周囲の環境の変化を時系列的に把握できるなどが挙げられる。その一方で、欠点としては、①参加観察法においては、観察者が意図しない場合（アクション・リサーチ以外）でも、観察者の関わり方や存在自体が観察対象者に影響を与え、観察データを歪める可能性がある、②研究対象を取り巻く環境・条件が複雑であるため、ある現象が実際には何によって引き起こされたのか（原因）を特定するのが困難なことがある、③**ランダム・サンプリング（無作為抽出）**[★15]が難しいため、**ケース・スタディ（事例研究法）**[★16]になる場合が多い、④観察者の技量がデータの収集や分析に与える影響が大きいため、研究結果の精度や客観性を担保することが難しいなどがある。

4．面接法

面接法は、面接者（研究者）と被面接者（対象者）が、1対1、あるいは、集団で直接対面し、主に会話を交わすことを通してデータの収集を行う方法である。行動の観察だけでは把握することが難しい思考や感情など、個人の内的世界を把握することに重点が置かれている。面接法には、研究者が研究目的のために対象者に質問をし、その回答から情報を収集する**調査面接**と、面接者が問題を抱えている被面接者に対して、対話を通して診断や治療・支援（心理療法、カウンセリングなど）を行う**臨床面接**がある。また、面接において尋ねる質問の内容や手順の事前の確定度により、**構造化面接**（事前に決めた質問項目・順番、教示などに従って面接を行う）、**非構造化面接**（事前に質問や教示を明確に設定せず、対象者の反応や会話の流れに応じて柔軟に質問を生成・展開させる）、**半構造化面接**（事前に質問項目を用意するが、対象者とのやりとりの過程で自然な流れになるように質問の順番を変更したり、追加の質問を行う）に分類できる。

面接法の利点は、①対象者の反応に応じて、質問の言い換えや説明を行うことにより、質問の意味を的確に伝えることができる、②対象者の回答で不明な点があれば、さらに詳しく尋ねることにより、対象者の考えをより明確化することができる、③対面状況で質問を行うため、対象者の非言語情報（表情、無意識の動作など）も同時に把握することができる、④文字情報によらないため、適用できる対象者の範囲が広がる（文章が読めない幼児なども可能）などが挙げられる。その一方で、欠点としては、①一度に多人数に実施することができないので、大量のデータを収集することが困難であり、ケース・スタディになる場合が多い、②面接者と対象者と

[★14] **フィールド研究**
研究対象となる現場を実際に訪れ、直接観察・調査を行う研究方法である。近年、教育心理学の分野では、実際の学校教育現場の活動に参加しながらデータを収集・分析するフィールド研究（教育実践研究）が活発に行われるようになってきた。

[★15] **ランダム・サンプリング**
研究対象の数が多い場合には、対象全体（母集団）の縮図となるようにサンプルを選ぶという方法がとられる。ランダム・サンプリングはサンプルを選ぶための代表的な方法であり、サンプルはくじ引きのように偶然に委ねて（サンプルとして選ばれる確率が全ての対象で等しくなるように）抽出される。

[★16] **ケース・スタディ**
個別の事例に関して詳細にデータを収集・分析し、その背後にある原理や法則などを明らかにしようとする研究手法である。子どもの問題行動（いじめ、不登校など）や、滅多に起きない重大な出来事（大震災、事件など）が子どもの心理に与える影響などの研究において広く用いられる。

の間に**ラポール**（ラポート）★17が形成されていない場合、対象者が安心して本心や感情を表出することができず、十分な情報が得られないことがある（面接者の技量や対象者との人間関係がデータに影響を与える）、③回答者が黙従する傾向や社会的に望ましい方向に回答する傾向によって、反応にバイアスがかかる可能性がある、④データの分析を客観的に行うことが難しいなどが挙げられる。

　以上、4つの主要な研究方法について概説したが、これらと併用して**心理検査法**が用いられることも多い。心理検査法は、個人の心理的特性（知能、性格、適性、発達など）の違いを測定・評価するための方法であり、各々の領域の心理学理論に基づいてさまざまな心理検査（第6・8章参照）が開発されている。また、近年、科学技術の進歩に伴い、人間の認知過程をコンピュータ上の計算プログラムとして実行することにより認知モデルを構築する**シミュレーション研究**や、脳画像診断装置（MRI、NIRSなど）によって脳の機能を測定・可視化する**神経画像法**なども発展し、心理学研究に寄与している。教育心理学の研究では、研究の目的や対象に応じて、適切な研究方法を選択すること、あるいは、組み合わせて用いることが重要である。

★17　ラポール
面接者と対象者との間に構築される調和的な信頼関係。

第1章 発達の基礎

◆学びの入り口～教育現場の事例から考えてみよう！～

事例："頭はいい"のに簡単なルールに従えず暴力的な子ども

　小学校通常学級2年生の男児A君は、勉強は良くできます。知識も豊富で、遊びでも、難しいゲーム類や囲碁・将棋はずば抜けて強く、担任のX先生も周りの子どもたちも「A君は、頭はいい」と認めています。しかし、友だちは少なく、休み時間も一人で過ごしているか、保健室に行っています。自分の思うようにならないと感情が爆発し、暴力的に振る舞い、暴言を吐きます。例えば、当番の仕事から逃げて行こうとするのを、「最後までやってよ」と他児に注意されると、「抹殺する！」と叫びながら椅子を2、3個蹴飛ばし、上靴を投げつけます。また、手洗いの順番に並んでいるとき、早く洗いたくて、前で手を洗っているYさんの両脇から手を差し入れて洗おうとしました。Yさんに「やめて！」と言われるとYさんを殴ろうとし、それを止めようとしたX先生の顔をひっかいてしまいました。

　X先生は「頭はいいのに、どうして簡単なルールが守れないのだろう。生まれつき何らかの課題があるのか。家庭環境や親子関係の問題だろうか」と悩んでいます。

◆ワーク：次の問いに対してあなたの考えをまとめてみよう

1. 教師には子どもの学力を伸ばすと同時に、発達を支援する役割があります（第11章参照）。A君にはどのような力が育っていないと思われますか。
2. A君の問題の原因にはどのようなことが考えられるでしょうか。

◆ワークに対する考え方・ヒント

　発達には、身体・運動、認知・言語、対人・社会性などの多様な側面があります。認知・言語などの知的発達だけが適応を保障するわけではありません。また、子どもの発達は、遺伝的な要因と環境の要因が相互に関連して現れます。環境の要因には、家庭や親子関係のみならず、毎日直接関わる全ての場や人、および間接的な環境要因があり、それらを広く振り返ってみることが必要です。

> **学びのポイント**
> - 発達を理解する際に必要となる、基礎的な枠組みや概念を理解する。
> - 人格発達に関する基礎理論（フロイトとエリクソンの理論）を理解する。
> - 発達を推し進める基盤となるアタッチメント（愛着）についてその基礎を学ぶ。
>
> **キーワード**
> □生涯発達　□発達段階　□遺伝と環境　□初期経験・臨界期・敏感期
> □生態学的環境　□フロイトの心理性的発達理論
> □エリクソンの心理社会的発達理論　□アタッチメント（愛着）
> □ワトソン　□ゲゼル　□ローレンツ　□フロイト　□エリクソン
> □ボウルビー

第1節　発達とは何か

1 ── 発達の原理

1．発達の定義

「発達」ということばを聞くと、どんなイメージが浮かぶだろうか。「青年期や若い成人期が人間としての全盛期で、子ども時代はそれに向かってぐんぐん上っていき、中年期以降は衰えて坂を下り続け、死を迎えて地平に着地する」といった、山のような像を思い浮かべることが多いかもしれない。しかし「発達」の考え方では、青年期が完成体にあるとは考えない。人は、生命が芽生えた時点から、初めて出会う変化に絶え間なく向き合いながら終局に至る存在である。**発達**とは、受胎から死に至るまでの心身の量的・質的な変化の過程（**生涯発達**）を指す。**量的変化**とは、「身長が伸びた」「ことばの数が増えた」のように、量で表すことのできる変化である。**質的変化**とは、思考の仕組みや社会性の発達のような、量的変化だけでは捉えることのできない変化である。

また、単に獲得（「多くなる」「できるようになる」）だけが発達ではない。発達とは、消失することによって新たな力が獲得されたり、質的な変化が起こったりする、**獲得と消失**[1]を繰り返す適応のプロセスである。例えば、生後6カ月以前の乳児は、世界中の人のことばに含まれるあらゆる音韻を弁別することができるが、それ以降は母語にはない音韻を区別できなくなる。例えば日本語を母語とする環境にある乳児は、10カ月頃には、[l]と[r]の違いを区別する能力が消失する[2]。しかし、そのことにより、日本語の音韻体系に即した音韻知覚が発達し、母語としての日本語を効率よく獲得することができるのである。

2. 発達の一般的な特徴

　発達（変化）には一定の順序があり（**順序性**）、身体発達は頭部から尾部へ、中心部から周辺部へという**方向性**に従う。発達は途切れることなく連続（**連続性**）しているが、現れ方は必ずしも均一ではない。例えば量的変化を示す**スキャモン**（Scammon, R. E）**の発達曲線**（図1-1）によれば、脳は12歳頃までにほぼ成人並みの重量を持つが、生殖器官は12歳までほとんど変化がないなど、発達のスピードが異なる（**異速性**）。発達には一般的な法則はあるが、**個人差**があり、また典型（定型、健常）発達と非典型（非定型、障害）発達と明確に二分されるものではない。

　ある心理的機能の構造が変容し、前後の時期とは質的に非連続なものになる場合、これを質の異なる一つの段階として区切り、時系列的に現れるとしたものを**発達段階**と呼ぶ。発達段階の現れ方には個人差があるが、順序は変わらず、文化の影響を受けずに現れる（**文化普遍性**）とされる。代表的な発達段階論に、後述するフロイトやエリクソンの発達論、ピアジェの認知発達論（第2章参照）、コールバーグの道徳性の発達論（第9章参照）などがある。発達段階を次へと進むためには、現在の発達段階において十分な発達を遂げなければならない。なお、それぞれの段階において遂げるべき課題を**発達課題**と呼ぶ。

　発達課題という概念を、生涯発達という視点から捉えたのは**ハヴィガースト**（Havighurst, R. J.）である。ハヴィガーストは、人生のそれぞれの時期において達成すべき課題（条件）を、表1-1のように提案した。

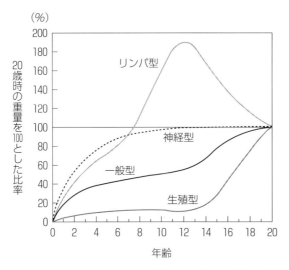

図1-1　スキャモンの発達曲線

出典：Scammon（1930）；山内（1989）[3]

表1-1　生涯を通しての発達課題

時期	発達課題
I 乳幼児期 0～6歳	1．歩くことを学ぶ 2．かたい食べ物を食べることを学ぶ 3．話すことを学ぶ 4．排泄をコントロールすることを学ぶ 5．性の違いと性に結びついた慎みを学ぶ 6．概念を形成し、社会的現実と物理的現実を表すことばを学ぶ 7．読むための準備をする 8．良いことと悪いことの区別を学んで、良心を発達させ始める
II 児童期 6～12歳	1．普通のゲームをするのに必要な身体的スキル（技能）を学ぶ 2．成長している生物としての自分について健全な態度をきずく 3．同じ年頃の仲間とうまく付き合っていくことを学ぶ 4．男性あるいは女性としての適切な社会的役割を学ぶ 5．読み、書き、計算の基本的スキル（技能）を学ぶ 6．日常生活に必要な概念を発達させる 7．良心、道徳性、価値基準を発達させる 8．個人的な独立性を形成する 9．社会集団と社会制度に対する態度を発達させる
III 青年期 12～18歳	1．同性と異性の同じ年頃の仲間との間に、新しい、そしてこれまでよりも成熟した関係をつくり出す 2．男性あるいは女性としての社会的役割を獲得する 3．自分の身体つきを受け入れて、身体を効果的に使う 4．両親や他の大人からの情緒的独立を達成する 5．結婚と家庭生活のために準備をする 6．経済的なキャリア（経歴）に備えて準備する 7．行動の基準となる価値と倫理の体系を修得する―イデオロギーを発達させる― 8．社会的責任を伴う行動を望んで成し遂げる
IV 成人前 18～30歳	1．配偶者を選ぶ 2．結婚した相手と一緒に生活していくことを学ぶ 3．家族を形成する 4．子どもを育てる 5．家庭を管理する 6．職業生活をスタートさせる 7．市民としての責任を引き受ける 8．気の合う社交のグループを見つけ出す
V 中年期 30～60歳	1．ティーンエイジに達した子どもが責任を果たせて、幸せな大人になることを助ける 2．成人としての社会的責任と市民としての責任を果たす 3．自分の職業生活において満足できる業績を上げて、それを維持していく 4．成人にふさわしい余暇時間の活動を発展させる 5．中年期に生じてくる生理的変化に適応して、それを受け入れる
VI 成熟期 60歳から後	1．体力や健康の衰えに適応していく 2．退職と収入の減少に適応する 3．配偶者の死に適応する 4．自分と同年齢の人びととの集団にはっきりと仲間入りする 5．社会的役割を柔軟に受け入れて、それに適応する 6．物理的に満足できる生活環境をつくり上げる

出典：Havighurst（1972）；斎藤（1990）[4]を一部改変

2 ── 発達を規定する要因

1．遺伝と環境

発達は遺伝によって決まるのか、それとも環境によってつくられるのか、という論争は、心理学の歴史の中でかなり長く続いた。ここでは、古典的な遺伝－環境論争における代表的な説を概説する。

行動主義心理学[★1]を提唱したワトソン（Watson, J. B.）は、人は精神的には「白紙」の状態で生まれ、人格特性や能力は、その後の**環境**の下で得られる**経験（学習）**によってすべてつくられる、という**環境優位説**を唱えた。それに対して、ゲゼル（Gesell, A. L.）は、双生児統制法を用いた実験により、環境要因は発達の基本的な型や順序をつくり出すことはない、と主張した。ゲゼルは、一卵性双生児の一方Tに生後46週から階段上りの訓練を行ったところ、50週で階段が登れるようになった。ところが53週から訓練を開始した他方Cは、2週間で急速に階段登りが上達し、その後両者の差はなくなった。したがって、遺伝的にプログラムされた能力が自然に展開する準備が整った時期、すなわち**成熟（レディネス）**に達するより以前に訓練（学習）を行っても意味がなく、発達は成熟によって決まる、という**成熟優位説**を強く主張した。この2つは「遺伝か、環境か」という、極端に二分化された説であった。

これらの説に対して、シュテルン（Stern, W.）は、発達は遺伝的要因と環境的要因が寄り集まって（輻輳して）つくり出されるとする**輻輳説**を唱えた。図1－2は、ルクセンブルガー（Luxenburger, H.）による輻輳説の図式である。ある形質Xは「遺伝も、環境も」相互に影響することなく、加算されて現れるというモデルである。

現在は、遺伝と環境が相互に作用し合うことにより発達が規定されるという、**相互作用説**が主流となっている。相互作用説の一つとして、ジェンセン（Jensen, A.R.）

★1　行動主義心理学

ワトソンの行動主義心理学の立場は、次の通りである。①心理学は「意識」の科学ではなく、「行動」の科学である（研究対象は行動に限るべきである）。②心理学の目的は、ヒトおよび動物の行動の予測と制御である。③全ての行動は単純な刺激（S）と反応（R）の結びつきから成り立っており、複雑・高度な行動も分析すれば単純なS-R結合の要素に還元でき、その連鎖から構成される。④心理学の方法としては、意識の自己観察法（内観法）のような主観的方法を排除し、刺激と反応の関係性を実験・観察・テスト等により客観的に測定し、行動の法則を導き出すという手法を用いるべきである。

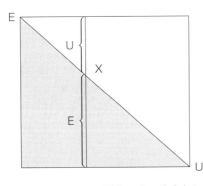

U：環境要因　E：遺伝要因
どのような形質（X）も遺伝と環境の双方が独立に影響するが、形質によって寄与する割合が異なる。例えば、身長は遺伝の割合が大きく、パーソナリティは環境の割合が大きい。

図1－2　ルクセンブルガーの図式

出典：新井（1997）[5]

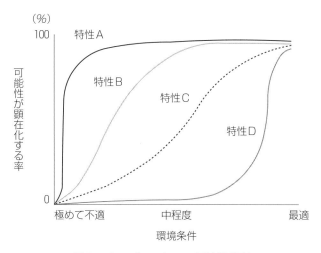

図1-3　ジェンセンの環境閾値説

出典：Jensen（1969）[6]

は、環境は、人が遺伝的に持っている能力が開花するかどうかの閾値[★2]として働き、特性（形質）や能力によって閾値の水準が異なる、という**環境閾値説**を唱えた（図1-3）。例えば身長は、極度の栄養不良の状況でなければ、適切ではない環境の下でも、遺伝的に規定されたレベルに達するが、同時に、どんなに豊かな環境であっても、遺伝的な規定以上に伸びることはない（特性A）。知能指数は、環境の影響を中程度に受ける（特性B）。学業成績は、環境の影響を広い範囲で受ける（特性C）。絶対音感は、最適な環境条件が整えられて初めて可能性が開花する（特性D）。

2．初期経験と臨界期

遺伝と環境との相互作用においては、人がどのような発達の状態・時期にあるかによって、環境から受けとる刺激（経験）の効果や意味が異なってくる。発達初期の、特定の時期に与えられた特定の経験が、後の発達に決定的な影響を及ぼすとき、その経験を**初期経験**と呼ぶ。なお、この特定の時期を、その時期を逃すと同じ経験を与えられても効果がないという意味で、**臨界期**と呼ぶ。

臨界期という概念は、比較行動学者のローレンツ（Lorenz, K.）が発見した**インプリンティング（刻印づけ、刷り込み）**による。インプリンティングとは、カモなどの大型鳥類のヒナが、孵化後、特定の時間（臨界期）内に人や他の動物、動く物などに接触すると、ヒナはその最初の接触物に対して追尾するようになり、以後、同種の鳥には追従反応を示さなくなる（最初の刺激が、他に代えがたい、非可逆的なものとして刷り込まれる）現象をいう。

人間の発達において初期経験の重要性を最初に指摘したのは、後述するフロイトであるといわれる。その他、例えば言語習得においては、おおよそ10～12歳頃まで

★2　閾値
特定の作用因子が、生物体に対しある反応を引き起こすのに必要な最低の刺激量のこと。

が臨界期的性格を持つ、感受性の高い時期（**敏感期**と呼ぶ）とされる。しかし、人の場合、後の経験によって、発達を修正して「やり直す」こともできる。これを**発達の可塑性**★3という。

★3 可塑性
可塑性には個人差や限界もある。

3．生態学的環境の考え方

ブロンフェンブレンナー（Bronfenbrenner, U.）の**生態学**★4**的システム理論**によれば、発達は、成長しつつある人間とそれを取り巻く環境との関係性のなかで捉えられる。人は、5つの入れ子のようになった社会文化的な**生態学的環境**の中に組み込まれて存在する[7)][8)]。

★4 生態学
生物と環境との関係を究明する学問のこと。

小学生を例に取れば、まず、子どもを直接取り囲み、相互作用する環境として、家族、担任やクラスの他児、放課後の学童保育など、子どもが直接関わる人や場という環境（**マイクロシステム**）がある。そこに、担任と他の教職員との関係、親ときょうだいとの関係など、マイクロシステムにある人や環境同士の相互関係（**メゾシステム**）が影響する。そして、子どもに直接関わる人や場の背後にある環境（**エクソシステム**）が間接的に影響してくる。例えば、親の職場環境や、きょうだいの通う学校環境などがそれに当たる。その背後には、社会・文化のありようや、思想・

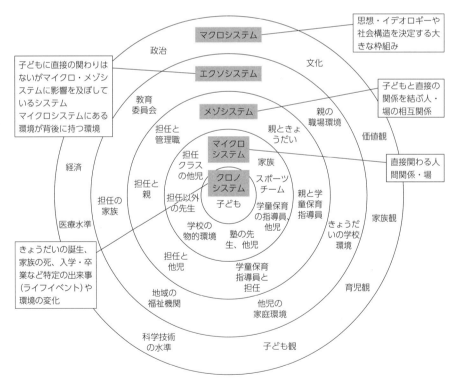

図1-4　生態学的環境

出典：ブロンフェンブレンナー（1979、1994）[7)][8)]をもとに筆者作成

イデオロギー・価値観などの信念体系（**マクロシステム**）が関与する。そこに、時間という文脈（**クロノシステム**）が絡む。きょうだいの誕生、入学・卒業、就職、結婚、出産、家族の死などの、人生には避けて通れない特定の出来事（ライフイベント）や環境の時間的変化が日々の姿や発達に影響を与える。例えば同じ6歳であっても、就学前なのか、小学校入学後（1年生）であるのかによって、子どもの姿や周囲の期待が変化する（図1-4）。

生態学的システム理論の考えに照らせば、子どもの姿は、5つの社会文化的な環境の中で、生物学的な条件（遺伝）と、現在の個としての発達の状況（発達レベルや発達段階、特徴など）が、複雑に相互作用しながらつくり出されてくる。

第2節　人格発達の基礎

1 ── フロイトの心理性的発達理論

1．フロイトの考えた人の「心」

フロイト（Freud, S.）は、人の精神機能に関する理論であり治療方法でもある精神分析を体系化した。精神分析の考え方は、人格心理学や臨床心理学へと発展したばかりでなく、発達論の原点となった。まず、フロイトの考えた人の「心」の仕組みを紹介しよう。

人の心は「**エス（イド）**」「**自我（エゴ）**」「**超自我（スーパーエゴ）**」の3つの装置から成り立つ。エスは無意識のレベルにあって、貯蔵している**リビドー**という性エネルギーを動因として、不快を避けひたすら快いものを得ることを目的とする快楽原則に従い、生物学的欲求を実現しようとする。超自我は3歳頃からの親のしつけや教育を通して、親の良心や価値観等が内在化されたもので、エスの衝動を抑制し、自己の行動を判断・評価する。自我は、エスの衝動と超自我の抑制の間を調整し、現実原則に従い、心の安定や人格の統合を図り、現実社会に適応するように働く（図1-5）。

人は出生時からリビドーを持ち、それが満たされるべき身体部位が成長に伴い移り変わっていく。フロイトは、その移り変わる時期ごとに、「口唇期」「肛門期」「エディプス期（男根期）」「潜伏期」「性器期」の5つの段階を設定した。特に、エディプス期までの乳幼児期のリビドー（幼児性欲）が十分に満たされることが、成長後の健全な人格形成につながる。そうではない場合、リビドーはその部位に停滞（固着）し、独自の人格傾向や精神疾患を生む、とした（表1-2）。

このように、フロイト理論は性的な要因を重視しているので、心理性的発達理論と呼ばれる。

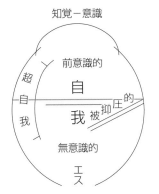

意識のレベル
意　識：意識化可能な思考・感情・記憶が存在する。
前意識：意識して思い出そうと努力すれば思い出すことができる記憶や欲求が存在する。
無意識：人間の意図的な想起や努力では思い出すことが不可能な記憶・感情・欲求が存在する領域。自分が受け入れたくない性的欲求や不快な過去のトラウマが抑圧される場。

図1-5　フロイトによる心の仕組み

出典：前田（1985）[9]

表1-2　フロイトの心理性的発達理論

発達段階	概要
口唇期 （0～1歳半頃）	授乳など唇を通した快感を得て、唇を使った探索活動を行う。口唇期への固着は、甘えが強い依存的な性格（口唇性格）、酒やたばこなどの口唇的活動への依存を生む。
肛門期 （1歳半～3、4歳頃）	肛門括約筋の発達に伴い、排便がコントロールできるようになり、便をためて自分の意思で排出することに快を感じる。肛門期への固着は自分の意思へのこだわり、几帳面、強迫的な性格（肛門性格）を生む。
エディプス（男根）期 （3歳～6歳頃）	性の違いに気づき、生殖器の存在にまつわるさまざまな葛藤を乗り越え、同性の親への性同一性（性役割）を獲得し始める。エディプス期への固着は、男児では消極的な性格、女児では攻撃性の強い性格となる。
潜伏期 （6歳～11歳頃）	幼児性欲は一時的に潜まり、その間知的発達や社会性の発達が促される。
性器期（12歳～）	思春期に入り、異性愛が可能となる。

2．発達論の原点としての意味

藤永[10]は、フロイト理論は、発達論の原点を築くことに貢献した、と指摘している。その概略を紹介する。

①発達論への途(みち)を指し示した

ヒステリー★5という知覚や運動機能の障害は、遺伝や身体的原因によって生じるのではなく、幼児期の精神的な外傷体験や未解決の葛藤などの心理的原因の抑圧と無意識化による、とした。すなわち、身体的症状が心因によって起こるという見方を確立し、発達過程の持つ重要性を示した。

②人格発達の法則を最初に定式化した

人格は、リビドーが所定の段階を経過していくことによって形成される。特に幼児期までの経験が、正常人格の土台をつくるうえでかけがえのない価値がある（初

★5　ヒステリー
解離性障害と身体表現性障害のこと。解離性障害については第11章p.209参照。身体表現性障害とは、身体医学的に説明できない、痛みや麻痺、視聴覚の問題などの身体症状が生じているものをいう。

期経験として、臨界期的な意味を持つ）とし★6、人格発達に法則性のあることを最初に主張した。

③発達段階説を初めて唱えた

人には、それぞれ異なる性エネルギーの充足（発達課題）を必要とする固有の時期があるとし、発達は質的に異なるいくつかの段階からなること（発達段階説）を初めて唱えた。

④親子関係の重要性に新たな視点を示した

幼児期はエディプス・コンプレックス★7を解消するため、親へ同一視★8する過程で、子どもが性役割の獲得などの社会化を始める、と親子関係の重要性を指摘した。特に、初期発達の鍵を握る母子関係の重要性を先駆的に唱えた。

⑤知性と人格の相互関係を示した

人格はエス（情動）・自我（知性）・超自我（意志）から構成された統一体であり、知的機能と情動の働きは相互に関係があることを初めて示した。

⑥誕生時から精神生活があるとした

精神を一次的に形づくるエスは出生時から存在し、新生児といえども直感的・情動的な最初期の精神生活を持つ。乳児は受動的な存在ではなく、能動的な適応手段の持ち主であることを認めた。

2 ── エリクソンの心理社会的発達理論

1．エリクソンの理論の特徴

エリクソン（Erikson, E. H.）は、フロイトの影響を受けながら、心理社会的な次元を重視し、人間性の中核である自我が、誕生から老年期に至るまでどのように芽生え終局を迎えるかという、生涯に渡る発達段階論（**心理社会的発達理論**）を唱えた[11)][12)]。それによると、自我の発達は、心理（身体的・生物学的側面）と社会（対人・社会的側面）の2つの要因が、8つの発達段階において相互作用を繰り返しながら、死に至るまで進行する（表1−3）。各時期の自我の特性は、**心理・社会的危機**★9と呼ばれる発達課題を達成していくことで獲得される。中でも、生涯発達における中心的な発達課題は、青年期における**アイデンティティ（自我同一性）**の獲得である。発達課題は「基本的信頼 対 基本的不信」のように、プラス（成長・健康）の命題とマイナス（退行・病理）の命題が対立的に記述されているが、単にプラスの経験を積めばよいのではなく、双方が経験された末に、プラスの方向に傾くことが重要である。例えば、養育者が絶えず傍にいて、優しく声をかけたり抱っこしたりしていれば、乳児は安心し信頼の感覚を得るだろう。ところが、現実は、激しく泣いても養育者がすぐに応えてくれるとは限らず、そのとき乳児は不安や不信の思いを抱く。しかし、再び養育者から温かい世話を十分に受けることによって、

★6
フロイトが「幼児期の経験が後の人格に大きな影響をもたらす」ことを示唆して以来、親の養育態度と人格形成に関する研究が数多く行われた。古典的な研究の一つに、サイモンズ（Symonds, P. M.）の理論がある。サイモンズは、養育態度の基本的な軸として「支配−服従」、「保護−拒否」という2つを取り出し、2次元の座標で親の養育態度を「かまいすぎ（過保護）型」「甘やかし型」「残忍型」「無視型」の4タイプに類型化した（図1−6）。

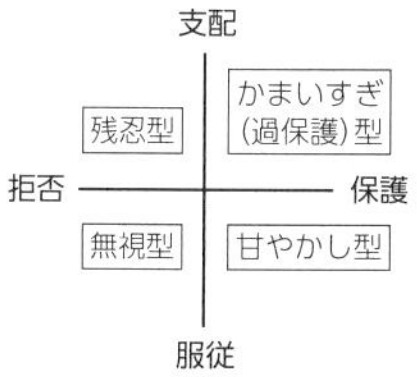

図1−6 サイモンズによる親子関係の4類型

★7 エディプス・コンプレックス
男児が母親に愛情を抱き、父親に敵意を抱く無意識の葛藤のこと。父親を殺し、母親と結婚したギリシア神話のエディプス王の悲劇による。

★8 同一視
防衛機制の一つ。一人で不安なので自分以外のものを取り入れ、自分と自分以外の者を融合させて一体感を持つことで安心感を得ようとすること。

★9
「危機」とは、危険な状態という意味ではなく、将来を左右する分岐点という意味である。

表1-3　エリクソンの心理社会的発達理論

	1	2	3	4	5	6	7	8	対応するフロイトの発達段階
Ⅷ老年期								統合性 対 絶望	
Ⅶ成人期							生殖性 対 停滞		
Ⅵ成人前期					親密性 対 孤立				
Ⅴ青年期	時間展望 対 時間拡散	自己確立 対 同一性意識	役割実験 対 否定的同一性	達成の期待 対 労働麻痺	アイデンティティ 対 アイデンティティ拡散	性的同一性 対 両性的拡散	指導性と服従性 対 権威の拡散	イデオロギーへの帰依 対 理想の拡散	性器期
Ⅳ学童期				勤勉性 対 劣等感					潜伏期
Ⅲ幼児期後期			自主性 対 罪悪感						エディプス期
Ⅱ幼児期前期		自律性 対 恥・疑惑							肛門期
Ⅰ乳児期	基本的信頼 対 基本的不信								口唇期

「これでいいのだ」という信頼の感覚を深めていく。このように、葛藤を乗り越えることで真の信頼の感覚が獲得される。

2．それぞれの発達段階の概要

①乳児期（0〜1歳頃）：基本的信頼 対 基本的不信

フロイト理論の口唇期に当たる。基本的信頼感は、養育者との信頼に満ちた関係から得られ、健康的な人格の基礎となり、人生における自他への信頼感、世界を信じることのできる「希望」を生む。

②幼児期前期（1〜3歳頃）：自律性 対 恥・疑惑

フロイト理論の肛門期に当たる。1歳を過ぎた子どもは、あちこち動き回り、自己主張を始め、いわゆる第一反抗期に入り、何でも自分でやりたがるが、ひどく依存することもある。自己主張したり抑制したりという自律の力が課題となる。自己統制ができなかったり、両親から過剰に統制されたりすると、「疑惑」や「未熟で愚かな人間としてさらし者にされている（恥）」という感覚が生まれるが、双方の葛藤を解決すると、自由な選択と自己抑制の成熟を助ける「意思」の力が生まれる。

③幼児期後期（遊戯期）（4〜6歳頃）：自主性 対 罪悪感

フロイト理論のエディプス（男根）期に当たる。4歳以降の子どもは、ことばを

使って自主的に自分を表現し、象徴（ごっこ）遊びに夢中になり、好奇心を持って物事に取り組む。なりたい自分や目標を心に描いて、自由に自主的に追求する。また、同性の親の性役割を取り入れ始める。一方、自由に遊び回ることと裏腹に自分がいけないことをしている悪い子ではないか、という罪の意識（罪悪感）も芽生える。自主性と罪悪感の葛藤を超えると、自分の目標を描きそれを追求する「目的」という力が生まれる。

④学童期（7～12歳頃）：勤勉性 対 劣等感

　フロイト理論の潜伏期に当たる。小学生の子どもは、学業や生活において知識や技能を学ぶことに日々励み、遊びの技能を高めようと、目標に向かって、コツコツと勤しむ。ときには失敗し他者との比較において劣等感に揺さぶられる経験を積みながら、努力する「勤勉性」を身につけ、「自分はやっていく力がある」という「有能感」を獲得する。勤勉性とは、社会から期待される活動を忍耐強く習慣的に営む態度であり、将来の労働の力につながる。

⑤青年期（13～22歳頃）：アイデンティティ 対 アイデンティティ拡散

　フロイト理論において最終段階の性器期に当たる。青年期はそれまで確立されてきた自我がすべて問い直される、第2の誕生期である。アイデンティティとは、自分が何者か分からないというアイデンティティの拡散の危機にさらされつつも、「私とはこういう人間である」という感覚を得ることである。それによって、自分が誓った信念を支える「忠誠」の力が生まれる。

⑥成人前期（22～30歳頃）：親密性 対 孤独

　社会人となり、自分の家庭をもつ。親密な人間関係と孤立との葛藤を超えて、配偶者や友人との関係を持続的に築いていく力（「愛」）が生まれる。

⑦成人期（30～65歳頃）：生殖性 対 停滞

　職業人としては社会的に責任のある位置にあり、家庭生活では子どもを産み育て、また、次世代に目を向け彼らを育成すること（生殖性）が課題となる。自分のことしか視野に入らなければ停滞し、人間関係は貧しいものになる。それを超えて身につく力が「世話」である。

⑧老年期（65歳～）：統合性 対 絶望

　退職による生活の変化、自身の心身の衰えや病気、家族や親しい人々との死別など、多くの変化や喪失、困難が待ち受ける。その中で、それまでの人生を統合し、納得し、受け入れていかなければならない。それができずにもう遅いと「絶望」することもあるが、それを乗り越え、死に向き合う中での、生そのものに対する超然とした関心である「英知」を獲得する。

3 ── アタッチメントの理論

1．アタッチメントとは何か

アタッチメント（愛着）（以下、アタッチメント）とは、危機的な状況の際に特定の他者に近接し、拠り所を得ることで、ネガティブな情動を低減・調節しようとする行動制御システムである[13]。それを通して、自らが「**安全であるという感覚（felt security）**」を確保しようとする、生物個体としての本性である。

乳幼児期においては、養育者のような、物理的に近い存在に実際にくっつくことで安全の感覚が得られる。そしてアタッチメント対象者との相互作用を通して、徐々に、自分の周りの世界のありようや、アタッチメント対象者がどのように振る舞うかに関するイメージが内面に取り込まれ、安全の感覚がイメージや主観的な確信（**内的作業モデル**と呼ぶ）として内在化していく。

内的作業モデルは、その後の人生において、人が他者とどのように関わり、どう行動するかに持続的に影響し、「ある特定の人によって保護されている」という確信は、生涯にわたってその人の適応を支える。また、アタッチメント対象者が物理的に傍にいなくても、子どもにとって安心の拠り所（**安全基地**）として機能するようになると、子どもは周囲の世界を安心して探索することが可能となり、さまざまな学習が進むことを保障する。成長するにつれ、アタッチメントは、友人や配偶者などとの相互信頼に満ちた関係の中にも成り立ち、お互いに安全基地となり、適応を支え合う。

アタッチメントの理論の始発点は、遠藤[14]によれば、第1節で述べたインプリンティングにある。ヒナはエサをくれるかどうかには関係なく、刷り込まれた対象の後をひたすら付いていこうとする。ボウルビー（Bowlby, J.）は、この近接行動と同様のプログラムが、絶えず保護されなければ生き延びることのできない乳児にも生得的に備わっているのではないかと考えた。児童精神科医であったボウルビーは、施設児や戦災孤児の臨床や調査を通して、彼らの病気に対する抵抗力の弱さや、発達に見られるさまざまな遅滞や異常[★10]は、栄養不良や医療の不備ではなく、**母性的養育の剥奪**（マターナル・ディプリベーション、maternal deprivation）によって生じるとした。母性的養育の剥奪とは、乳幼児期に、養育者との間の、温かく応答性に富んだ相互交流が与えられない状態をいう。安全感が満たされない事態、すなわちアタッチメントの未形成は、子どもの心身の発達どころか、生命維持の根幹を揺るがすのである。

ハーロウ（Harlow, H. F.）による子ザルの**代理母実験**からも、常にくっついていようとする対象は、ミルクをもらえるかどうかではなく、接触快から生じる保護感を与えてくれるものであることが立証された。図1-7にあるように、生後間もなく母ザルから引き離した子ザルを、ミルクは飲めるが金網製の代理母と、ミルクは

★10
主に西欧に見られ、当初、施設病（ホスピタリズム）とも呼ばれていた。乳幼児の発達が心身の広範囲にわたって劣悪となり、死亡率が非常に高く、かろうじて生き延びても、知的障害、社会・情動発達面の異常など、人格上に深刻な問題が残った。

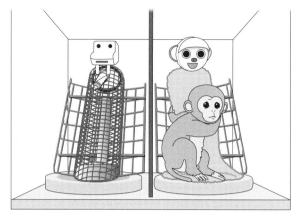

金属製の母親　　　毛布製の母親
図1-7　ハーロウの代理母実験

飲めないが温かい毛布でできた代理母とがいる状況に置き、子ザルの様子を観察した。古典的な心理学では、食欲という生理的欲求（一次的欲求）を満たしてくれる相手こそが重要な他者となる、と考えられていた。ところが、実験の結果、子ザルはミルクを飲むとき以外は金属製の母親には近寄らず、大半の時間を毛布製の母親にしがみつき、毛布製の母親を活動拠点（安全基地）として探索活動を行ったのである[15]。

2．アタッチメントの発達と個人差

アタッチメントは生後3年程度をかけて形成される。そのプロセスの概略は表1-4の通りである。

アタッチメントの最初の対象者は、通常、子どもを産んだ母親であることが多いが、それは必要条件にはならない。養育者と保育者など、独立した複数の対象者が同時に存在する場合もある。また、保育者などの養育者以外との安定したアタッチメントが形成された後に、養育者との不安定なアタッチメントが修正され安定に至る場合もある。

アタッチメントの質には個人差があり、ストレンジ・シチュエーション法（Strange Situation Procedure：SSP）によって測定される。SSPでは、実験室に母子がいる状況にストレンジャー（見知らぬ人）が入室したり、母親が退室したりする状況など8つの場面が設定される（図1-8）。

母親との分離・再会時に示す乳児の行動特徴から、アタッチメントにはA、B、Cの3つの型（個人差）があることが見出され、その後D型が加えられた（表1-5）。A、B、Cの3つの型は、表1-5にあるような養育者の関わり方の特徴や、子どもの気質（A型はあまり恐がらない、C型は恐がりやすく、いらだちやすいなど）との相互作用によってつくられる。D型は、虐待や親の精神疾患などとの関連が指摘されている。

表1-4 愛着行動の発達

段階	説明
第1段階：人物の識別を伴わない定位と発信★11（誕生～生後3カ月頃）	誰に対しても広く愛着行動を向ける。具体的な行動レパートリーは、追視、リーチング、微笑、泣き、発声など。
第2段階：1人または数人の特定対象に対する定位と発信（生後3カ月頃～6カ月頃）	行動レパートリーは第1段階から引き継がれているが、それを向ける対象が1人か数人の人物（多くの場合、母親）に絞り込まれてくる。視覚・聴覚的にもその特定人物を弁別し、その対象との間で際立って親密な相互交渉を展開するようになる。
第3段階：発信および移動による特定対象への近接の維持（6カ月頃～2、3歳頃）	特定対象に対するアタッチメント行動が顕著になる。いわゆる「人見知り」や「分離不安」が顕在化する。運動能力が急速に高まり、はいはいや歩行などによる移動が可能になるため、愛着行動のレパートリーが多様化する（母親への後追いや抱きつき、母親を安全基地とした探索行動などの能動的身体接触行動）。また、認知能力の発達により、特定対象の行動や意図に合わせて自分の行動を調整したり変更したりするようになる。
第4段階：目標修正的な協調性形成（3歳前後～）	内的作業モデルが安定して機能するようになり、絶えず接近していなくても、その対象は何かあったら必ず助けてくれるという確信が持てるようになる。また、愛着対象が自分とは異なる意図や感情を持つ存在であることに気づき始め、その対象の行動をある程度予測できるようになる。そして、相互の感情や意図の一致や不一致に応じて自分の行動目標を柔軟に修正し、協調的な相互交渉ができるようになる。具体的な愛着行動は次第に影を潜め、内在化した愛着対象のイメージ、モデルを心の拠り所、安心感の源泉として、特定の愛着対象以外（家庭外の人物や仲間など）と幅広く相互作用することができるようになる。

出典：Bowlby（1969）：遠藤（1995）[16] をもとに作成

★11
「定位」とは、注視、リーチング（興味ある対象に手を伸ばすこと）、後追い、接近などの行動のこと。「発信」とは、泣き、微笑、発声などの行動のこと。

① 実験者が母子を室内に案内。母親は子どもを抱いて入室。実験者は母親に子どもを降ろす位置を指示して退室。（30秒）

② 母親は椅子にすわり、子どもはオモチャで遊んでいる。（3分）

③ ストレンジャーが入室。母親とストレンジャーはそれぞれの椅子にすわる。（3分）

④ 1回目の母子分離。母親は退室。ストレンジャーは遊んでいる子どもにやや近づき、はたらきかける。（3分）

⑤ 1回目の母子再会。母親が入室。ストレンジャーは退室。（3分）

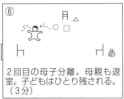
⑥ 2回目の母子分離。母親も退室。子どもはひとり残される。（3分）

⑦ ストレンジャーが入室。子どもを慰める。（3分）

⑧ 2回目の母子再会。母親が入室しストレンジャーは退室。（3分）

図1-8 ストレンジ・シチュエーション法の8場面

出典：繁多（1987）[17]

表1-5　アタッチメントの型と養育者の関わり方

	SSPにおける子どもの行動特徴	養育者の日常の関わり方
A型 （回避型）	分離に際しほとんど混乱せず、再会時には養育者を避けようとする。養育者とは関わりなく行動することが相対的に多い。	子どもの働きかけに拒否的に振る舞い、微笑や身体接触をすることが少ない。子どもが苦痛を示すと子どもを遠ざけたりする。
B型 （安定型）	分離に際し混乱するが、再会時には容易に静穏化する。養育者を安全基地として積極的に探索活動を行う。	子どもの欲求や状態の変化に相対的に敏感で、相互交渉は調和的で円滑である。
C型 （両価型）	分離時に強い不安や混乱を示し、再会後は積極的に身体接触しつつも怒りに満ちた抵抗を示す。	子どもの発する信号に敏感さが低く、子どもの行動に対する反応に一貫性を欠く。
D型 （無秩序・ 無方向型）	近接と回避という本来ならば両立しない行動が同時的にあるいは継時的に見られる。	精神的に不安定なところがあり、おびえ／おびえさせるような行動が相対的に多い。

出典：遠藤・田中（2005）[18]をもとに作成

3．保育者や教師とのアタッチメント

　アタッチメントは、乳幼児期だけではなく、児童期・青年期・成人期の生涯にわたって、対象者を広げながら、心身の健康や心理社会的適応の根幹を支える。その意味で、保育者、教師、学童保育の指導員など、子どもの成長・発達を支える人々が子どもと信頼関係を築き、子どもにとって安全基地たる存在であることが重要となる。子どもが情緒的な混乱に陥ったとき、それをしっかりと受け止め、共感し、共に考え、励まし、助言する大人の存在が子どもの情動調整を支える。そのことにより、子どもは安心して、その時々の次なる発達の課題や新たな外界への探索へと、自発的・自律的に踏み出していくことができるのである。

　本章では発達を捉える基礎的な諸理論を紹介した。人は、生涯発達のプロセスの中で、未来に向かって変わりゆく存在である。そして現在の姿は、遺伝的な要因、過去からの成長の積み重ね、現在の発達段階、その時々に取り巻いている環境のありようなどがダイナミックに相互作用して現れている。この視点から、個々の子どもを理解していくことが重要である。

★さらなる学びのためのブックガイド★

- 藤永保(1982)『発達の心理学』岩波書店
　ルソーに始まる発達思想の変遷を縦横無尽にたどりながら、現在の発達心理学の原点となった諸理論の意味・意義について、幅広い観点から語られている。子どもは教育によってどれだけ変わり得るのか、という問いをじっくり考えたい読者にお勧めする。

- アドルフ・ポルトマン(1961)『人間はどこまで動物か―新しい人間像のために―』岩波書店
　コラムに挙げたトピックの著である。古い著作だが、「(動物の一種である)『ヒト』として生まれた子どもは周りの人々との関係のなかで『人』になる」こと、まさしく人の発達の特徴が、動物の進化の過程から描き出される名著である。

- 鑪幹八郎(1990)『アイデンティティの心理学』講談社
　エリクソン理論の入門編としてお勧めする。

- 数井みゆき・遠藤利彦編(2005)『アタッチメント―生涯にわたる絆―』ミネルヴァ書房
　アタッチメントについて学びを深めたい読者にお勧めする。

ヒトの発達の特殊性：生理的早産

　動物学者ポルトマン（Portmann, A.）[19]は、哺乳類は、出生直後から十分な感覚能力を備え、成体に近い形で自立して親の後を追って走ることができる動物（**離巣性**）と、感覚器官は閉じられ毛も生えておらず、また移動する能力もなく、親の保護を要する動物（**留巣性**）の2つに分類されるとしました。離巣性の動物には、ウマやクジラ、サルやチンパンジーなどの高等な哺乳類が当てはまります。彼らは妊娠期間が長く（50日以上）、一度に生まれる子どもの数は少ない（1～2頭・匹）が、長く母胎にとどまることで、高度な段階まで発達して誕生し、生命を自分で守ることができます。留巣性の動物にはネズミやウサギなどの下等な哺乳類が当てはまります。彼らは妊娠期間が短く（20～30日）、一度に多く（5～22匹）の子どもを産み、親が保護します。すなわち、より高次に進化した動物であるほど離巣性に傾くという法則が認められる、といいます。

　そうであるならば、ヒトという最高に進化した哺乳類は、誕生直後から自由に歩いたり、明瞭に外界を見たりと、最高度の離巣性を示す状態で生まれるはずですね。ところが、ヒトの新生児は極めて無防備で、大人の手厚い保護を要し、出生後約1年を経てようやく歩行ができるなど、留巣性の状態で誕生します。ポルトマンは、離巣性の動物として生まれるにはあと1年胎内に留まるべきところ、早く生まれることが通常化したためだとし、この状態を**生理的早産**と呼び、**二次的留巣性**としました。生理的早産の理由としては、胎児の大脳の進化（巨大化）と人類の二足歩行開始（骨盤の変化や母親が胎児の重量を支えられないこと）が考えられています。

　生後約1年間の乳児は、生理的早産による**子宮外胎児**ともいえます。そのことは人間の発達に大きな意味をもたらしました。親子関係の長期化による、生後の生育環境への適応とアタッチメントの形成です。乳児は「無力」とはいえ、人にアプローチするための特殊な能力をさまざまに持ち合わせています。人の言語音に敏感であったり、抱かれた際に自分を抱いている人の顔の辺りに目の焦点が合ったりします。乳児は周りの大人の手厚い世話を引き出すために、例えば「泣き」という手段で、頻繁に「関わって！」というサインを発し、大人はそれに対して、乳児の情動を読み込んだり、くみ取ったりしてことばを発しつつ関わります。そうした養育者との密な相互交流を通して、生まれ落ちた環境の中で言語・コミュニケーションの力を獲得し、知的発達を遂げ、養育者とのアタッチメントが形成されていくのです。

◆第1章ミニットペーパー
　　年　月　日（　）第（　）限　　学籍番号＿＿＿＿＿＿　　氏名＿＿＿＿＿＿

本章で学んだこと、そのなかで感じたこと

....
....
....
....

理解できなかったこと、疑問点

....
....
....

TRYしてみよう

①人は受胎してから（　　）に至るまで発達する。
②発達とは、獲得と（　　）を繰り返しながら環境に適応していくプロセスである。
③ワトソンは、人の人格やさまざまな能力は生後の経験（学習）によってつくられる、という（　　）説を唱えた。ゲゼルは、（　　　　）に達する以前の経験（学習）は、遺伝的に定まっている発達の経過を変えることはない、と主張した。
④ジェンセンの環境閾値説の考えによれば、例えば、楽器の演奏における極めて高い技能は、（　　）が最適であるときに遺伝的な素質が発揮される。
⑤人の場合、特定の能力の発達には臨界期的性格を持つ時期である（　　）期があるが、後の経験によって回復や変化が可能であることを、発達の（　　）性という。
⑥生態学的システム理論の考えによれば、例えば、子どもが通う学校が背後に持つ環境としての教育委員会は、（　　）システムとして、子どもに影響を及ぼす。
⑦フロイトによれば、口唇期・肛門期・（　　　　）期という乳幼児期の経験が、（　　）経験として、人の発達にかけがえのない重要な意味をもたらす。
⑧エリクソンが生涯発達の中心的な課題であるとしたのは、青年期における（　　　　　　）の獲得である。
⑨アタッチメントとは、危機的な状況の際に特定の他者に近接し、それを通して、自らが「（　　）であるという感覚」を確保しようとする行動制御システムである。
⑩アタッチメントは、（　　）性に富んだ相互交流をし、温かく（　　）してくれる人に対して形成される。

第2章 認知・思考の発達

◆**学びの入り口～教育現場の事例から考えてみよう！～**

事例：Bちゃんのかくれんぼ

保育園に通う4歳のBちゃん。お友達や先生とかくれんぼ遊びをするときに、うまく隠れることができず、身体の一部が見えてしまっています。例えば、教室のカーテンの中にくるまって隠れたつもりですが、外からは足が見えています。それでも、Bちゃんは見つからないように隠れたつもりです。

どうして、Bちゃんはうまく隠れることができないのでしょうか？　また、どうして、本人は鬼に見つからないように隠れたつもりになっているのでしょうか？

◆**ワーク：次の問いに対してあなたの考えをまとめてみよう**

・Bちゃんの「うまく隠れることができない」や「自分は鬼に見つからないように隠れたつもりになっている」という行動を、幼児期の自分とは違う他者の立場や視点に立って考える力（視点取得能力）という観点から説明してみましょう。

◆**ワークに対する考え方・ヒント**

　幼児期の子どもたちは、私たち大人とは違った世界観を持っています。Bちゃんは、かくれんぼの鬼がBちゃんをどのように見ているか、考えることができるでしょうか？　言い換えると、自分とは異なる見方をする人の視点に立つことができるでしょうか？　Bちゃんのものの見方の特徴をふまえて、考えてみましょう。

> **学びのポイント**
>
> - 子どもの認知や思考の特徴と、それらがどのように発達するのかについて理解を深める。
> - ピアジェによって提唱された認知発達段階理論について学習し、その後の研究の発展によって明らかにされた子どもの認知発達の様相を理解する。
> - 子どもの認知や思考の特徴をふまえた働きかけについて検討する。
>
> **キーワード**
>
> □認知発達段階理論　□素朴理論　□素朴概念　□素朴物理学
> □素朴生物学　□語彙の爆発期　□一次的ことば　□二次的ことば
> □外言　□内言　□発達の最近接領域　□実行機能
> □ワーキングメモリ　□ピアジェ　□ヴィゴツキー

第1節　ピアジェの認知発達段階理論とその後の展開

1 ── ピアジェの認知発達段階理論

1．認知発達段階理論とは

　ピアジェ（Piaget, J.）は、子どもが生まれてから自分を取り巻く世界をどのように理解していくのかについて、操作という観点から理論化した。ピアジェは、個人は周りの世界を理解する**シェマ**（スキーマ）と呼ばれる認識の枠組みを持っており、そのシェマを、同化と調節という2つの働きによってつくり替えていくことが、認識の発達であると考えた。同化とは、環境からの情報を自分の持っているシェマに合わせて取り入れることを指す。場合によっては、環境の方を自分のシェマに合うようにゆがめてしまうこともある。しかし、同化だけではうまくいかないことも出てくる。例えば、まったく新しいものを見たり、これまで知らなかったことに遭遇したりしたときには、自分のシェマ自体を変える必要に迫られる。そのようなとき、調節によって自分のシェマを環境に合わせてつくり替え、情報を取り入れる。例えば、ある子どもが「ゾウやライオンのように4本足で動物園にいるようなもの（哺乳類）が動物である」という動物のシェマを持っていたとする。この子どもが、道を歩いていてイヌやネコを見たときに、「イヌもネコも動物だ」と認識することが同化である。それに対し、ムシやサカナも動物だと教えられると、これまで持っていた動物のシェマを修正しなければならない。これが調節である。このように、同化と調節の2つの働きによってシェマをつくり替え、それを繰り返していくことを、ピアジェは認識の発達であるとしたのである。

ピアジェは、こうした認識の発達について、生後まもない時期から大人のように論理的な思考ができるようになるまでの段階を、①**感覚運動期**、②**前操作期**、③**具体的操作期**、④**形式的操作期**の4つに区分した認知発達段階理論を提唱している。以下では、それぞれの発達段階の特徴を見ていく。

2．4つの発達段階の特徴

①*感覚運動期*

誕生から2歳頃までの感覚運動期では、まだ話すことのできない乳幼児が、自分の感覚や運動能力を使って自分の周りを理解しようとするという特徴がある。誕生後から見られる反射について、ピアジェは1つのシェマと捉え、「**反射のシェマ**」と名づけた。反射が見られなくなった後は、感覚や運動のシェマによって周りの世界を理解しようとする。

なお、感覚運動期は、さらに6段階に分けられている（表2-1）。この段階は、先に説明した同化に必要な行為シェマの獲得と分化、協応[★1]の水準によって段階分けされている[1]。さらに、感覚運動期の終わりには、表象と呼ばれる目の前にないものを思い浮かべたり、イメージしたりする能力を持つようになる。この表象能力が、その後の思考の発達につながっていく。

★1 協応
例えば、目で見たおもちゃに手を伸ばすように、視覚的に捉えたものに対して手を伸ばすという運動動作を行うことを目と手の協応という。このように、複数の機能を目的に合わせて組み合わせて使うことを協応という。

表2-1 感覚運動期の発達段階

発達段階	時期	同化シェマの発達	事例
Ⅰ反射の練習	誕生から	将来的に有用となる生得的シェマの練習による安定化	吸啜反射（唇に物が触れるとそれに吸いつくという反射） 乳首のまさぐり行動
Ⅱ最初の習慣	1カ月頃から	獲得性適応の始まり： 安定した条件づけ、第1次循環反応など	授乳するときいつもの抱き方で抱くと吸啜行動が起こる 追視、指しゃぶり、自分の手の運動を興味深く見る
Ⅲ見ることと把握の協応	4カ月半頃から	意図的適応の始まり： 第2次循環反応、興味ある光景を持続させるための諸手続き	興味のある現象を偶然見出すとその現象を繰り返し再現させようとする行動
Ⅳ2次的シェマの協応	8〜9カ月頃から	未来の知能的適応の始まり（目的と手段の協応）： 新しい事態への既知シェマの適用、新奇な対象・現象に対する探索行動	障害物を取り除いて、ほしい物を手に入れる 新奇な物に対していろいろな既知のシェマを適用して物の特性を調べる行動
Ⅴ第3次循環反応と新しい手段の発見	11〜12カ月頃から	（表象を前提としない）感覚運動的知能の絶頂期： 第3次循環反応によるシェマの分化、能動的実験による新しい手段の発見	新奇な現象を偶然見出すと現象生起の条件を変えてみて現象を探る行動 手の届かないところにある物を手に入れる手段（棒や台）を試行錯誤で発見する
Ⅵ心的結合による新しい手段の発明	18カ月頃から24カ月頃まで	表象的知能への移行期： シェマの内化（行為の停止と洞察による問題解決）と表象的シェマの始まり	手の届かないところにある物を手に入れるために新しい手段（棒や台）を洞察で発明する

出典：中垣（2007）[1]をもとに作成

②*前操作期*

　2歳から7歳頃（幼児期から児童期の初め頃、小学校の低学年まで）の時期に当たる。この段階の大きな特徴は、思考や言語の**自己中心性**である。ピアジェは、この時期の子どもたちの自己中心性を調べるために、図2－1に示すような**三つ山課題**という実験課題を考案した。この課題は、3つの山と1軒の家の模型を子どもに見せ、Aの位置から自分が見ている見え方と、他者の視点として反対側のCの位置にいる人形からの見え方を問うものである。

　前操作期に該当する子どもたちの多くは、「反対側にいるお人形からはどのように見えるかな？」と尋ねられても、今見ている見え方と同じものを選んでしまうことが多い。つまり、位置が変わることによる視点の移動が理解できず、他者の**視点取得**ができないため、自分が見ている見え方と同じものを選んでしまうと考えられる。このように、自分とは異なる他者の視点を理解するという視点取得ができず、自分中心の視点の取り方をしてしまうことを自己中心性という。こうした視点取得の能力は、後で取り上げる「心の理論」の獲得と関連して幼児期の後半から獲得されていき、他者についての理解という社会的認知の発達にもつながっていく（詳しくは第9章参照）。

　また、前操作期には、自己中心性に加え、**アニミズム**、**リアリズム**、**人工論**というこの時期特有の思考が見られる。

　例えば、「ロボットが生きている」のように、生きていないものも生きていると考えたり、感情があると捉えたりすることがよくある。このような前操作期特有の

図2－1　三つ山課題

出典：村田（1990）[2]）をもとに作成

思考をアニミズムという。幼児教育の世界では、子どもたちのアニミズム的思考を利用して、おもちゃなどを乱暴に扱う子どもに対して、「お人形が痛いって言っているよ。大事にしてあげようね」などのような働きかけがよく見られる。このアニミズムは、全てのものを生きていると考える段階、動くものを生きているとみなす段階、車などのように自力で動くものを生きていると考える段階を経て、生物学的に正しく動物と植物が生きていると理解する段階へと発達する。ただし、特に幼い子どもにとっては、木などの大きな植物が生きていると理解することは難しいようである[3)4)]。

アニミズムと同じく、前操作期の思考の特徴としてリアリズムが挙げられる。例えば、多くの子どもたちは「サンタクロース」が本当にいると信じている。また、テレビで人気のキャラクターが実在すると信じている子どもも多い。このように、テレビやアニメなどの架空のキャラクターの存在を信じていたり、夢に見たことが本当に起こると思っていたりするような現実と空想の区別がつかないことをリアリズムという。

同様に、人工論も前操作期特有の思考様式の一つである。例えば、子どもたちは明日が運動会だから晴れてほしいと思うとき、自分が願えば天気を晴れにすることができると考えたりする。また、地球や月などの天体も人間がつくったものであると信じている子どもも多い。天候や自然現象、天体など、人の力が及ばないようなものにまで人間の力で操ることができると考えることを人工論という。自己中心性をはじめとするユニークで子ども特有の思考が多く見られることが、前操作期の特徴である。

③具体的操作期

前操作期に続く具体的操作期は、7歳から11、12歳の児童期に該当する。自己の視点を中心とした思考からは脱していくとともに（**脱中心化**）、視点取得能力も発達していく。また、具体的なものを使うことによって、論理的な操作ができるようになっていく。ただし、記号などの抽象的な操作はまだ難しい。例えば、小学校の低学年では、おはじきなどの具体物を用いた計算（操作）が取り入れられていたり、小学校の算数の問題は、ものの値段や長さなどの具体的な操作を扱うものが多く見られたりする。これは、具体的操作期の子どもたちの思考の特徴に適したものである。

また、具体的操作期には、保存概念と呼ばれる物質量の見かけの変化によらない本質的な同一性を理解できるようになる。表2－2は、数や液量などの保存課題と、前操作期の子どもたち、具体的操作期の子どもたちによく見られる回答例を示している。数や液量の保存概念は比較的容易であるため、具体的操作期の中でも早期に獲得されるが、体積や面積などの保存概念は難易度が高く、児童期の中頃以降に獲得される。こうした物質量の保存概念を獲得することは、その後の物質量の理解の

表2-2 さまざまな保存課題

ピアジェの課題		前操作期	具体的操作期
数の保存	○○○○ ○ ○ ○ ○	子どもは2つの列の長さや密度の違いに惑わされて、並べ方しだいで数が多くも少なくもなると判断する。	子どもは、2つの列は長さと密度が異なるが、ともに同じ数であることを理解する。
液量の保存	A B C	子どもはA、Bの容器に等量の液体が入っていることを認める。それからBをCに移し替えると液面の高さに惑わされCの方を「たくさん」と答えたり、容器の太さに惑わされCの方が「少しになった」と答える。	子どもはA、Bの容器に等量の液体が入っていることを認める。それからBをCに移し替えると、液面の高さは変わるが、CにはAと等しい液体が入っていることを理解する。
物理量と重さの保存	A B ↓ C	子どもはA、Bの粘土のボールが等しい量で、同じ重さであることをまず認める。それからBをつぶしてCのソーセージ型にすると、大きさの違いや長さの違いに着目して、量は変化し、重さも変わると答える。	子どもはA、Bの粘土のボールが等しい量で、同じ重さであることをまず認める。それからBをつぶしてCのようにしても、それはBのときと等しい量でしかも同じ重さであることを理解する。
長さの保存	A B	子どもは個数の異なった積み木を使って、Aと同じ高さの塔をつくることができない。	子どもは個数の異なった積み木を使って、Aと同じ高さの塔をつくることができる。

出典:内田・臼井・藤崎(1991)[5]をもとに作成

基礎になるとされている。

④形式的操作期

ピアジェは、11、12歳から15歳頃までに抽象的・論理的な思考ができるようになることで、思考は最終的な発達段階に到達するとし、この発達段階を形式的操作期と呼んだ。形式的操作期になると、具体物を用いなくても操作が可能になり、抽象的な思考ができるようになる。例えば、文字式や関数などの記号を用いた問題が解けるようになったり、三段論法や推移律[★2]のような論理的思考が可能になったりするとされている。

2 — ピアジェの理論のその後の展開

1. 領域特殊的な発達観と素朴理論

ピアジェによって提唱された認知発達段階理論によって、それまで考えられていたよりも子どもは主体的に自分を取り巻く世界を理解しようとしており、有能な存在であることが明らかにされた。さらに、ピアジェの認知発達段階理論が広く知ら

★2 推移律
「A>B、B>CであるならばA>Cである」というような法則を推移律といい、このような論理的思考の理解が形式的操作期になると可能になるとされている。例えば、「AさんはBさんよりも背が高い」「CさんはBさんよりも背が低い」という前提から、「3人の中でAさんが1番背が高く、Cさんが1番背が低い」という結論を導き出せるようになる。

れるようになると、ピアジェの理論や発達段階に対する批判も多くの研究によってなされるようになった。

その１つの流れが、ピアジェの年齢による発達段階の移行という発達観に対する批判である。ピアジェは、操作という観点から何歳頃にどのような操作が可能になるかについて、発達段階として説明を行った。こうした操作には、扱う対象がある。例えば、数の操作や生き物についての概念である。このように、操作の対象に焦点を当て、数の理解、ことばの理解、生物の理解など、領域ごとに異なる発達が見られるとしたのが、**素朴理論**（naïve theory）の考え方である。素朴理論研究の隆盛により、ピアジェの認知発達段階理論を中心としたこれまでの研究で考えられていた子ども像よりも、子どもはもっと有能であり、自分を取り巻く世界について多くのことを理解していることが実証されるようになった。

発達の早い時期から、子どもは、バラバラの知識ではなく、数や生物学などの領域ごとに「理論」と呼べるようなまとまりのある知識集合を持っていると考えられている。そのような知識集合は、科学的には間違っていることも多いため、科学的理論との対比から「素朴理論」と呼ばれる。素朴理論は子どもだけが持っているわけではなく、科学者でない大人も持っており、素人理論と呼ばれることもある。こうした素朴理論の存在は、大人でも子どもでも、科学的に正しくない部分はあるが、因果的な首尾一貫性を持った説明的な枠組みを持っているということを示している[6）7）]。

理論を持つための条件は、３つあるとされている。まず、「理論」を持つということは、単にバラバラの知識、概念を持っているのではなく、生物学や物理学、数の領域など、領域ごとの原理によって関連づけられたまとまりのある知識を構築していることを意味する。これが、「理論」を持つための１つの条件である。また、物事の原因と結果の関係（因果関係）について考えるときに、それぞれの領域の原理に基づいて考えられることも必要とされる。例えば、「なぜ、お腹が痛くなったのか？」という問題に対して、「食べ過ぎたから」と答えられるように、生物学の領域の問題には、生物学的な因果を使って考えられることが、「理論」を持つための２つ目の条件とされている。さらに、例えば「生きているもの」と「生きていないもの」を区別することができるように、存在論的な区別ができることが３つ目の条件となっている。素朴理論を持っていると判断するためには、この３つの条件を満たすことが必要となる。

２．代表的な素朴理論

素朴理論の数は、学問領域の数に相当するとされている[8）]。その中でも特に、乳幼児期を対象とした素朴理論研究では、物理学についての素朴理論である「**素朴物理学**」（例えば、Baillargeon, Spelke & Wasserman（1985）[9）]；Baillargeon（1986）[10)]

など)、生物についての素朴理論である「**素朴生物学**」(例えば、Carey (1985)[8]；稲垣・波多野 (2005)[7] など)、自己や他者の心的状態の理解に関する素朴理論である「**心の理論**」(詳しくは第9章参照)は、素朴理論の中核領域をなすものと考えられている。ここでは、素朴物理学と素朴生物学について取り上げる。

①*素朴物理学*

　代表的な素朴物理学の課題[11]を紹介する(図2－2)。「"C"の字に曲がったチューブから、ある速度で飛び出したボールはどのような軌跡を描くだろうか？」という問題である。図2－2にあるように、正解は3の「接面に沿って直進する」であるが、子どもでも大人でも正解を選ぶ割合は低く、5や6のように「曲線状の弧を描いて運動し続ける」という選択肢が最も多く選ばれるという結果であった。物理学は、理科教育などを通して科学的に正しい理論を学んだ大人であっても、なかなか獲得することが難しいようである。素朴理論の特徴として、直観的には正しく感じられたり、理解されやすいものであるだけに、誤ったまま保持されやすく、科学的に正しいとされる理論に変わりにくいという一面もある。このような特徴は、学校教育にとってはやっかいな問題であるかもしれない。

②*素朴生物学*

　素朴生物学とは、生物学の領域に関する素朴理論を指す。そもそも、素朴生物学の研究は、幼児期の子どもの生物概念の特徴としてピアジェが取り上げたアニミズムの捉え直しから始まった。ピアジェは、幼児期の子どもの「生きている」という理解のあいまいさの証としてアニミズムを捉えた。しかし、英米を中心とした研究者たちは、ピアジェはアニミズムを幼児期の未熟な思考の現れとみなしたと解釈し、方法論を含め批判的な検討が多数行われた。その結果、アニミズム的思考ではでき

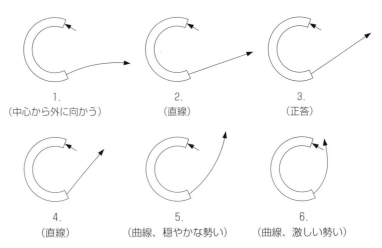

図2－2　素朴物理学の問題例

出典：Kaiser, McCloskey, & Profit (1986)[11]

ないと考えられる生物・無生物の区別は、ピアジェが示したよりも早い段階、すなわち、幼児期の早い時期から理解可能であるという知見が出されるようになった。

その後の素朴生物学研究では、アニミズムのように誤った認識でも、子ども自身が持つ生物についての一貫した理論に基づいて生物・無生物の区別をしようとしていることを評価している。つまり、アニミズムを幼児期の未熟な思考の現れと解釈するのではなく、理論による判断の証拠として肯定的に捉えている[8]。素朴生物学の代表的な研究として、稲垣・波多野[7]の一連の研究が挙げられる。例えば、図2-3は、病気のかかりやすさに関する理解を問う課題である。「お友達に意地悪をするが、ご飯をたくさん食べる太郎くんと、お友達と仲良くするが、いつもあんまりご飯を食べない次郎くんのどちらが風邪をひきやすいか？」と子どもたちに尋ねると、4歳では約50％、5歳になると約80％の子どもが「ご飯をたくさん食べるかどうか」が風邪のひきやすさと関連すると回答した。こうした多数の実証的検討の結果、5歳頃に素朴生物学が獲得されることがほぼ認められている。

図2-3　病気のかかりやすさについての子どもの理解を調べる課題
出典：稲垣・波多野（2005）[7]をもとに作成

第2節　ことばの発達

1── コミュニケーションの道具としてのことば

　私たちは、コミュニケーションの道具としてことばを用いている。特に、乳幼児期は、話しことばの発達が著しい時期である。では、特に母語である話しことばはどのようにして発達していくのだろうか。

　赤ちゃんが産まれて初めて出す声は産声(うぶごえ)である。これは、母体の外に出て初めて空気に触れたことによって出るとされている。その後、生後7カ月頃から、**喃語**(なんご)と呼ばれる音声言語の前駆的形式を備えた発声(例えば、ウーウー、ダ・ダ・ダ…などの決まった音節の繰り返し)が見られるようになる[12]。これはやがてことばを話すための発声練習であると考えられている。そして、1歳頃に意味を持った最初のことばである**初語**(しょご)を発する(ただし、初語を発する時期は個人差が見られる)。日本語では、「ママ」や「マンマ」が多いようである。初語を発する頃の子どもの発話は、「ママ」のように1つの単語をぽつりぽつりと話すため、「**一語文**」★3と呼ばれる。この時期は、主に名詞を獲得する時期である。一語文から半年くらい経った1歳半頃には、「マンマ　タベル」のように2つの単語をつなげて話すようになり、これを「**二語文**」という。二語文を話す時期には、名詞や動詞が中心であるが、形容詞、副詞も使えるようになる。二語文からさらに半年後の2歳頃から、「**三語文**」「**多語文**」と呼ばれるように一度の発話が長くなっていき、助詞や助動詞も使えるようになる。さらに、半年後の2歳半頃になると、複文を話せるようになり、より長い文章を話すようになっていく。助詞や助動詞の用い方には誤りも多く見られるが、年齢とともに子どもはより流暢に話せるようになっていき、他者と円滑にコミュニケーションが取れるようになっていく。

　語彙の発達に関しては、初語が産出されるようになってから半年後、平均的には1歳半頃に約50語程度になり、この50語程度を超えると、急激に語彙が増加する「**語彙の爆発期**」が訪れる。この増加の背景には、あるものとそれに対する名前との関係(あるものを指して「これなに?」と尋ねるなど)、すなわち意味するものと意味されるものの関係についての理解(**象徴機能**)の発達が存在していることが指摘されている[12]。話しことばの発達も語彙の発達も個人差が大きいが、一般的に3歳頃の語彙数は、約1,000語程度、就学前の6歳の時点で3,000語程度とされている。

　幼児期は主に話しことばが発達する時期であるが、就学前の6歳頃までに、話しことばの発達がほぼ完成するのに加え、書きことばの発達も始まる。4歳を過ぎた頃から、文字や数字に興味を持ち始める子どもが増え、個人差はあるが、5、6歳になると、ひらがなを読めたり、自分の名前や簡単なお手紙を書くなど、文字を書

★3　一語文
一語文を話す時期には、子どもが発する一語で何かを表現したり、伝達したりしようとしているため、文に近い機能を果たしていると考えられている[13]。例えば、子どもが「ママ」と言うときには、「ママ、こっちに来て」という呼びかけであったり、「ママ、ミルクがほしい」という要求であったり、「これはママ」や「ママが服を着せてくれる」などのように、1つの語に多様な意味を持たせている。これは、思考の道具としての内言にも共通する特徴である。また、全ての食べ物を「マンマ」と呼ぶなど、過大汎用という特徴も見られる。

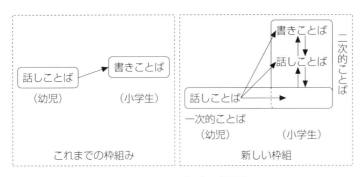

図2-4 ことばの重層性
出典：岡本（1985）[14]

けたりする子どもも多い。こうした書きことばの発達には、**音韻意識**の発達が必要であるとされている。例えば、「とり（tori）」ということばは、「と（to）」と「り（ri）」の音から構成されており、しりとり遊びでは、「り（ri）」の音から始まる単語を探すこと（例えば「りんご（ringo）」）が必要となる。しりとりがまだ難しい子どもでは、「しりとり、し、し…しか、…」のように最初の音を拾ってしまう誤りが見られることも多いが、しりとり遊びは音韻意識を発達させる格好の遊びであり、音韻意識の発達に伴ってしりとり遊びもスムーズにできるようになる。

こうした話しことば、書きことばの発達に関連して、幼児期から児童期にかけて、**一次的ことば**から**二次的ことば**への移行が見られる[14]。一次的ことばとは、家族や友達など親しい人との会話で使われる、文脈や状況に依存したことばである。それに対して二次的ことばとは、スピーチや講演のように具体的な文脈を離れて、不特定多数の人に向けて話をしたり、文章を書いたりするときに使われることばである。かつては、一次的ことばは話しことば、二次的ことばは書きことばと捉えられていたが、現在では、一次的ことばが二次的ことばに置き換わるのではなく、具体的な文脈で使われる一次的ことばは一次的ことばとして発展し、一次的ことばを基礎として、その上に二次的ことばが積み重ねられると考えられるようになっている（図2-4）。つまり、二次的ことばの発達のためには、多くの会話経験やまとまりをもった内容を話す経験が必要であり、単に話しことばを文字にすれば書きことばが発達するというものではない。

2 ── 思考の道具としてのことば

幼児期に子どもたちは話しことばを発達させるだけでなく、何かを考えるためにことばを用いるようになる。一般的に3歳頃になると、例えば大人からの問いかけに対して、子どもなりに理由を考えたり、説明をするようになり、**言語的思考**が芽生えるとされている。

ヴィゴツキー（Vygotsky, L. S.）は、外に向かって発せられることばを**外言**、音声を伴わず自分の中に向けて思考などの際に使われることばを**内言**と呼んで区別をした。幼児期は、主に話しことばの外言が中心であるが、やがて思考の道具として使われる内言が分化してくる時期でもある。幼児期の子どもが遊び場面でぶつぶつと独り言を言っている姿がよく見られるが、それは外言から内言への移行過程であると解釈され、外言よりもむしろ内言としての働きを持っているとヴィゴツキーはみなした（コラム参照）。幼児期に続く児童期では、思考の道具としての内言の機能が確立し、中心的に使われるようになり、学校でのことばによる学習の基礎となっていく[15]。

　また、ヴィゴツキーは、学校教育の重要な役割として、子どもたちの**生活的概念**を**科学的概念**に変容させることを指摘している。ここでの生活的概念とは、上述の素朴理論や素朴概念に該当するものであり、幼児期に日常経験などを通して獲得されるものである。生活的概念は、科学的には誤っていることもあるため、科学的な学習を通して修正される必要がある。同様の指摘は、素朴理論研究からも出されており、稲垣・波多野[7]は、学校での教授学習が始まる児童期は、自発的な概念変化の過程では起こりえない、教授に基づく概念変化が起こる時期であるとしている。

　さらに、ヴィゴツキーは、将来の発達の可能性について、「**発達の最近接領域**」という概念を提唱している。ヴィゴツキーによれば、発達には２つの水準があるとされる。１つは、他者の助けを借りずに、自力で課題を解決できる水準であり、もう１つは、自力では課題の解決が難しいが、他者の援助があれば解決可能な水準である。例えば、小学校１年生のA君は、１桁の繰り上がりのない足し算は１人でもできる。一方、繰り上がりのある足し算は１人では解くことができないが、友達や先生の助けがあれば解くことができる。このA君の場合、繰り上がりのない１桁の足し算が、自力解決可能な水準であり、繰り上がりのある足し算が、他者の援助があれば解決可能な水準ということになる。この２つの水準のずれの範囲を、ヴィゴツキーは発達の最近接領域と名づけた（図２−５）。この発達の最近接領域は、将

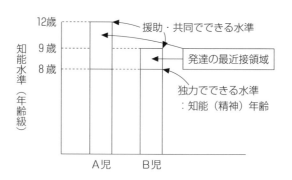

図２−５　発達の最近接領域

出典：櫻井・黒田（2012）[16]をもとに作成

来の発達可能性を示すものでもあり、やがて自力解決が可能な水準へと変化し、さらにその上位に新たな発達の最近接領域がつくられていくと考えられている。ヴィゴツキーは、子どもの発達における教育の重要性を指摘し、現在の発達に応じた教育ではなく、発達の最近接領域に働きかけ、伸ばしていくこと、あるいは発達の最近接領域を作り出していくことが教育の重要な役割であると主張した。このとき、教師や指導者に求められることは、見本を見せるというモデリングや手がかりを与えること、適切な材料を用意することなどの**足場かけ**（scaffolding）であり、子どもが自分でできるようにサポートしていくことである。こうした援助が、子どもの発達の最近接領域を伸ばしていくと考えられる。

ただし、発達の最近接領域は、個人差が大きいことも留意しなければならない。例えば、現在の自力解決が可能な水準が同程度の子どもであっても、発達の最近接領域が小さい子どももいれば、大きい子どももおり、将来の発達可能性には差がある。こうした個人差を無視して、同じ指導・支援を行うことは、効果的な教育とはいえないであろう。教師は、個々の子どもたちの発達の最近接領域を理解し、それに合った指導・支援を行うことが重要である。

第3節　ワーキングメモリの発達

1 ── ワーキングメモリとは

自分ではない他者の信念や意図、視点を理解するために必要とされる「心の理論」などの社会性の発達の基盤として、**実行機能**（executive function）が注目されている。実行機能とは、行動を制御することで、目標志向的な行動を実現する能力のことを指す[17]。実行機能は広範な認知過程を含んでいるため、特に、不必要な情報を抑制する「抑制」能力、課題を柔軟に切り替える「切り替え」能力、保持されている情報を更新する「更新」能力の3つが重要な要素とされている。例えば、会話をしている相手の話に注意を向け、他の席の人の話は耳に入れないようにすること（抑制）や、テレビを見ながら電話で話をしているときに、電話の相手の声に注目したり、テレビの重要なシーンに注目したりと切り替えることや、レストランの店員がその前の客の注文内容を破棄し、新しい客の注文内容を保持すること（更新）である。こうした実行機能の発達は、脳の前頭前野の発達とも関連しており、ルールの切り替えなどは5歳頃からできるようになるとされている。

こうした実行機能と同じ文脈で語られることが多い**ワーキングメモリ**（working memory）は、実行機能と相補的な関係にあり、お互いの機能に対して重要な働きを担っている[★4]。ワーキングメモリとは、さまざまな場面で目標に向かって情報

★4
実行機能とワーキングメモリの関係については、3つの考え方がある[18]。1つは、実行機能をワーキングメモリの一部と捉える考え方であり、認知心理学や社会心理学の分野で多く見られる（この1つ目の立場については、第4章参照のこと）。2つ目は、その逆に、ワーキングメモリを実行機能の下位要素と位置づける立場であり、発達研究に多い。3つ目は、実行機能とワーキングメモリを相補的なものと捉える立場である。ここでは、3つ目の立場に依拠して論じている。

を処理しつつ、一時的に必要な情報を保持する働きをする記憶（短期記憶）である（第4章参照）。ワーキングメモリは、情報を保持するだけでなく、すでに学習した知識や経験を絶えず参照しながら、目標に近づけるように、その過程を支えている。日常生活を考えると、他の行動をしつつ同時に記憶しなければならないといった並列処理を必要とする場面が多々ある。ワーキングメモリは、さまざまな行動場面での情報処理の一時的な保持を担うことにより、情報の処理と保持の並列処理を支える働きをしている[19]。例えば、「15＋9」という足し算の問題を解くときに、「15」と「9」という数の情報を保持しつつ、足し算のやり方を思い出すというように、ワーキングメモリは使われている。

2 ── ワーキングメモリの発達と教育

　ワーキングメモリには、図2－6に示すような**言語的短期記憶、言語性ワーキングメモリ、視空間的短期記憶、視空間性ワーキングメモリ**の4つの側面が含まれており、4歳頃にはこれらの要素が整うとされている。言語的短期記憶は音韻ループ[★5]の機能に対応しており、言語的短期記憶の情報を用いて中央実行系の処理資源を利用し、言語的な課題に取り組むという側面が言語性ワーキングメモリである。視空間的短期記憶は、視空間スケッチパッド[★6]に対応しており、視空間的短期記憶の情報を用いて中央実行系の処理資源を利用し、視空間的な課題に取り組むという側面が視空間性ワーキングメモリである[18]。

　ワーキングメモリは、短期記憶でもあるため、容量に限りがあると考えられている。ワーキングメモリ容量の発達に関する研究から、幼児期以降、児童期、成人期を通して拡大し、高齢者になると成人の大人よりも小さくなることが明らかになっ

★5　音韻ループ
音韻ループは、情報の保持に特化した役割を担う言語的短期記憶に対応するものである。数、単語、文章などの音声を含めた言語情報を短期間記憶する働きを持つ[18]。

★6　視空間スケッチパッド
視空間スケッチパッドは、視空間的短期記憶に対応するものであり、視覚情報と空間情報を一元的な表象に統合する貯蔵システムとして働く[18]。

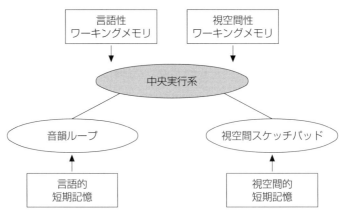

図2－6　ワーキングメモリの4つの側面

出典：Alloway（2007）；湯澤・湯澤（2014）[18]

ている。また、ワーキングメモリ容量は、個人差が非常に大きい。例えば、小学校3、4年生のクラスの中には、標準的なワーキングメモリ容量の子どもだけでなく、幼児期から小学校1年生レベルのワーキングメモリ容量しか持たない子どももいれば、小学校6年生レベルのワーキングメモリ容量を持つ子どもも含まれている。知的な遅れはなくても、ワーキングメモリ容量が小さいために、教師の指示を最後まで聞き取ることができなかったり、授業中のノートテイキングが追いつかないために、学習困難につながることになる子どもたちもいる[20]。ワーキングメモリ容量は、学力を予測するという知見もあり、教師は子どもたちのワーキングメモリ容量を適切に把握し、それをふまえた指導・支援の在り方を考えることが求められる。

★さらなる学びのためのブックガイド★

・外山紀子・中島伸子（2013）『乳幼児は世界をどう理解しているか―実験で読み解く赤ちゃんと幼児の心―』新曜社
　乳幼児の驚くべき認知能力について、さまざまな実験結果を紹介しながら分かりやすく説明している。

・湯澤正通・湯澤美紀編（2014）『ワーキングメモリと教育』北大路書房
　ワーキングメモリに関する理論的な説明と、ワーキングメモリという視点から教育現場を見た際の子どもの姿や支援方法が具体的に紹介されている。

子どもの独り言をめぐるピアジェとヴィゴツキーの論争

　ピアジェはスイスで、ヴィゴツキーはロシアで、いずれも1896年に誕生しています。2人は同時代を生きた心理学者であり、子どもの遊び場面で見られる独り言、ピアジェが主張した幼児期の「自己中心性」をめぐって論争しています。

　幼児期の子どもたちが遊んでいる様子を見ていると、子どもが一緒に遊んでいる友達に対してではなく、特定の誰かに対してでもなく、ときには自分に向かって話している姿が見られることがあります。まさに、子どもの「独り言」です。こうした「独り言（モノローグ）」に対して、ピアジェは思考の自己中心性の現れである「自己中心的ことば」と捉えました。つまり、幼児期の未熟な思考の現れとみなしたのです。この自己中心的ことばは、具体的操作期の脱中心化によって「社会化されたことば」に変わっていくと考えました。

　これに対して、ヴィゴツキーは、子どもの自己中心的ことばは、「外言」である話しことばが「内言」に移行し、発展していく過渡的段階のことばであると主張し、実証的な研究も行いました[21]。つまり、子どもの独り言はピアジェの主張するような未熟な思考の現れでなく、むしろ対自的思考の道具として使われているものとして評価したことになります。実際に、ヴィゴツキーは、子どもたちの独り言は、簡単な課題よりも難しい課題に取り組んでいるときの方が多く見られることを観察し、ピアジェに反論しています。

　ピアジェとヴィゴツキーの考え方の違いは、両者の背景の違いによるのかもしれません。ピアジェは、もともと生物学を専攻していたため、発生学的な発想をもって子どもの発達を考えています。これに対して、ヴィゴツキーは、より社会的な視点から、ピアジェの理論の本質的な問題は、生物学的なものと社会的なものの分裂にあることを指摘しています[15]。つまり、生物学的要因は子ども自身の中に含まれており、子どもの精神的実体を形成すると考えられているのに対して、社会的要因には外的な力の強制を通じて作用するとみなしている点が問題だというのです。社会化という観点から子どもの思考の発達を捉えようとしたヴィゴツキーからすれば、ピアジェは発達の社会的要因を軽視しているように見えたのかもしれません。

　その後、ピアジェは、一部ヴィゴツキーの主張を認めつつも、子どもの言語的活動において、認識上の自己中心性がコミュニケーションの妨げになっていることに対するヴィゴツキーの過小評価を改めて指摘しています。ヴィゴツキーは、1934年に37歳の若さで亡くなったため、この論争は決着していませんが、もしヴィゴツキーがもっと長く研究を続けることができていたら、どのような結末になったでしょうか。

◆第2章ミニットペーパー

年　月　日（　）第（　）限　　学籍番号＿＿＿＿＿＿　　　氏名＿＿＿＿＿＿

本章で学んだこと、そのなかで感じたこと

理解できなかったこと、疑問点

TRYしてみよう

①ピアジェの認知発達段階理論において、（　　　）期の特徴には自己中心性が挙げられる。

②自然現象などを含め、世の中に存在するものすべてに対して人間の力で操ることができるという考え方を（　　　）という。

③ピアジェの認知発達段階理論において、自己中心性から脱することを（　　　）という。

④（　　　）は、物理学に関する素朴理論である。

⑤前言語期の乳児に見られる意味を持たない発声を（　　　）という。

⑥1歳頃に産出される初めて意味を持ったことばを（　　　）という。

⑦（　　　）とは、家族や友達など親しい人との会話で使われる、文脈や状況に依存したことばである。

⑧ヴィゴツキーは、外側に向けて発せられる外言から、思考の道具としての（　　　）へとことばの移行が幼児期に見られるとした。

⑨将来の発達可能性について、ヴィゴツキーは、（　　　）と呼んだ。

⑩発達の最近接領域を伸ばすためには、教師や指導者の（　　　）が重要である。

第3章 学習意欲と動機づけ

◆学びの入り口～教育現場の事例から考えてみよう！～

事例：「どうせやってもできない」とすぐにあきらめてしまうC君

　小学5年生のC君は、授業中も授業に集中する様子が見られず、学習に対して無気力状態で、テストでも悪い点数ばかり取ってしまいます。低学年の頃は学習を頑張ろうとする意欲が見られましたが、成績は振るいませんでした。本人は頑張っているのですが、漢字の小テストではミスが目立ち、良い点数が取れませんでした。こうしたことが重なるうちに、C君は「自分はばかだから漢字を覚えられない」と考えるようになり、漢字練習の宿題もさぼりがちになりました。さらに、「どうせ自分はできないから」と算数の掛け算九九もなかなか覚えようとしませんでした。その結果、「九九名人」の合格はクラスの中で最後の方でした。このようなC君に対し、担任の先生や親は厳しく接し、クラスのみんなと同じ課題をこなすよう指導し続けましたが、C君には難しすぎる課題でした。

　3年生、4年生と学年が進むにつれ、学習内容は難しくなっていき、宿題も増えていきました。すっかりやる気をなくしてしまったC君は、低学年の内容の復習のような簡単な課題でさえ、「どうせやってもできないから」と手をつけようとしなくなってしまいました。

◆ワーク：次の問いに対してあなたの考えをまとめてみよう

・なぜ、C君はやる気を失ってしまったのでしょうか。また、あなたがC君の担任なら、C君にやる気を出してもらうために、どのような働きかけをするでしょうか。

_____
_____
_____

◆ワークに対する考え方・ヒント

　最初は学習に対する意欲を持っていたC君が、どのようにやる気を失っていってしまったのでしょうか。そのとき、C君自身の問題だけでなく、先生や親の働きかけに問題はなかったのかなど、さまざまな視点から考えてみましょう。「どうせやってもできない」とあきらめているC君に対して、どうすればC君の考えを変え、意欲を引き出すことができるか、具体的なアイデアを出してみてください。

第3章 学習意欲と動機づけ

学びのポイント
- 欲求と動機づけの関係について理解する。
- 学習意欲の分類について理解し、学習者の動機づけを高めるにはどうしたらよいかについて考える。
- 動機づけに関わる要因について理解を深める。

キーワード
☐動機づけ　☐欲求　☐欲求階層説　☐内発的動機づけ
☐外発的動機づけ　☐アンダーマイニング現象　☐自己決定理論
☐自己効力感　☐コンピテンス　☐期待×価値理論　☐達成動機づけ
☐原因帰属　☐目標理論　☐フロー　☐無気力　☐学習性無力感
☐マズロー　☐ワイナー

第1節　欲求と動機づけ

1 ── 欲求とは

1．人間の欲求

　欲求は大きく分けて、基本的な欲求と社会的な欲求に分類することができる。基本的な欲求は、**一次的欲求**とも呼ばれ、生きるために必要な欲求であり、人間だけが持つものではない。この**基本的欲求**の代表的なものは、食欲や睡眠欲などの生きるために必要な**生理的欲求**である。生理的欲求は、生理的な基盤を持ち、**ホメオスタシス**[★1]（恒常性維持）に基づいて機能する[1]。その他、基本的欲求には、自分の子孫を残そうとする欲求、好奇心などの内発的欲求が含まれる。

　これに対し、**社会的欲求**は、社会生活を営む人間に特有の欲求とされ、生まれた後の経験や学習を通して獲得されるものである（**二次的欲求**とも呼ばれる）。例えば、友達と親しくしたいという**親和欲求**や、よりよい成績を取りたいという**達成欲求**、他者に認められたいという**承認欲求**などがその例である。

2．マズローの欲求階層説

　マズロー（Maslow, A. H.）は、種々の欲求は階層構造をなしており、より低次の欲求から満たしていくことで、最終的に「自己実現の欲求」にたどり着くという**欲求階層説**を提唱した（図3-1）。

　最も初期の欲求が飢えや渇きなどの欲求を満たそうとする「**生理的欲求**」である。これは、発達的には乳児期に該当する。赤ちゃんは自分ではこれらの欲求を満たす

★1　ホメオスタシス
個体が内部環境を一定に保とうとする傾向のことをホメオスタシスという。例えば、お腹が空けば、空腹を感じ、食べ物を食べようとすることが挙げられる。

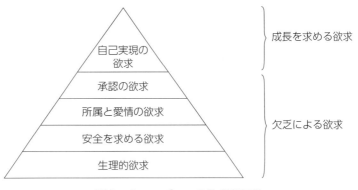

図3-1 マズローの欲求階層説
出典：伊藤（2010）[2]をもとに作成

ことができないため、主に養育者の世話によって、これらの生理的な欲求を満たしてもらうことになる。生理的欲求が満たされると、恐れや危険、災害や事件などを回避し、保護されたいという「**安全を求める欲求**」が出てくる。その後、子どもが幼稚園や保育園、学校などの社会へ出ていくと、園や学校、クラスや友達グループなど、さまざまな集団に所属することになる。この時期に、集団に所属し、その一員として認められたり、他者と愛情のある関係を持ちたいという欲求、友達などを持ちたいという欲求である「**所属と愛情の欲求**」が見られる。さらに、何らかの集団に所属をすれば、その中でより良い成績を残したい、業績を認められたい、他者から尊重されたり、優位でありたいという欲求が出てくる。これを「**承認の欲求**」という。そして、これらのすべてが満たされると、最も高次である「**自己実現の欲求**」へたどり着く。これは、自己の潜在的な能力を高め、最大限に生かしたい、例えば自分の夢をかなえたい、創造的な仕事がしたいなどの欲求である。

マズローは、生理的欲求から承認の欲求までは、欠乏状態から生じるため、「欠乏による欲求」と分類した。それに対し、自己実現の欲求は自分の可能性を発揮しようとする成長動機によってもたらされるため、「成長を求める欲求」と位置づけている。

2 ── 欲求と動機づけの関連

動機づけとは、いわゆる「やる気」のことを指す。上述したように、欲求は「○○したい」という漠然としたものであり、具体的な目標を持たない。それに対し、動機づけは、ある欲求を満たすために、特定の目標に行動を定め、その行動を維持したり、調整したりすることを通して、一定の方向に導くプロセスを指す（図3-2）。例えば、お腹が空いて「何か食べたい」という欲求に対して、「学食でランチを食べよう」と具体的な目標に向かって行動を導くのは、動機づけもしくは動因[★2]の働きである。そして、「学食へ行く」という行動が起こり、「ランチを食べる」とい

★2 動因
動因とは、例えば、お腹が空いたり、のどが渇いたりといった生理的な不均衡から生じる要因を指す。食欲のように人間を含めた生物の中にあり、その生物が食べるなどの特定の行動を取るように内部から動かす要因である[3]。

第3章　学習意欲と動機づけ

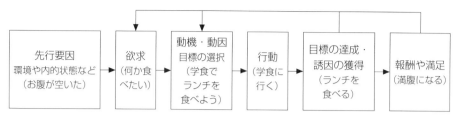

図3-2　動機づけのプロセス

出典：桜井（2004）[1]をもとに作成

う目標を達成し（もしくは誘因★3を獲得し）、その結果「満腹になる」という満足を得る。なお、生理的な行動に対しては「動因」や「誘因」が用いられるが、社会的な行動に対しては「動機」や「目標」が用いられることが多い。

★3　誘因
誘因とは、動因を引き起こすために外側から与えられる何らかの刺激を指す。例えば、食べ物を見ると欲しくなるが、この食べ物は外側から生体内の欲求である動因を引き起こす誘因に当たる[3]。

第2節　学習に対する動機づけ

1 ── 学習意欲

1．内発的動機づけと外発的動機づけ

　動機づけに関する研究では、**内発的動機づけ**と**外発的動機づけ**という2つの動機づけによって人の動機を捉えようとしてきた。この内発的動機づけ、外発的動機づけは、学習に限った動機づけではないが、ここでは学習に関する動機づけの例を中心に進めていきたい。内発的動機づけとは、「算数を勉強することが楽しいから勉強する」というように、それぞれの人の内側にある知的好奇心や楽しみから学習が生じることを指している。それに対し、外発的動機づけとは、「テストで100点を取ったらゲームを買ってもらえるから、テスト勉強を頑張る」というように、個人の外側にある報酬を得るため、もしくは「テストで悪い点数を取ったら怒られるから、怒られないように勉強する」というように罰を避けるために生じる動機づけである。内発的動機づけは学習や課題への取り組みそのものが目標となるような動機づけであるのに対し、外発的動機づけは学習や課題への取り組みが報酬を得るため（罰を避けるため）の手段にすぎず、目標は別にあることが特徴である。まったく学習意欲を持てない学習者ややる気を持ちにくい学習内容に取り組ませるときには、外発的動機づけを利用した働きかけも一定の効果を持つと考えられる。例えば、どうしても学習意欲が湧かず、まったく学習に取り組まない子どもに対して、「このプリントをやったらシールをあげる」などというように、外発的動機づけを利用して学習に向かわせることはよくあるであろう。最初は報酬を得るために学習していた子どもも、そのうちに学習内容の面白さに気づき、自ら学習に向かうというよう

に、内発的動機づけによる取り組みに変化する場合もある。しかし、外発的動機づけによる学習の多くは、報酬や罰がなくなると学習行動も減ってしまうという特徴が見られる。それに対して、内発的動機づけによる学習は、より効果的で学習行動も持続しやすいため、学校現場などでは児童生徒の内発的動機づけを高めることが目標として掲げられる傾向がある。

　内発的動機づけと外発的動機づけは、二分的なものではなく、それぞれ影響し合い、相互に変容可能であることが明らかになっている。特に、報酬やご褒美などの外的報酬は、内発的動機づけによる取り組みを低下させ、報酬がなければ取り組みをやめてしまうという外発的動機づけに変化することが示されており、「**アンダーマイニング現象**」と呼ばれている。例えば、歴史が面白くて好きだからと勉強に取り組んでいる子どもに、「次の社会のテストで100点を取ったら、特別にお小遣いをあげる」というように外的な報酬を与え続けると、「歴史が面白いから」という内発的動機づけは低下してしまい、勉強は報酬の手段となってしまうため、「お小遣いがもらえないなら勉強しない」という結果を招きかねない。特に、褒めるなどの言語的な報酬よりも金銭などの物質的報酬は、人の行動をコントロールするように働くため、アンダーマイニング現象を引き起こしやすいとされている。

2．自己決定理論

　上述のような、内発的動機づけ、外発的動機づけという区分で進められてきた動機づけ研究は、その後、さらに動機づけを詳細に捉える方向に発展していった。例えば、内発的動機づけと外発的動機づけの間にある動機づけを捉えるため、自己決定（自分の欲求の充足を自由に選択すること）の程度によって整理された**自己決定理論**（Self-determination theory）が提唱されている。自己決定理論は、これまで対立するものとして考えられていた内発的動機づけと外発的動機づけを統合的に捉える理論の一つである[4)][5)]。自己決定理論では、内発的動機づけと外発的動機づけを自律性（自己決定性）という一次元の連続体上に配置しており、外発的動機づけを自律性の低い順に**外的調整、取り入れ的調整、同一化的調整、統合的調整**という段階に区分している（図3－3）。

　外的調整とは、まったく自己決定がなされていない段階であり、「先生がうるさいから勉強する」というように、行動の動機は外的な刺激によるものが中心となる。次の取り入れ的調整とは、「不安だから勉強する」というように、直接的な外的刺激ではなく、個人の内面から生じるような刺激によって動機づけられる段階である。3つ目の同一化的調整とは、「自分にとって重要だと思うから勉強する」というように、行動を自分の価値として同一化する段階である。外発的動機づけのなかで、最も自己決定の程度が高いものが統合的調整であり、この段階では、行動することが自己概念（今の自分の状態）に一致する、価値のあるものとして捉えられている

図3－3　自己決定理論の動機づけモデル

出典：Ryan & Deci（2000）[5]をもとに作成

ことになり、行動に喜びを感じることになる。そして、これらの段階よりも、さらに自律性の高い動機づけとして、内発的動機づけを位置づけている。このように、自己決定の程度によって捉えることで、多様な動機づけを統合的に捉えることが可能となっている。

3．学習動機の2要因モデル

学習動機は多様なものであり、個人によってもなぜ学習するのかという理由は異なるであろう。先に取り上げたような、内発的動機づけ、外発的動機づけという区分や、それを発展させた自己決定理論の考え方とは異なる観点から、学習者の多様な動機を捉えようと考えられたものに「**学習動機の2要因モデル**」がある[6]。このモデルは、学習による直接的な報酬をどの程度期待しているかという「**学習の功利性**」と、学習内容そのものを重視しているかどうかという「**学習内容の重要性**」の2つの次元から学習動機を捉えるものである。この2つの次元の組み合わせによって、6種類の学習動機に分類される（図3－4）。

「**充実志向**」とは、「学習が楽しいから」といった知的好奇心や理解欲求に基づく内発的な動機である。「**訓練志向**」とは、学習を通して間接的に知的能力を伸ばすという動機であり、例えば、「学習の仕方を学ぶため」などの動機である。「**実用**

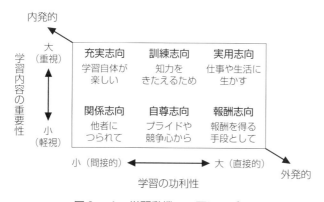

図3－4　学習動機の2要因モデル

出典：市川（2004）[6]

志向」とは、「将来の仕事に役立つから」などのように、学習を目的達成の手段として考えているが、学んだ知識や技能自体の有効性を信じているという動機である。例えば、教職志望の学生が、大学で学ぶことは将来教員になるためであると考えていると同時に、大学での学びは教師になった際に役に立つと信じているといったことが挙げられる。「**関係志向**」とは、「友達がみんな勉強しているから」というように、集団への帰属欲求や親和動機に基づく動機である。関係志向は、学習の功利性も学習内容の重要性もいずれも低いことが特徴である。「**自尊志向**」は、「友達に負けたくない」や「友達より良い成績を取りたい」というように、競争心や自尊心に関する動機であり、自己の優位性を示したいという気持ちによるものである。「**報酬志向**」は、いわゆる外発的動機づけに当たり、「勉強を頑張ったらお母さんに褒められるから」など、報酬と罰によって学習に向かう外発的な動機である。この学習動機の2要因モデルを用いることによって、教室の中にいる子どもたちの多様な学習動機を捉えることが可能となる。例えば、「友達がやっているから勉強する」という関係志向の動機を持っている子どもには、授業の中で友達との協働学習の場面を設定するなどのように、効果的な指導・支援を考える一助となると考えられる。

2 ── 学習動機に影響を及ぼす要因

1．期待価値理論

学習行動を動機づけたり、維持するためには、「うまくいきそうだ」という**期待**（expectancy）が重要な役割を果たす。例えば、「この算数の問題は解けそうだ」という期待があれば、学習への動機づけは高まるが、「難しくてとても解けそうもない」と思えば、学習への動機づけは低くなり、問題を解くという行動も起こりにくいであろう。

動機づけに関する期待では、**結果期待**と**効力期待**が重要な役割を果たす[7]（図3－5）。結果期待とは、「このように行動すれば、うまくいくだろう」という行動が望ましい結果につながることに対する期待である。結果期待に伴う結果が得られないと、自分の行動が期待した結果につながるという**随伴性**を感じることができない。そのような経験を積み重ねると、学習性無力感に陥ることが指摘されている（COLUMN参照）。それに対して効力期待とは、「望ましい結果をもたらすための行動をすることができる」という期待のことであり、「**自己効力感**」とも呼ばれて

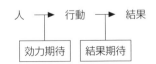

図3－5　効力期待と結果期待の関係

いる。「やればできる」という期待である自己効力感が動機づけを高めることは、さまざまな研究から実証されている[2)]。さらに、自己効力感は「自分はできる」という有能感（**コンピテンス**）を高める働きを持っている。

こうした期待の他に、動機づけを規定する要因として「**価値**（value）」がある。「大学入試に合格することは私にとって大きな価値がある」というように、その課題や達成に対する主観的な価値づけを指している。当然であるが、自分にとって価値のあることに対しては取り組もうとする動機づけが高まるであろうし、あまり価値を見出せないことに対しては、取り組む動機づけが高まらないであろう。

これらの「期待」と「価値」という2つの次元によって動機づけの問題を捉えようとする理論は、「**期待価値理論**」と呼ばれている。アトキンソン（Atkinson, J. W.）[8)]は、期待価値理論によって「**達成動機づけ**」をモデル化した。「**達成動機**」とは、「価値のある目標に対し、高い水準で成し遂げようとする動機」である[2)]。アトキンソンは、達成行動を取ろうとする達成動機づけの強さを以下のような数式でモデル化しており、成功する見込みである「期待」と成功によって得られる報酬や魅力である「価値」がともに0.5であるとき、つまり、できるかどうかの可能性が半々であるときに最も達成動機づけが高まると仮定している（表3−1）[★4]。期待と価値のどちらか一方のみが高くても動機づけが高まるわけでなく、適度な期待と価値のバランスが重要であるといえる。

達成動機づけ＝達成動機×期待×価値

表3−1　期待価値理論に基づく達成動機づけの強さ[★5]

達成動機	期待	価値（1−期待）	達成動機づけ
1	0.9	0.1	1.0×0.9×0.1＝0.09
1	0.8	0.2	1.0×0.8×0.2＝0.16
1	0.7	0.3	1.0×0.7×0.3＝0.21
1	0.6	0.4	1.0×0.6×0.4＝0.24
1	0.5	0.5	1.0×0.5×0.5＝0.25
1	0.4	0.6	1.0×0.4×0.6＝0.24
1	0.3	0.7	1.0×0.3×0.7＝0.21
1	0.2	0.8	1.0×0.2×0.8＝0.16
1	0.1	0.9	1.0×0.1×0.9＝0.09

★4
ただし、失敗したくないという（失敗回避）動機が強いときは、この限りではない。

★5
分かりやすくするために、ここでは達成動機の値は一律に1としている。また、成功によって得られる報酬である価値は、成功の見込みである期待が高いと低くなるという「1−期待」の関係にある。

2．原因帰属理論

私たちは、例えばテストを受けて悪い点数を取ってしまったとき、どうしてそのような結果になってしまったのかについて、「努力が足りなかった」や「運が悪かった」などのように、何らかの原因を求めるであろう。こうした、成功や失敗の原因を何かに求め、帰属させることを**原因帰属**という。ワイナー（Winer, B.）[9)]は、「統

制の位置」と「**安定性**」という2次元によって原因帰属を分類した（表3－2）。「統制の位置」とは、結果の原因が自分の内的なものであるか、外的なものであるかという次元であり、「安定性」とは、その原因が安定的なものであるか変動するものであるかという次元である。

　表3－2について、上のテストで悪い点数を取ってしまった例に当てはめてみよう。テストの結果が悪かった原因を内的で安定的な要因に帰属させると「自分には能力がないから悪い点数になってしまった」となり、内的で変動的な要因に帰属させると「今回は努力が足りなかった」ということになる。一方、外的で安定した要因に帰属させると「あの先生はいつも難しい問題を出すから」や「先生の出す問題が難しかったから」ということになり、外的で変動的な要因に帰属させると「今回は運が悪かったからできなかった」ということになる。その後、ワイナー[10]は、表3－2の2次元のモデルに原因を自分でコントロールできるかどうかという「統制可能性」の次元を加えた3次元のモデルを提唱した（表3－3）。

　こうした原因帰属の仕方は、その後の行動にも影響する。外的な要因は自分ではコントロールできないため、その後の行動は変化しにくい。また、能力などの内的で安定した要因に帰属すると、「自分には能力がないからやっても無駄だ」などのように考え、その後の学習行動も変わらないであろう。しかし、「努力不足」のような内的で変動する要因に帰属する場合は、「次はもっと頑張ろう」のように学習行動が変化しやすい。このような原因帰属の傾向には個人差があり、どのような帰属をしやすいかによって、その後の行動の変化可能性にも差が生じる。さらに、こうした原因帰属の傾向は、動機づけにも影響する。自分の努力などの内的で変動す

表3－2　原因帰属の分類

統制の位置	安定性	
	安定的	変動的
内的	能力	努力
外的	課題の困難さ	運

出典：Winer（1972）[9]

表3－3　原因帰属の分類の3次元モデル

統制の位置	統制可能		統制不可能	
	安定的	変動的	安定的	変動的
内的	ふだんの努力	一次的な努力	能力	気分
外的	教師の偏見	他人からの一時的な助け	課題の困難さ	運

出典：Winer（1979）[10]

る要因に帰属した方が、学習への動機づけも維持できると考えられる。

3．目標理論

動機づけは、達成する目標という観点からも捉えることができる。例えば、「教員になるために勉強する」という場合、「教員になる」という目標を達成するために、勉強することに動機づけられていると考えることができる。上述したように、具体的な目標に向かって行動を生じさせるのが動機づけであり、目標が変われば、そのための動機づけや行動も変化することになる。

目標理論とは、人間の動機づけの生起や達成行動の過程において、個人や環境の持つ目標（goal）が主要な役割を果たしているとする立場である[11]。ここでは、数ある理論の中から、目標理論の中で中心的に検討されてきた「**達成目標理論（achievement goal theory）**」を取り上げる。

有能さを実現するために設定される目標が「**達成目標**」である[12]。達成目標理論とは、「なぜ人は、学校や職場、スポーツなどの趣味の機会や場で達成行動を起こすのか」という問いに対する説明をモデル化し、人が達成状況に対してなぜ異なったアプローチをするのかについて、その背景にある信念パターンに着目して解明しようとする理論である[13]。つまり、ある課題や対象に対して、どのような目標を持つかが、その後の達成行動やパフォーマンスに重大な影響を及ぼすと考える立場である[11]。達成目標理論は、先に取り上げた原因帰属理論に対する批判的、発展的検討から深められた。

代表的な達成目標理論としては、「**学習目標**（learning goal）対 **遂行目標**（performance goal）」[14]、「**熟達（習熟）目標**（mastery goal）対 **遂行目標**（performance goal）」[15]などの分類がある[11]。「学習目標」と「熟達目標」は、学習の中で熟達的、課題志向的な認知や態度を持つ適応的な目標であり、学習内容の理解や自分の能力の向上が目標とされる。それに対し、「遂行目標」は、学習の結果を重視したり、他者との比較や競争によって自身の有能さを感じようとする非適応的な目標である。その後、これらの目標の分類に「接近対回避」の次元を加えた、2×2の達成目標による「**接近−回避アプローチ**」が提唱された[16]（図3−6）。

課題に対して接近的であり、他者よりも良い成績を取ったり、自身の有能さを示そうとするのが「**遂行接近目標**」である。反対に、課題に対して回避的な目標を持ち、他者よりも悪い成績を取らないようにし、能力の低さを現さないようにしようとするのが「**遂行回避目標**」である。一方、例えば「分かるようになりたい」という目標のように、課題の習得そのものを接近的に目指すものが「**学習接近目標**」であり、「習得できないと嫌だから」のように課題を習得できないことを回避するような目標の持ち方が「**学習回避目標**」である。一般的に、回避的な目標の持ち方は、学習への取り組みに対してネガティブな影響をもたらすことが指摘されている。

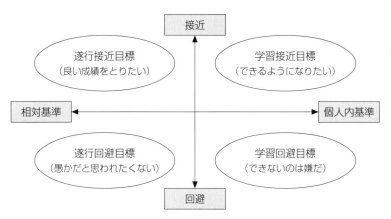

図3－6　接近－回避アプローチによる達成目標の分類
出典：Elliot & McGregor（2001）[16]

　こうした達成目標理論を個人の目標ではなく、教室の中でどのような目標が強調されるかという観点から捉えた「**目標構造**」という考え方がある[17]。目標構造とは、教師の指導様式や学級風土などが持つ、特定の目標を強調するような仕組みを指している。目標構造には、新しい学習内容をきちんと理解したり、課題に一生懸命取り組むことが目標となる「**熟達目標構造**」と、良い成績を取ることや他者に勝つことが目標とされる「**遂行目標構造**」が含まれる。熟達目標構造では、個人内評価が用いられ、以前の自分に比べて前進しているかどうかによって評価されるが、遂行目標構造では、友達との比較による相対評価によって評価されることになる。教室の目標構造は、個々の子どもたちの動機づけに強く影響するため[2]、教室の中での過度な遂行目標の重視は、子ども自身に「友達よりも良い成績を取らなければいけない」などの圧力をかけることになりかねない。教師は、教室の目標構造も意識したうえで、個々の子どもたちの学習に対する動機づけを高めることが求められるであろう。

4．フロー

　皆さんは、夜寝るときに布団の中で読み始めた本に夢中になって、気がついたら夜が明けていたなど、寝食を忘れて物事に取り組んだことがあるだろうか。スポーツ選手や芸術家、職人など、その道を究めた人は、その活動に全てのエネルギーを集中させているように見える。このように、人が何かの活動に深くのめり込み、打ち込んでいる状態を「**フロー**（flow）」という[18]。
　フローとは、内発的に動機づけられ、自己の没入感覚や強い統制感、楽しさを伴った最適な経験のことを指しており、「遊びやレジャー」「仕事」という内容に関わりなく、条件が整えば生じるものとされている[2]。フローが生じるために必要なことは、特定の活動への挑戦のレベルが今の自分の能力を向上させるものであり、かつ自分の能力に合ったレベルで挑戦していると感じることとされている。図3－7に

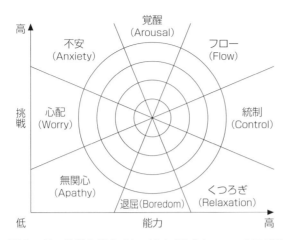

図3−7　挑戦と能力のレベルに基づくフローのモデル
出典：Csikszentmihalyi（1997）；今村・浅川（2003）[19]

示すように、挑戦と能力が共に高いレベルで対応していることが重要であり、挑戦と能力のバランスによっては、主観的な経験に違いが生じると考えられている。

　フローの状態を保つためには、例えば、ピアノの課題曲を繰り返し練習し簡単に弾けるようになると、次は少し難易度の高い課題曲に取り組むといったように、当然、能力の上昇に合わせて挑戦のレベルを上げていくことが求められる。なお、フロー状態に入ると、「その瞬間にしていることへの強い焦点化された集中」や「行為と意識の融合」などの主観的状態を感じることが報告されている。

　ここまで、学習に対する動機づけとそれに影響を及ぼすさまざまな要因について紹介してきた。学習動機の持ち方も多様であるが、学習動機が高まったり低くなったりすることもまた、さまざまな要因の影響を受ける。学習者の動機づけを高めるには、こうしたさまざまな側面を考慮する必要があるといえよう。

★さらなる学びのためのブックガイド★

・鹿毛雅治（2013）『学習意欲の理論―動機づけの教育心理学―』金子書房
　学習意欲について、認知論、感情論、欲求論、環境論からのアプローチによる多数の研究を紹介し、学習意欲を多角的に検討している。

・櫻井茂男（2009）『自ら学ぶ意欲の心理学―キャリア発達の視点を加えて―』有斐閣
　内発的動機づけを含む「自ら学ぶ意欲」というより広い概念を提唱し、子どもから老年期までの動機を捉えるうえでの重要性を指摘している。また、自ら学ぶ意欲の発達をキャリアの発達と捉え、自ら学ぶ意欲の発達プロセスを紹介している。

無気力は学習される：学習性無力感

「テストに向けて勉強しなければならないのに、やる気が起きない」という経験をしたことがある人は多いのではないでしょうか。なぜ、やる気が起きないという状態が生じるのでしょうか。

本章で取り上げてきたような意欲や動機づけが持てず、行動しようとするエネルギーが持てない状態を「無気力」といいます。セリグマン（Seligman, M. E. P.）は、自力では逃れることができない状況で電気ショックを与え続けられた犬が、その後、逃げることができるような状態になっても、積極的に逃げようとせず、与えられる電気ショックを受け続けることを発見しました。セリグマンは、この犬が「自分の力では電気ショックを止めることはできない」と考え、無気力状態を学習しているとし、「学習性無力感（learned helplessness）」と呼びました[20]。ここで重要なことは、自分の行動が期待する結果をもたらさない（随伴性がない）という非随伴性を学習した結果、無力感に陥ってしまった点にあります。つまり、自分の行動が何か意味のある結果をもたらす、期待する結果につながるという随伴性を感じられることが、無気力を防ぐためには効果的といえるでしょう。

「いくらやっても無駄だ」と感じるような経験を重ねると無気力になってしまうことは、人間でも確認されています。ただし、人間の無気力は、もう少し複雑なようです。その後、セリグマンらは、原因帰属を取り入れた「改訂学習性無力感理論」を提唱しています。この理論では、自分ではコントロールできない嫌な経験や失敗の原因を、自分の内的なものにあるのか、外的なものにあるのかという「内在性」、安定して続くものであるのか、不安定なものであるのかという「安定性」、一般的なものであるのか、特殊なものであるのかという「一般性」の3次元で分類しています。そして、内的要因で安定したものであり一般的な要因に帰属するほど、学習性無力感に陥りやすいことを示しています。例えば、数学のテストに失敗したときに、内的で安定した要因である「自分の能力のなさ」に原因を帰属すると、自尊心は低下し、能力は変わらないと考えれば、「この先、頑張っても無駄だ」と無気力状態が続くことになります。さらに、数学だけでなく、他の教科もやってもできないという一般化をすることによって、さまざまな場面で無気力状態に陥ることにつながるでしょう。こうした無力感の学習を防ぐためには、上述したような「やればできた」という結果の随伴性を経験させることや、能力ではなく努力などの変化可能な要因に帰属するように、原因帰属を変えさせるような介入が有効であると考えられます。

◆第3章ミニットペーパー

年　月　日（　）第（　）限　　学籍番号＿＿＿＿＿＿＿　　氏名＿＿＿＿＿＿＿

本章で学んだこと、そのなかで感じたこと

理解できなかったこと、疑問点

TRYしてみよう

① （　　　　）は、欲求を階層的に捉え、低次の欲求から順に満たしていくという欲求階層説を提唱した。
② 欲求階層説において、最初に満たされるとされているのは（　　　　）である。
③ 欲求階層説において、最も高次に位置づけられているのは（　　　　）である。
④ 「楽しいから学習する」のように、自身の内的な要因による自発的な取り組みを促す動機を（　　　　）という。
⑤ 内発的動機づけによって課題に取り組んでいた学習者に報酬を与えると、内発的動機づけによる取り組みが低下してしまうことを（　　　　）という。
⑥ ある行動について、やればできるという自分なりの自信、有能感を（　　　　）という。
⑦ ある課題について、より高い水準で成し遂げたいという動機を（　　　　）という。
⑧ 成功したことや失敗したことなど、何らかの行動の結果についての原因を求めることを（　　　　）という。
⑨ スポーツや芸術など、特定の活動にのめり込み、深く没入している状態を（　　　　）という。
⑩ 自らコントロールできないような嫌な事態が続いた結果、無気力に陥ることを（　　　　）という。

第4章 学習理論と教授・学習指導法

◆学びの入り口～教育現場の事例から考えてみよう！～

事例：学級崩壊を起こした新任のD先生

　新任のD先生は、中学・高校時代サッカー部に所属して部長を務め、また、教科の成績も全般的に良く、特に数学が得意でした。明るい性格で子どもが大好きなので、将来は中学校の数学の教師になってサッカー部の顧問として生徒を指導したいと思い、大学の教職課程で学び、念願通り公立中学校の数学の教師になることができました。

　ところが、実際に中学校の教師として数学の授業を担当したところ、一生懸命教えているにも関わらず、生徒たちはよく分からないというような表情をし、中間試験でも多くの生徒が十分に理解していないことが判明しました。そのうちに、生徒たちは授業中に私語や居眠りをするようになり、1学期の終わりには、騒いだり立ち歩いたりする生徒も出てきて、学級崩壊のような状況に陥ってしまいました。D先生は、自分は教師に向いていなかったのではないかと悩み、次第に自信をなくして教師を辞めたいと思うようになりました。

◆ワーク：次の問いに対してあなたの考えをまとめてみよう

・新任のD先生は、学業やスポーツにおいて優れ、教師に適していると思われる人柄であるにも関わらず、なぜ学級崩壊を起こしてしまったのでしょうか。

◆ワークに対する考え方・ヒント

　D先生は、教える内容に関して豊富な知識を持っているものの、教える対象である生徒がどのような既有知識を持っているのか、どのように学ぶのか（学習の仕組み）については十分に理解していなかった可能性があります。また、学習目標や内容、生徒の特性によって効果的な学習指導法が異なると考えられますが、いつも同じような教え方をしていたのかもしれません。分かりやすく効果的な授業をするために、教師に何が求められるのでしょうか。

第4章 学習理論と教授・学習指導法

学びのポイント

- 学習に関する主要な心理学理論について理解する。
- 人の学習のメカニズムを説明する情報処理過程、記憶の種類、知識の構造について理解する。
- 代表的な授業形態や学習指導法の理論的背景や特徴について考える。

キーワード

□行動主義心理学　　□古典的条件づけ（レスポンデント条件づけ）
□試行錯誤学習　　□道具的条件づけ（オペラント条件づけ）　　□認知心理学
□洞察学習　　□情報処理モデル　　□感覚記憶　　□短期記憶
□長期記憶　　□ワーキングメモリ（作動記憶）　　□宣言的記憶
□手続き的記憶　　□エピソード記憶　　□意味記憶　　□プログラム学習
□発見学習　　□有意味受容学習　　□観察学習　　□協調学習
□パブロフ　　□ワトソン　　□ソーンダイク　　□スキナー
□トールマン　　□ケーラー　　□ブルーナー　　□オーズベル
□バンデューラ　　□デューイ

　学校の教師は、教える事柄（教科内容）に関して幅広く深い知識を持っていることが望ましいが、それだけでは効果的な学習指導ができるとは限らない。なぜなら、教える対象である児童・生徒がどのように学ぶのか（学習理論）や、どのような教え方をすればどのような学習効果が得られるのか（学習指導法）について知らなければ、適切かつ効果的な授業をすることが難しいからである。それゆえ、教師は、教科内容だけでなく学習理論や学習指導法に関する知識も持ち、それに基づいて授業を計画し実践していくことが重要であると考えられる。

　これまで、心理学の分野において、学習に関して膨大な研究が行われ、さまざまな学習理論が提唱されてきた。また、多様な学習理論や教育現場での実践と経験に基づき、異なる特徴を有する学習指導法や授業形態も多数考案されてきた。本章では、主要な学習理論に焦点を当て学習のメカニズムと諸相について概説するとともに、代表的な学習指導法や授業形態の理論的背景や特徴について考える。

第1節　学習理論

　「学習」ということばを聞くと、授業に出席したり、本を読んだりして知識を学ぶことを思い浮かべるかもしれない。しかし、心理学では、**学習**は「経験によって生じる比較的永続的な行動や認知の変化」と定義される。つまり、教科学習だけでなく、箸の使い方や礼儀作法の体得、自動車の運転や楽器の演奏技能の向上、特定

の事物や人物に対する好悪感情の形成など、日常生活のさまざまな経験を通して何かを学ぶことも含まれる。また、人間だけでなく、訓練によるアシカの曲芸の習得や盲導犬の誘導技能の向上など、動物の学習も含まれる。

学習の心理学の思想的源流は、古代ギリシャ時代のアリストテレスらによる心の構造や心的過程の思想にまで遡ることができるが、実証科学としての学習心理学は、19世紀末の学習に関する実験研究（例：パブロフの古典的条件づけやソーンダイクの試行錯誤学習）によって始まった。それ以来、さまざまな実証的研究によって、経験による行動と認知の変容メカニズムを説明するための数多くの学習理論が提唱されてきたが、大別すると行動主義学習理論と認知主義学習理論に分類できる。本節では、主要な学習理論と学習の諸相を取り上げ、新しい行動様式や知識がどのように習得されるのかについて概説する。

1 —— 行動主義学習理論

1．古典的条件づけ

ロシアの生理学者**パブロフ**（Pavlov, I. P.）は、イヌを実験対象として消化腺の研究を行っている最中に、偶然、古典的条件づけの研究につながる発見をした[1]。イヌはエサを食べるときに、生まれつき持っている反射として唾液を分泌する。しかし、実験過程で、イヌはエサをくれる人の足音や食器音を聞いただけで唾液を分泌し始めたのである。この反応に興味を持ったパブロフは、足音や食器音の代わりにベルの音でも唾液分泌を引き起こせるかどうかを次のような実験によって調べた（図4－1）。

まず、ベルの音を単独で聞かせてもイヌが唾液を分泌しないことを確認した後、イヌの舌の上に肉粉を乗せて唾液を分泌することを確認した。その後、ベルの音を聞かせた後に肉粉を与える手続き（ベル－肉粉－唾液分泌）を連続して行った結果、イヌはベルの音を聞いただけで唾液を分泌するようになった。この実験結果から、

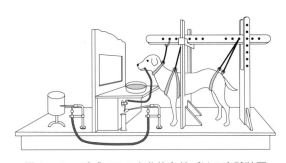

図4－1　パブロフの古典的条件づけの実験装置
出典：Pavlov（1927）[1] をもとに作成

イヌは本来唾液の分泌を喚起しないベルの音に対して唾液を分泌するという新しい反応を学習したこと、すなわち、ベルの音という刺激と唾液の分泌という反応が連合したことが示されたのである★1。

　生得的に唾液の分泌という反応を引き起こす肉粉のような刺激を**無条件刺激**（**US**：Unconditioned Stimulus）、生得的にはそのような反応を喚起しないベルの音のような中性刺激を**条件刺激**（**CS**：Conditioned Stimulus）と呼ぶ。また、無条件刺激に対して引き起こされる生得的反応を**無条件反応**（**UR**：Unconditioned Response）、条件刺激に対して新たに形成された唾液分泌のような反応を**条件反応**（**CR**：Conditioned Response）と呼ぶ。このように、条件刺激（ベルの音）と無条件刺激（肉粉）の対提示が反復されることによって、本来関連がなかった条件刺激（ベルの音）と条件反応（唾液分泌）の間に**連合**（刺激"stimulus"と反応"response"の頭文字をとって**S-R連合**という）が形成される現象および手続きを**古典的条件づけ（レスポンデント条件づけ）**と呼ぶ。

　この実験で条件づけに使用されたベルの音と多少違う音階のベルの音を聞かせた場合でも、イヌは唾液を分泌することがある。このように、条件刺激と類似した刺激に対しても条件反応を引き起こすことを**般化**と呼ぶ。しかし、元のベルの音に対してのみエサを対提示し、異なる音階のベルの音に対してエサを対提示しなければ、次第に異なる音階のベルの音には反応しなくなる。このように、類似した刺激を区別して限定的に条件反応が確認されるようになる現象を**弁別**と呼ぶ。また、ベルの音を聞いて唾液を分泌するようになったイヌに対して、ベルの音の後にエサを与えないという手続きを連続して行うと、イヌは次第に唾液を分泌しなくなる。このように、条件刺激だけを提示して無条件刺激を提示しないという試行を繰り返すと、条件刺激に対する条件反応がなくなる現象を**消去**と呼ぶ。

　パブロフの古典的条件づけの研究は心理学の分野に多大な影響を与え、20世紀初めにアメリカにおいて、**ワトソン**（Watson, J. B.）が**行動主義心理学**★2を創始する契機となった。行動主義心理学者らは、外界から与えられた特定の刺激に対してヒトや動物が特定の反応をするようになること★3、すなわち、刺激と反応の連合がどのように形成されるのかについて解明するために、数多くの実験研究を行った★4。

2．試行錯誤学習

　古典的条件づけでは、刺激によって受動的に引き起こされる反応が条件づけの対象となっていた。しかしながら、動物は環境の刺激に対して自発的に行動することが多い。また、動物の行動は、先行する刺激だけでなく、直後に起こる刺激からも影響を受けることがある。後続刺激を操作して、動物の自発的な行動を変容させる手続きを**オペラント条件づけ**と呼ぶ。

　動物が自発的に環境に働きかけるタイプの学習を最初に研究したのは、**ソーンダ**

★1
パブロフの実験において、ベルの音だけでなく、メトロノーム、ブザー、触覚刺激などの条件刺激を用いても、同様の結果が得られることが確認された。

★2
ワトソンの行動主義心理学の主要な立場については、第1章参照。

★3
ワトソンは、人間の行動に対する環境の影響を重視する立場をとり、次のような発言をした。「私に1ダースの健康な乳児と、私が望む育児環境を与えてくれたまえ。そうすれば、そのうちの1人を無作為に取り上げて訓練し、私が選ぶどのような型の専門家にでも育てることを保証しよう。一医師、法律家、芸術家、大実業家、そう、乞食や泥棒にさえもしてみせよう。子どもの才能、好み、傾向、能力、適性、祖先の民族等問題ではない」（p.104）[2]。

★4　アルバート坊やの恐怖の条件づけ実験
ワトソンは、人間の恐怖反応も古典的条件づけの原理によって形成されるのではないかと考え、乳児に対する恐怖の条件づけ実験を行った[3]。白ネズミを全く怖がらない生後11カ月のアルバート君に白ネズミを見せ、彼が手を伸ばして触ると同時に、背後で大きな金属音を鳴らした。すると、アルバート君は飛び上がって泣き出した。この手続きが7回繰り返された後、アルバート君は白ネズミを見ただけで恐怖反応を示すようになった。この恐怖反応は、白ウサギ、白い毛皮のコート、白い髭などにも般化した。現在では、このように倫理的に問題がある実験は禁止されている。

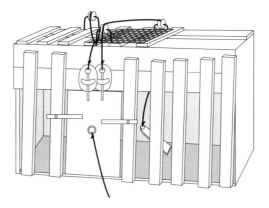

図4-2　ソーンダイクのネコの問題箱
出典：Thorndike（1898）[4]をもとに作成

イク（Thorndike, E. L.）である。彼は、「問題箱」（図4-2）という実験装置を考案し、その中に空腹のネコを入れ、箱の外にエサを置いた場合、ネコがどのような行動をとるかを観察した[4]。エサを食べたいネコは、最初は箱の中を動き回ったり、鳴いたり、ひっかいたりするなど、さまざまな不適切な行動をとるが、そのような試行錯誤をする過程で偶然ペダルを踏むと扉が開いて外に出ることができるという経験をする。そして、この経験を繰り返すと、ネコが問題箱の中のペダルを踏んで外に出るまでの時間が徐々に短くなっていくことが実験により明らかになった。このように動物が自発的に試行錯誤（trial and error）しながら特定の行動を習得することを**試行錯誤学習**と呼ぶ。

　問題解決場面において、動物がさまざまな試行錯誤をする行動は問題解決のための道具となることから、ソーンダイクの理論は後に**道具的条件づけ**と呼ばれるようになった。また、ペダルを押せば外に出てエサを食べられるというように、ある反応が行為者にとって満足をもたらす場合、その反応が生起しやすくなる（行動の結果がその行動の生起に影響する）原理を**効果の法則**（the law of effect）と呼ぶ。

3．オペラント条件づけ

　スキナー（Skinner, B. F.）は、ソーンダイクの研究を引き継ぎ、動物の自発的行動の制御についてオペラント条件づけの原理を提唱して、研究をさらに発展させた。彼は、動物が置かれた環境において試行錯誤しながら適切な反応を見つける過程を記述するだけでなく、環境刺激を操作することによって、動物の行動を実験者が望む方向へ積極的に形成していく研究を行った。

　スキナーは、「スキナー箱」（図4-3）という装置を考案して実験を行った[5]。スキナー箱は、内部のレバーが押されると自動的にエサが出る仕組みになっている。この箱の中に入れられたラットは、最初は箱の中をでたらめに動き回っているが、

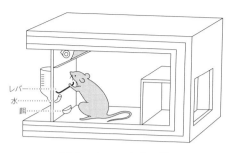

図4-3　スキナー箱
出典：Skinner（1938）[5]をもとに作成

偶然レバーに触れエサを得るという経験をする。この経験を繰り返すと、ラットは頻繁にレバーを押すようになることが観察できた。

この例のように、行動（レバー押し）の生起後に報酬（エサ）を与えれば、この行動の生起率は上昇するが、逆に、行動（レバー押し）の生起後に罰（電気ショック）を与えれば、この行動は減少するという結果が得られる。オペラント条件づけでは、自発的な特定の行動の生起後に、外部から報酬や罰を与えたり、逆に取り除いたりすることによって、その行動の生起率を高めたり減少させたりすることが可能である。

行動の生起率を上昇させる手続きを**強化**と呼び、行動の生起後に報酬を提示する場合には**正の強化**、罰を除去する場合には**負の強化**と呼ぶ（正の強化の例：レバー押すことによってエサ＜報酬＞が与えられる場合、ラットのレバーを押す行動が増える／負の強化の例：電気ショックを与えられていたラットが、レバーを押すことによって電気ショック＜罰＞から逃れられる場合、ラットのレバーを押す行動が増える）。これに対して、行動の生起後に罰を提示することによって行動の生起率を減少させる操作を**正の罰**、報酬を除去することによって行動の生起率を減少させる操作を**負の罰**と呼ぶ（正の罰の例：レバーを押すことによって電気ショック＜罰＞が与えられる場合、ラットのレバーを押す行動が減る／負の罰の例：レバー押すことによってエサ＜報酬＞が与えられなくなった場合、ラットのレバーを押す行動が減る）（表4-1）[★5]。

オペラント条件づけでは、目標とする行動を一気に学習させることが難しい場合、

表4-1　強化と罰の種類

	報酬	罰
提示	正の強化	正の罰
除去	負の罰	負の強化

★5　**強化子と罰子**
行動の生起率を上昇させる刺激を**強化子**、減少させる刺激を**罰子**と呼ぶ。刺激が提示される、あるいは、増大することで強化や罰が起きた場合、その刺激は**正の強化子**あるいは**正の罰子**である。これに対して、刺激が消失、あるいは、減少することで強化や罰が起きた場合、その刺激は**負の強化子**あるいは**負の罰子**と呼ばれる。

目標行動に至る過程を下位目標に分化して順次条件づけしていき、漸次的に目標行動に接近するという操作が用いられる。これを**シェイピング（反応形成）**と呼ぶ。例えば、ラットにレバー押しを学習させる場合、最初はラットがレバーの方を向いただけで強化（エサ）を与え、その行動が形成されると、レバーの方を向いただけでは強化を与えず、レバーに近づけば強化を与える。さらにレバーに触れれば強化を与え、最終的にはレバーを押せば強化を与えるというように、既存の行動レパートリーから目標行動に合致するものを選択的に強化していき、徐々に行動基準を焦点化して段階的に目標行動に近づける手法が用いられる。

このようなシェイピングによる漸次的学習法は、サーカスの象や水族館のアシカのショーなど、動物の曲芸の調教で用いられることで有名であるが、人間のある種の問題行動に対する心理療法（行動療法）（第12章参照）にも応用されている。また、教科学習にも応用され、スキナーがこの原理に基づいて開発した**プログラム学習**（本章第2節参照）は、教育内容をいくつかの要素に分解し、簡単なものから難しいものへと段階的に配列して漸次的に学習を進めていく教授法としてさまざまな教授場面で活用されている。

ワトソンに続く行動主義心理学者らは、刺激と反応の連合（S-R連合）の理論に基づいて研究を進めたが、このような微視的行動主義を修正し、刺激（S）と反応（R）の間に生活体（O）の役割、すなわち、動物や人間の内的過程を介在させる能動的巨視的行動（**S-O-R**：stimulus-organism-response）を研究対象とする立場をとる**新行動主義者**が現れた。その中の一人である**トールマン**（Tolman, E. C.）は、学習とは根本的に認知的であり、生活体を取り巻く環境への目的的・全体的な適応行動であると捉え、生活体は環境に関する「**認知地図**」（こうすれば＜手段＞こうなる＜目的＞という図式）[6]を構成し、それに基づいて行動する過程で、その図式は「仮説」から「期待」、さらに「信念」へと深化して学習が深まっていくと考えた[★6]。このように、学習研究に取り組む研究者たちの間で、学習主体の認知的要因の重要性が次第に認識されるようになっていった。

★6　S-S連合
トールマンの理論は、シンボル刺激（sign）とそれが示す対象刺激（significate）との関係性の学習であるので、**S-S連合**ともいう。

2 ── 認知主義学習理論

ワトソンが唱えた行動主義心理学は、客観的に観察可能な行動の変容に焦点を当て、学習は機械的な刺激－反応の連合で形成されるとする立場に立っていたが、表面的な行動として表れない思考のような精神過程は外側からの観察だけでは理解できないため、心理学の研究対象から除外されてしまう。また、新たに行動が変容した場合、どのようなメカニズムで行動が変容したのかについては問題にされず、ブラックボックスのままである。さらに、小説を書く、定理を発見する、作曲をする、夕食のメニューを考えて調理する（食材の価格と品質、栄養バランス、味と色取り、

家族の体調・嗜好などを考慮したうえで)、旅行のプランを立てるなどの高次の知的活動に関して、認知的要因を考慮することなくS-R連合のみで説明することはほとんど不可能である。

このような行動主義学習理論の限界を乗り越えるために、行動変容のみならず認知の変容にも焦点を当てた学習研究が行われるようになった。学習の認知的研究は、20世紀初頭の**ゲシュタルト心理学**[★7]が先駆けとなり、20世紀半ばに誕生した**認知心理学**により発展した。

★7 ゲシュタルト心理学
ドイツのウェルトハイマー(Wertheimer, M.)によって創始された。心理現象は要素の総和から構成されるという従来の要素主義の考え方を否定し、要素に還元できないまとまりのある全体が持つ構造特性を重視する立場をとる。

1. ケーラーの洞察学習

ゲシュタルト心理学者の**ケーラー**(Köhler, W.)は、ソーンダイクの「問題箱」の実験では、ネコが課題の場面全体を把握するのが困難な状況下で試行錯誤による偶然の問題解決を強いられていることを批判し、場面全体を見渡せる状況下での動物の問題解決行動を研究した[7]。ケーラーは、高い天井からバナナが紐でつるされた部屋にチンパンジーを入れ、チンパンジーが好物のバナナを取るという課題をどのように解決するのかを観察した。チンパンジーは、最初は飛び上がってバナナを取ろうとしたが手が届かないという経験をする。しかしながら、部屋の隅にあった木箱が視界に入ると、天井につるされたバナナの下に木箱を運び、木箱を積み重ねて踏み台をつくり、その上に登ってバナナを取ることに成功したのである(図4-4)。

チンパンジーは、試行錯誤やシェイピングによって問題解決をしたのではなく、部屋全体を注意深く観察して問題の全体的構造を把握し、手段-目標関係(木箱を踏み台にするという「手段」によってバナナを取るという「目標」が達成できる)を洞察して、実際に周囲にある道具(木箱)を使用して問題を解決することができたと考えられる。**洞察**とは、問題解決場面において、問題の本質的な理解や新たな解釈、有効な手段の発見などにより、直面する場に関する認知の再体制化を行い、問題解決を導く働きである。洞察は、アハー体験(突如問題が解決される際に経験する感情的な反応)を伴うといわれる。この研究結果から、行動の変容は刺激-反応の機械的連合だけでは説明できないものであり、目標志向的な認知的要因を考慮する重要性が示された。

図4-4 ケーラーのチンパンジーの実験

出典:Köhler(1917)[7]

2．認知心理学の学習・記憶の情報処理モデル

　20世紀半ばになると、言語学、動物生態学、神経科学、教育学など、心理学以外のさまざまな分野においても、行動主義心理学のS-R理論および研究対象を行動に限る研究パラダイム★8の限界が指摘され、知的活動の研究において認知の構造・過程に焦点を当てることの重要性が認識されるようになってきた。さらに、情報科学やコンピュータの進歩によって目覚ましい発展を遂げた人工知能の研究も心理学に多大な影響を与え、人間の知覚、記憶、思考などの知的活動を情報が順次処理されていく過程とみなす情報処理理論を研究パラダイムとする認知心理学が誕生した★9。

　認知心理学では、コンピュータと同様に、人間の認知過程も、情報の入力、符号化（情報を意味のある形式として取り込む）、貯蔵（情報を蓄える）、検索（必要な情報を探して取り出す）、出力などの要素からなる情報処理システムとみなす。アトキンソン（Atkinson, R. C.）とシフリン（Shiffrin, R. M.）は、人間の学習・記憶のモデルとして、図4－5のような初期の**情報処理モデル**を提案している[8]。このモデルは、**二重貯蔵モデル**（duplex theory）ともいわれる。

　外界からの刺激（印刷物の色・形、言語音等の情報など）は、主に目や耳といった感覚器官を通して、大容量のバッファ・メモリである**感覚記憶**（sensory memory）に取り込まれ、そのままの形で一時的に貯蔵される。感覚記憶のうち、視覚的情報の記憶（アイコニック・メモリ）は約1秒[9]、聴覚的情報の記憶（エコイック・メモリ）は約2秒[10]という短時間だけ保持される。感覚記憶内で注意を向けられた情報は短期記憶へ送られるが、残りは神経系から消失する。

　短期記憶（short-term memory）は、大まかにいえば意識に相当し、短期記憶内にある情報は**リハーサル**（頭の中での復唱）しなければ約10秒で消失してしまう。さらに、持続時間だけでなく容量の制約もあり、ミラー（Miller, G. A.）によると、保持される情報は7±2チャンク★10ほどである[11]。例えば、私たちが他人から電話番号を聞いたとき、7桁程度の数字であれば（20桁以上だと無理であるが）一時的には覚えていられるが、リハーサルせずに時間が経つと忘れてしまうのは、短期記憶の時間的・容量的制約の特性による（それゆえ、通常忘れないうちにメモをするのである）。リハーサルされた情報は、符号化されて長期記憶へ送られる。

　長期記憶（long-term memory）は、情報を後で使うために、数時間から数十年（一

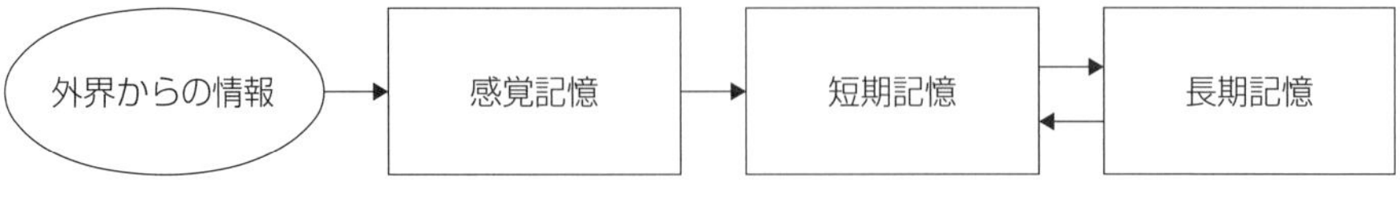

★8　パラダイム
ある特定の時代において、科学者や専門家の多くが共有しているものの見方・問い方、解き方や認識の枠組みのことを指す。科学史家のトマス・クーンが科学の歴史や構造を説明するために使用したことから、科学理論の分野で用いられるようになった。また、パラダイム・シフトとは、パラダイムが劇的に変化することで、クーンは科学の歴史をパラダイム・シフトの歴史と捉えている。

★9　認知革命
1960年代から1970年代にかけて、心理学の分野では行動主義心理学から認知心理学へパラダイム・シフトが起こったといわれ、認知革命と呼ばれている。1967年に、ナイサー（Neisser, U.）によって『認知心理学（Cognitive Psychology）』が出版され、認知的パラダイムに基づいて人間の高次な知的活動を含む心の働きを研究する認知心理学が確立した。現在では、知覚、感情、動機、記憶、知能、言語、発達、学習、問題解決・推論、判断・意思決定、社会的認知、臨床など、さまざまな領域で研究成果を収めている。

★10　チャンク
意味のある情報のまとまり（心理的単位）のことである。例えば、「B・L・U・E・L・I・G・H・T」の各文字を1単位として捉えれば9チャンクであるが、「BLUE・LIGHT」というように1単語ずつの単位として捉えれば2チャンクである。

図4－5　人間の情報処理モデル

出典：Atkinson & Shiffrin（1968）[8]をもとに作成

生保持されている場合もある）貯蔵しておく記憶であり、その容量は極めて大きい。例えば、家族の名前や誕生日、日常生活で印象に残った経験、車の運転技能、学校で教わったさまざまな知識などは、長期記憶に貯蔵されている情報である。長期記憶に貯蔵された情報を使う際には、必要な情報が検索され、長期記憶から短期記憶へと送られる。

3．ワーキングメモリの機能

　アトキンソンとシフリンの情報処理モデルでは、短期記憶は情報を一時的に保存する受動的な貯蔵庫のようなものと考えられていたが、バデリー（Baddeley, A. D.）とヒッチ（Hitch, G.）は、この概念では能動的に情報を操作する働きが軽視されていると批判し、短期記憶に代わる概念として**ワーキングメモリ**（**作動記憶**：working memory）を提唱した[12]。ワーキングメモリは、感覚記憶から送られてきた情報を一時保存するだけでなく、暗算、推論、会話や文章の理解などの認知的活動を行う場★11としての役割も担うとされる（図４−６）。

　ワーキングメモリのモデルでは、４つのサブシステム、すなわち、音韻ループ、視空間スケッチパッド、エピソード・バッファという３つの保持システムと、情報の制御を行う中央実行系というシステムが想定されている。音韻ループは、さまざまな認知的活動の遂行中に一時的に音韻情報を保持する音韻貯蔵の働きと、音韻貯蔵にある情報を繰り返し音声化して情報を活性化する構音コントロール過程からなる。視空間スケッチパッドは、視覚系からの視空間的情報（対象の視覚的形態や動的場面の空間表象）や言語情報から生成された視覚的イメージを保持・操作する働きを担う。エピソード・バッファは、音韻情報や視覚情報、さらに、長期記憶から送られてきた情報を統合して、一時的に保持するシステムである。

　中央実行系は、ワーキングメモリ内の情報の流れを制御する実行機能の役割を担う。音韻ループや視空間スケッチパッドからの情報や長期記憶からの情報を統合し、注意容量（一度に注意を向けて情報を処理することができる容量）の限度内で作業

★11
例えば、「８＋５−７＝？」という暗算を行う場合、「８」「５」「７」という数字と「＋」「−」という演算子を一時的に記憶として保持しつつ、長期記憶から取り出した四則演算法の知識を用いて計算するという認知的な作業も行う。

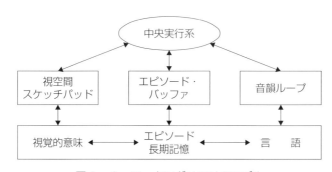

図４−６　ワーキングメモリのモデル

出典：Baddeley（2000）[13]をもとに作成

が可能であるように、重要度や適否に応じて情報の取捨選択や整理・調整を行うが、情報の保持機能はない。

4．長期記憶の種類

　長期記憶は、表象★12内容の観点から、宣言的記憶と手続き的記憶に大きく分類できる。**宣言的記憶**（declarative memory）は、何（what）についての記憶であり、事実に関して記述的な形で貯蔵されるものである。**手続き的記憶**（procedural memory）は、どのように（how）についての記憶であり、ピアノの演奏方法、自転車の乗り方、泳ぎ方など、言語的に記述することが困難な何らかの手順や技能に関する記憶である★13。

　タルヴィング（Tulving, E.）は、宣言的記憶をさらに2つの記憶形態に分類した[14]。一つは、**エピソード記憶**であり、自分が過去に経験した出来事が「いつ」「どこで」起こったかに基づいた記憶のことである。例えば、「私は、昨日、大学時代の友人とランチをした後、一緒に国立新美術館に行った」「5歳のとき、東京ディズニーランドで迷子になった」など、人や物と関わることを通して自己に関する記憶として蓄積される。もう一つは、**意味記憶**であり、個人の経験とは独立した一般的知識や事実に関する記憶のことである。例えば、「『吾輩は猫である』の作者は、夏目漱石である」「アメリカ合衆国の首都は、ワシントンD.C.である」など、一般的な知識、概念、規則、言語、計算方法などの記憶はこれに相当する。

　意味記憶の貯蔵形式として、コリンズ（Collins, A. M.）とロフタス（Loftus, E. F.）[15]は活性化拡散モデルを提唱した（図4-7）。このモデルでは、意味記憶に含まれる概念は互いに意味的なつながりを持ったネットワークを形成しており、意味的関連性が強い概念ほど近くに位置づけられている。一つの概念が活性化すると、それに近接する概念も活性化され、並列的にネットワーク上の概念の活性化が広がっていくと考えられている。

　文章の読解や推論など、人間の高次認知過程を扱うために、活性化拡散モデルよりも構造化された知識表象である**スキーマ**や**スクリプト**も提案されている（第5章参照）。新しい情報が提示された場合、スキーマやスクリプトなどの既存の知識構造を用いて理解をすることが可能になったり、さまざまな状況において構造化された知識によって行動や推論の指針が得られたり、関係する情報が記憶されやすくなることが指摘されている。ある領域の初心者と熟達者の知識を比較した場合、熟達者の方が領域固有の知識の量が多いだけでなく、知識がより階層的に体制化されているという報告もある。学習をするということは、長期記憶において知識の量が増えるだけでなく、知識間のネットワークがつくられ、さらに知識が階層的に構造化されていくことであるといえる。

★12　表象
脳内の情報やその表現形式を**表象**（representation）という。例えば、目の前にイヌがいなくても、会話の中で「イヌ」という音声を聞けばイヌを思い浮かべることができるのは、私たちがイヌに相当する表象を心の中に持っているからである。

★13　顕在記憶と潜在記憶
「これを知っている」「このことを覚えている」というような明確な想起意識を伴っている記憶を**顕在記憶**（explicit memory）、そのような意識を随伴しない記憶を**潜在記憶**（implicit memory）という。宣言的記憶は顕在記憶、手続き的記憶は潜在記憶とも呼ばれる。

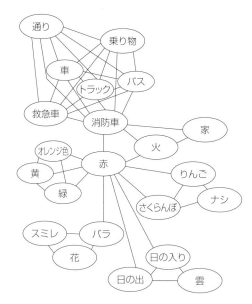

図4-7　活性化拡散モデル

出典：Collins & Loftus（1975）[15] をもとに作成

5．認知的な学習方法

　学習者自身が効果的に学習するための方法を身につけておくことは、教科学習のみならず職場や日常生活で新たな事を学ぶ場面においても非常に重要である。認知心理学の発展に伴い、学習者が主体的に用いる効果的な学習方法（**学習方略**）に関する研究が進められ、さまざまな種類の学習方略が存在することが指摘されてきた。学習方略を大きく２つに分けると、学習者自身の内的な側面に焦点を当てた認知的・メタ認知的方略と、学習者の外側の学習環境をも含めた自己制御学習に分類される。

　認知的方略は、情報に操作を加えて効果的に理解・記憶することを目的とした学習方略のことで、短期記憶における**リハーサル方略**はこれに相当する。リハーサル方略には、情報をそのまま何度も反復する**維持リハーサル**と、語呂合わせ、情報のイメージ化・連想、意味づけにより高度な処理を行う**精緻化リハーサル**（例：平安遷都の年号を語呂合わせ「鳴くよ（794）うぐいす平安京」で覚える／「木」という漢字を覚えるときに実物をイメージする）がある。これらのリハーサル方略では、**情報の処理水準**[★14]が異なっており、維持リハーサルよりも精緻化リハーサルの方が情報の処理水準が深いので、情報を長期記憶に保存するのに効果的である。また、互いに無関係な学習項目を意味に基づいて分類・整理して体系的に記憶する**体制化方略**も認知的方略であり、記憶の保持や想起に効果的であることが報告されている。

　メタ認知は、自分の「認知についての認知」であり、課題・自分の認知特性・方略に関する知識（メタ認知的知識）と、課題を行う前に「計画」を立て、課題遂行中に自分の認知過程を「モニタリング」し、事後に課題が適切に遂行されたかを「評

★14　情報の処理水準
「情報の処理水準」は、入力情報に対する知覚的・認知的な分析の性質に記憶の形成が依存するという説で、クレーク（Craik, F. I. M.）とロックハート（Lockhart, R. S.）によって提唱された[16]。入力情報の処理には、浅いレベルから深いレベルまで異なる処理水準が存在し（例：単語の処理では、形態的な処理、音韻的な処理、意味的な処理水準があり、順に水準が深くなる）、レベルが深いほど記憶量が増加する。

価」する活動（メタ認知的活動）の2つの側面がある（第5章参照）。

　自己制御学習（**自己調整学習**：self-regulated learning）は、「メタ認知」「動機づけ」（興味や課題の価値づけなど、自ら進んで課題に取り組む動機づけを持つ）、「行動」（効果的な学習を行うために、学習環境を整備し、教師や友人からの援助を要請するなど）の3つの側面で自己調整機能を働かせながら、学習者が自主的・自律的に進めていく学習である。学校教育現場において、子どもたちが学習内容に興味を持ち、課題達成のためにメタ認知を働かせ、積極的に教師や友人と相互作用しながら能動的に学んでいく能力を発達させること、そして、その自己制御学習の発達を支援していくことが非常に重要である。

6．学習への状況的アプローチ

　情報処理モデルに基づいた学習理論（情報処理的アプローチ）では、個人の頭の中における知識の獲得や構造化に焦点が当てられているが、近年、学習を社会的・文化的・歴史的文脈に位置づけて捉えようとする**状況的学習論**（本書コラム参照）が提唱され、教育現場において注目されるようになってきた。状況的学習論では、学習を、学習者が役割を持って社会的実践に参加し、取り巻く環境、道具、周囲の人々などと相互作用しながら知識や技能を習得していく過程と捉える。学校教育現場においても、個々の学習者の知識の獲得を問題にするだけでなく、状況的アプローチの視点から、学習者が主体的に周りのさまざまな物や人と相互作用しながら共同で知識を構築していく過程を見ていくことが重要であろう。

第2節　授業形態と学習指導法

　多くの授業では、1つの教室内で1人の教師が教壇に立って学習事項に関する説明を行い、多数の児童・生徒はそれを聞いてノートを取るというような講義型の**一斉授業**が行われているが、これ以外にもさまざまな授業形態や学習指導法が考案され、教育現場で実践されてきた。これらの多くは、前節で述べた心理学理論に基づいて開発され、各々異なる目的や特徴を有する。本節では、代表的な授業形態や学習指導法を取り上げ、その理論的背景や特徴に関して概説する。

1 ── 行動主義／認知主義学習理論に基づいた指導法

1．プログラム学習

　プログラム学習は、スキナーがオペラント条件づけの原理に基づいて開発したシェイピングによる学習指導法である。学習内容は、到達目標に至るまで細かいス

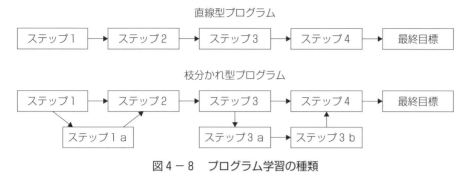

図4－8　プログラム学習の種類

出典：櫻井・黒田（2012）[17] をもとに作成

テップに分割され、簡単なものから難しいものへと難易度順に段階的に配列されており、学習者は1ステップずつ漸進的に学習系列をたどって学習を進めていく（スモール・ステップの原理）（図4－8）。各々の学習者は、ティーチング・マシンを利用して、各ステップで学習内容に関する説明を読み、頭の中で理解するだけでなく、それに関する質問に積極的に取り組んで解答する（積極的反応の原理）。質問に解答すると、即座にその正誤がフィードバックされる（即時フィードバックの原理）。一斉授業においては、学力が高い児童・生徒は授業内容が簡単すぎて退屈し、学力が低い児童・生徒は難しすぎてついていけないという問題があるが、プログラム学習では、学習者個人の能力や動機づけなどの個人差に応じて、自分のペースで着実に学習を進めていくことができる（自己ペースの原理）。プログラム学習は、問題行動に対する心理療法、楽器やスポーツの基本的技能の習得、外国語の学習などにおいても応用されている。

2．適性処遇交互作用（ATI：Aptitude-Treatment Interaction）

　学習者の特性（知能・性格・認知スタイル・興味など）に適した処遇（指導法・教師の指導態度・教室環境など）かどうかによって学習効果に違いが生じる現象を、クロンバック（Cronbach, L. J.）は適性処遇交互作用と呼んだ。例えば、社会的積極性が高い学習者には演習形式の授業が効果的であるが、内向的な学習者には映像学習形式の授業の方が効果的であるというように、学習者の特性によって効果的な指導法が異なることをいう。ゆえに、授業においては、個々の学習者の特性を把握し、それに応じた指導方法を用いることが重要である。プログラム学習や**習熟度別学習指導**（学習内容の理解や習熟度によって学習者をグループ分けし、各グループのメンバーに適した内容・教材・進度で指導を行う形態）は、適性処遇交互作用の考え方に基づいた指導形態である。

3．発見学習

発見学習は、あらかじめ用意された学習系列に従って知識・技能を教え込むのではなく、学習者が主体的に課題に取り組む中で知識を構成していく過程を教師が支援する学習指導法であり、認知心理学の学習理論に基づいている。アメリカの心理学者である**ブルーナー**（Bruner, J. S.）によって提唱された。

ブルーナーは、科学教育では、正しいとされている科学的知識を教えるだけでなく、いかにして科学的知識にいたるのかという科学的思考法を学習させることが重要であると考えた。発見学習では、学習者自身に、科学者が法則・原理を発見する過程をモデルとした知的活動を追体験させることにより、科学的知識を「発見」させるという手法が用いられる。教師の役割は、学習者が課題を把握し、仮説を生成・精緻化・検証し、法則・概念を「発見」するに至るまでの過程を、問題提起や質問などを通して支援することである。発見学習には、さまざまな教科や場面において応用可能な★15問題解決能力の育成や内発的動機づけの促進などのプラスの側面がある一方、発見に至る活動に多大な時間を費やすなどのマイナスの側面も指摘されている。

★15　学習の転移
ある学習が後に行う学習に影響を与えることを**学習の転移**という。促進的な影響の場合は正の転移、妨害的な影響の場合は負の転移と呼ばれる。

4．仮説実験授業

板倉聖宣（きよのぶ）が理科教育において提唱した学習指導法であり、発見学習と同様に、学習者自身が科学的法則・概念を主体的に学ぶ方式をとるが、児童・生徒間の討論に重点が置かれていることに特徴がある。仮説実験授業では、まず、教師が実験問題と予想選択肢（3〜4個程度）を提示し、児童・生徒は実験結果を予想して正しいと思う選択肢を選ぶ。次に、選んだ選択肢ごとに児童・生徒はグループに分かれ、異なる選択肢を選んだグループ間で、自説の正しさについて討論を行う。この討論において、最初は直観で選択肢を選んでいた児童・生徒も、自分の予想の根拠を説明し、相手の説に反論するなかで、頭の中のさまざまな情報が統合・精緻化され、「予想」が「仮説」に高められると考えられている。討論が一通り終わった後に、予想の妥当性を検証するために実験を行う。最後に、児童・生徒は重要な学習項目とそれに関する説明をまとめた文章を読む（図4－9）。

5．有意味受容学習

有意味受容学習は、**オーズベル**（Ausubel, D. P.）によって考案された学習指導法である。オーズベルは、発見学習は学習内容の深い理解を促進するのに効果的ではあるが非効率的であるという問題点を指摘し、効率的な講義形式の一斉授業においても学習者に深い理解をもたらす指導が可能であると主張した。彼は、学習を「受容－発見」「機会的－意味的」の2次元に分類し、講義形式の授業（受容学習）には、学習者に学習内容の意味を理解させることなく機械的に暗記させる「機械的学習」

> みなさんは、身体けんさで体重をはかったことがありますね。そのとき、はかりの上に両足で立つのと、片足で立つのと、しゃがんでふんばったときとでは、重さはどうなるでしょう。
> 　ア　両足で立っているときが一番重くなる。
> 　イ　片足で立っているときが一番重くなる。
> 　ウ　しゃがんでふんばったときが一番重い。
> 　エ　どれもみな同じでかわらない。 
> 　あなたの予想に○をつけなさい。ア　イ　ウ　エ　の予想をたてた人はそれぞれ何人いるでしょう。
> 　みんなはどうしてそう思うのでしょう。いろいろな考えをだしあってから、じっさいにたしかめてみることにしましょう。はかりは針がきちんと止まってから目盛りをよみます。
> 　実際の結果　[　　　　　　　　　　]

図4-9　仮説実験授業の例

出典：板倉・渡辺（1974）[18]

と、新しい学習内容の意味を理解させながら学習させる「意味的学習」があるとした。「機械的学習」は講義形式の授業の欠点としてしばしば批判されるが、学習者が学習内容の意味を明確に理解できるような方法で提示する、すなわち、学習者がすでに持っている知識に関連づけて新しい知識を取り入れることが可能であるように情報を提示すれば（意味的学習）、講義形式の授業（受容学習）でも効果的な学習が可能になる。このような学習指導法を「有意味受容学習」と呼ぶ。

学習者が新しい情報を意味づけ、既有知識と関連づけるという能動的な認知過程を持つようにするためには、学習者の中に新しい情報を包摂できるような認知構造（スキーマ）を事前に形成するか、あるいは、活性化させるような情報を授業の導入時に提示することが重要である。このような前もって与えられる情報を**先行オーガナイザー**と呼ぶ。先行オーガナイザーには、新しい学習内容の概要・構造を示す「説明オーガナイザー」や、新しい学習事項と既有知識の類似点・相違点や関係性を示す「比較オーガナイザー」などがある。

6．観察学習

バンデューラ（Bandura, A.）は、明示的な教示や直接的な強化を受けずに、他者の行動を観察するだけで、新しい行動を習得する観察学習を提唱した。**社会的学習理論**★16における中心的な学習のタイプであり、直接経験がなくとも他者をモデルにすることによって、ある特定の行動形態や反応を学習することから、**モデリング**とも呼ばれる。

バンデューラ[19]は、幼児に暴力的な映像（大人が大きな人形に対して殴る蹴るなどの攻撃を行う場面）を見せた後に子どもたちの自由遊び時間の行動を観察する

★16　社会的学習理論
学習の過程において、他の人間との関係という視点がとられている理論。バンデューラの社会的学習理論では、認知的過程（内的過程）が重視されている。

★17 バンデューラのモデリングの実験[20]

実験を行った結果、子どもたちは人形に対してモデルとなった大人の攻撃行動と同様の暴力的な振る舞いをする頻度が高くなった[★17]。この結果から、教師は、意図的な学習指導法や授業形態だけでなく、振る舞いや発言、人間関係の在り方、子どもの目に触れる書籍・テレビ番組・インターネット上の情報など、子どもを取り巻くさまざまな教育環境に配慮することが重要であると考えられる。

2 — 協調学習

1．バズ学習

北米で開発された討議法の1手法であるバズ・セッションを学校の授業において学習指導法として応用したものであり、学習者同士の協同的な相互作用により達成成果を高め合うことを目的とした**協調学習**（collaborative learning）の1つである。バズとはハチのブンブンという羽音のことであり、討議が活発に行われている様子を表している。バズ学習では、まず、数名程度のグループに分けて、小集団という心理的圧迫感が低い雰囲気の中で、共通のテーマについて短時間に自由に意見交換をさせ（基本型は1グループ6名で6分間の討議）、班ごとの討議結果を持ち寄って学級全体で発表・討議する方式をとる。全体発表後に、再度グループ討議を行う場合もあり、グループと学級全体の討論を柔軟に行き来しながら進められる。

2．ジグソー学習

アロンソン（Aronson, E.）によって開発された協調学習法である。ジグソー学習では、まず、クラス全体を5・6名のグループ＜ジグソー・グループ＞に分け、学習課題をいくつかの部分（グループの人数と同数のトピック）に分割して、各グループの各々の学習者に1つずつ割り当てる。各学習者は、割り当てられたトピックに関する説明文を読む。次に、同じトピックを割り当てられた学習者による専門グループ＜カウンターパート・グループ＞（各グループからの代表者1名ずつ）を構成し、そのトピックについて討論させる。その後、学習者は元のジグソー・グループに戻り、各々がカウンターパート・グループで学んだことを他のメンバーの前で発表し、グループ全体としての問題解決を協同で行う（図4-10）。ジグソー・グループでは、割り当てられたトピックについて詳しく知っているメンバーが自分以外いないため、全学習者が必然的に他のメンバーに教える役割を担う。個々のピースの組み合わせによって全体が完成するジグソーパズルのように、メンバー全員に異なる役割を与えることにより、各メンバーがグループ内の討論に主体的に関与して協調学習を行うことが可能になる。

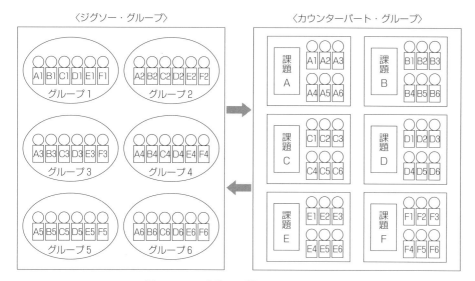

図4-10 ジグソー学習のイメージ図

出典：新井・濱口・佐藤（2009）[21] をもとに作成

3．相互教授法（Reciprocal Teaching）

　相互教授法は、学習者が互いに教師と生徒の役割を演じることによって、理解を促進させることを目的とした学習指導法である。例えば、説明文理解のための方略（読解方略）の指導では、まず教師1名と学習者数名で小グループをつくり、共通の説明文を黙読した後、教師が最初の1節に対する質問、要約、明確化、予想を行う。次に、教師に援助されながら、学習者が質問役、要約役、明確化役、予想役というように特定の読解方略の役割（教師役）を交替して担当し、生徒役の他の学習者と対話を行いながら読解を進めていく。このように、学習者が教師役と生徒役を演じることで相互に教え合う学習指導法は、読書不振児の読解スキルの向上に効果的であるといわれている。

4．問題基盤型学習（Problem-Based Learning）

　問題基盤型学習（以下、PBL）の起源は、1960年代、マクマスター大学の医学教育において実施されたPBL主体のカリキュラムに遡る。PBLが医学教育で開発・実施された背景には、当時、医学部生が日進月歩で急速に拡大していく医学・生物学的知見を臨床診療に応用できていないという状況があり、この問題を克服するためには、従来型の講義や実験・演習とは異なる教育方法、すなわち、具体的な課題に主体的に取り組み解決していく能力を養う教育方法が必要であるという認識があった。その後、PBLは、工学・薬学・歯学・看護学・工学・教育学などの専門教育や初等・中等教育においても導入されるようになった。

　PBLは、学習者を少人数のグループに分け、複雑で非定型の問題を提示し、その

問題についてグループごとに学習者主導で討論を行わせ、ファシリテーターが討論を促進するという方式で実施される。ファシリテーターは、討論をモニターし、学習者に対して質問やモデリング、コーチングなどの支援（足場かけ）を行うことによって、学習者自身が問題を見極め、知識を明確化・精緻化していく過程を支援する。学習者は、グループで自分たちの知識に基づいて問題の解決を試み、その過程で自身の知識の欠如点を認識し、何を学習すべきかについて考えて学習計画を立て、授業外で自己学習（情報の収集・分析）を行う。その後、新しく得た知識をグループで共有し、再度グループ討論によって問題解決を試みる。必要に応じて、このグループ学習と個人学習を交互に繰り返し、最後に問題解決の達成確認と学習プロセスの評価を行う。PBLの経験を積む過程で、当初教師が行っていたファシリテーターの役割を学習者自身が担うことができるように、教師は徐々に足場かけを外していく（フェイディング）。PBLは、協調学習であると同時に、問題解決のためにメタ認知を働かせ、内発的動機づけによって自主的に学習を進めていく自己制御学習でもある。

5．プロジェクト型学習（Project-Based Learning）

　プロジェクト型学習の英語名のアクロニム（頭文字による略記法）は問題基盤型学習と同じPBLであり、また、両学習指導法は真正性の高い問題にグループのメンバーと協同で取り組む自己主導型学習であるという共通点があるため、混同されやすい。しかしながら、プロジェクト型学習は、問題基盤型学習とは異なる歴史的背景や学習指導の特徴を有する。

　プロジェクト型学習は、**デューイ**（Dewey, J.）の経験主義的教育思想を理論的支柱としているが、デューイの弟子のキルパトリック（Kilpatrick, W. H.）がその具体的方法論である「Project Method」を提唱した（1918年）といわれている[22]。彼らは、児童・生徒の生活や要求と無関係な知識を習得させる「書物中心」「暗記中心」「教師中心」の講義法を批判し、現実世界で熟達した職業人が課題に取り組むように、学校においても現実の生活に密着した意味のある課題に目的意識を持って取り組むならば、児童・生徒は学習課題を能動的に探求し、経験を再構成して深い理解を得ることができるであろうと主張した。この思想を洗練・発展させる形で、科学者や熟達した職業人の実践的活動と類似した問題解決の活動の中で学んでいくプロジェクト型学習が考案されてきた。

　プロジェクト型学習の特徴は、①学習者中心であり、学習者自身が「何のために何をやり遂げたいのか」という目的・目標を自覚し、周囲の世界と相互作用する中で、能動的に知識を構築していく、②現実世界の文脈に埋め込まれた状況的学習である、③他の学習者、教師、共同体のメンバーなどと社会的相互作用をしながら共に活動に取り組み、共有された理解を構成する、④基本フェーズ（目的・目標設定、

計画立案、実行、評価）がある、⑤学習のゴールとして価値ある「知の成果物」をつくり出すという点である。学習者は、現実的な問題に協同で取り組み、目的・目標を共有し、自主的に計画を立て、問題解決活動および評価を行うというプロジェクトの遂行過程で、知識と経験を総合的に身につけることが期待されている。

6．コンピュータに支援された協調学習（CSCL：Computer-Supported Collaborative Learning）

コンピュータに支援された協調学習（以下、CSCL）は、コンピュータやインターネットなどのテクノロジーを利用した協調学習のことである。CSCLには、次のような基本的な特徴・思想がある。①社会的相互作用による協同の知識構築（学習者は、あらかじめ決められた知識を受容するのではなく、グループ内の他者と相互作用しながら知識を協同で構築していく）、②テクノロジーに媒介されたコミュニケーション（時間・空間的に隔てられた学習者間でも、ビデオ・チャット（TV会議）（同期式）や、メールやWeb掲示板（非同期式）などのテクノロジーを媒介することにより、対話や討論が可能である）、③テクノロジーによるリソースの共有と調査・探究（グループのメンバーが、インターネット上で情報・活動・環境を共有して調査・探究を行う）、④プロジェクト型学習（グループ内の学習者が自身でゴールを設定し、各々の役割を決め、主体的に問題解決を行う中で経験や知識を総合的に習得していく）、⑤教師は支援者（教師の役割は、学習内容を教えることではなく、CSCLのカリキュラムの紹介、目的の明確化、リソースやテクノロジーの準備・管理、教材や教室環境の準備、学習者の参加形態の決定、学習者間のコミュニケーションにおけるファシリテーター、最終的な評価などである）。

以上のように、多様な心理学理論や教育現場からの要請あるいは教育実践・経験に基づき、さまざまな授業形態や学習指導法が開発されてきた。これらは各々異なる特徴と長所・短所を有しており、単純に優劣を決めることは難しい。例えば、基礎的な知識や技能を着実かつ効率的に習得させたいのであれば発見学習よりもプログラム学習を用いる方が効果的であるが、科学的思考法や問題解決能力を習得させたいのであれば発見学習の方が適しているだろう。また、消極的で自信がない学習者の有能感を高め積極的態度を身につけさせたいのであればジグソー学習が効果的であるが、読書不振児の読解スキルを向上させたいのであれば相互教授法がより効果的であると考えられる。さらに、教育内容に関する学習だけでなく、メタ認知や自己制御学習の能力を習得させたいのであれば、PBLやプロジェクト型学習が適しているだろう。それゆえ、教師は、教育の目的や内容、学習者の特性などに応じて、どの学習指導法が適しているかを見極め、その時々の状況に応じて最適だと考えられる授業形態や学習指導法を選択していくことが重要である。

★さらなる学びのためのブックガイド★

・山内光哉・春木豊編(2001)『グラフィック学習心理学―行動と認知―』サイエンス社
　学習の現象・理論・実験に関する重要事項を、事例に基づいて分かりやすく紹介している。図表や写真がたくさん掲載されており、実際の心理学実験が実感できる。

・箱田裕司・都築誉史・川畑秀明・萩原滋(2010)『認知心理学』有斐閣
　認知心理学の重要な知見を網羅的に解説しており、認知心理学の基礎から応用まで幅広い知識を得ることができる。

・栗山和広編(2014)『授業の心理学―認知心理学からみた教育方法論―』福村出版
　認知心理学の研究から得られた教授・学習に関する知見に基づいて、教科教育における指導法、授業形態、教育評価の在り方などについて概説している。

状況に埋め込まれた学習—正統的周辺参加

「学習」という言葉を聞くと、とっさにどのようなイメージを思い浮かべますか。多くの人は、学校の教科教育において、個々の学習者が抽象的な科学的知識を頭の中に詰め込むことを思い浮かべるかもしれません。しかし、学校の外でも、私たちは市民として社会生活を営み、地域社会の文化的実践に参加しながら、同時にそのために必要な知識や技能を習得しています。新米の医師や看護師が病院で働きながら医療活動に必要な知識や技能を学んでいく、新入社員が会社で働きながらさまざまな仕事を覚えていく等々、職場での学習はその典型的な例でしょう。

レイブ（Lave, J.）とウェンガー（Wenger, E.）[23]は、学習を個人の頭の中の出来事ではなく、実践共同体への参加の度合いの増加として捉えています。つまり、学習は、学習者が単に抽象的な知識を個別に獲得することではなく、初めは新参者として実践共同体に正統的周辺参加（Legitimate Peripheral Participation）をし、実際に仕事に従事することによってさまざまな知識や技能を習得しながら、次第に共同体の社会文化的実践の十全的参加（full participation）へ移行していくことであると捉えているのです。そのような過程において、学習者は新参者から古参者になっていき、実践・知識・人間関係の変化とともに、学習者のアイデンティティも同時に変化していきます。レイブたちは、このように人間の全体性を重視し、学習者、共同体のメンバー、活動、および世界が相互作用する中で発展していく、相互構成的な状況における学習を「状況に埋め込まれた学習」（状況的学習）と呼んでいます。

正統的周辺参加が顕著に見られるのは、徒弟制を通した学習においてです。レイブたちは、異なる文化・歴史的背景を持つ伝統社会の中から5つの徒弟制の事例（メキシコのユカタン地方のマヤ族の産婆、リベリアのヴァイ族とゴラ族の仕立屋、アメリカ海軍の操舵手、アメリカのスーパーの肉加工職人、断酒中のアルコール依存症患者）を集め、それぞれに共通した特徴を調べ、正統的周辺参加を通した学習形態を、歴史的展開、政治的・社会的組織などの観点から分析しました。その分析結果は、各々の徒弟制の日常の作業において、意図的に教え込まれたり、試験を受けたり、機械的な反復訓練を行うことがないにも関わらず、なぜ、徒弟達は共通の構造化された学習経験に従事でき、高い技能を身につけ、尊敬される熟達者になれるのか、という疑問に対する答えを示唆しています。実践共同体における状況的学習は、伝統的な学校における学習を見直す新たな視点を与えてくれるものであるといえるでしょう。

◆第4章ミニットペーパー

年　月　日（　）第（　）限　　学籍番号_____　　氏名_____

本章で学んだこと、そのなかで感じたこと

....
....
....
....

理解できなかったこと、疑問点

....
....
....
....

TRYしてみよう

①パブロフは、イヌに対してベルの音と肉粉の対提示を反復する実験を行って条件反射を引き出し、（　　　　　　　　）条件づけを唱えた。

②（　　　　　　　）は、動物が試行錯誤しながら特定の行動を習得する試行錯誤学習を提唱した。

③スキナーは、動物の自発的行動の生起頻度を強化によって高める（　　　　　　　）条件づけの研究を行った。

④洞察学習を提唱したのは、ゲシュタルト心理学者の（　　　　）である。

⑤アトキンソンとシフリンは、人間の学習・記憶のモデルとして（　　　　　　）を提案した。

⑥（　　　）は、持続時間が短く、容量も7±2チャンク程度である。

⑦宣言的記憶には、一般的知識や事実に関する意味記憶と、自分が過去に経験した出来事に関する（　　　　　　）がある。

⑧プログラム学習は、（　　　　）がオペラント条件づけの原理に基づいて開発したシェイピングによる学習指導法である。

⑨（　　　）は、学習者が主体的に課題に取り組む中で自らが知識を構成していく過程を支援する学習指導法であり、ブルーナーによって提唱された。

⑩オーズベルが提唱した（　　　　　　）は、学習者が学習内容の意味を理解できるように、学習者の認知構造に関連づけて情報を提示する学習指導法である。

第5章 学習につまずく子どもの認知と指導

◆学びの入り口～教育現場の事例から考えてみよう！～

事例：読み書きが非常に苦手なE君

　小学4年生の男子児童E君は通常学級に在籍し、学校の友達と仲良く遊ぶこと、先生の指示や学校生活のルールに従って行動すること、さまざまな行事に参加することなどにおいては特段の問題はありません。また、家庭生活においても、両親から愛情を注がれ大切に育てられてきました。しかしながら、E君は算数の計算問題はできるのですが、文字の読み書きが非常に苦手です。文章をスラスラと読むことができず逐次読み（一文字ずつ読む）をするので、文章の内容が理解できません。また、漢字が覚えられないので作文はほとんど全て平仮名で書き、平仮名の特殊音節の表記にも誤りが多く見られます。書く文字も、行からはみ出したり、大きさやバランスがバラバラで読みにくいという問題があります。

　家庭では、E君の母親がE君に対して本の読み聞かせをし、E君自身も漢字を覚えようと努力するのですが、同級生と同じようには文字の読み書きの学習が進みません。次第にE君は自信をなくし、学校の勉強全般が嫌いになり、授業態度も悪くなってきました。

◆ワーク：次の問いに対してあなたの考えをまとめてみよう

・学校や家庭に問題がなく、本人も努力しているにも関わらず、なぜE君は読み書きの学習に大きな困難を示すのでしょうか。あなたが担任教師であるならば、E君に対してどのような学習指導をしますか。

◆ワークに対する考え方・ヒント

　知的障害・感覚障害などの障害や学校・家庭などの環境要因に問題がないにも関わらず、特定領域の学習に著しい困難を示す子どもたちがいます。そのような子どもたちは、通常学級における一斉指導では学習することが困難です。各々の学習困難児の認知特性に適した学習支援を考えていくことが重要です。

> **学びのポイント**
> - 学習障害児（LD児）の認知特性について理解し、学習支援の在り方について考える。
> - 子どもが教科学習でつまずく原因を、認知心理学的観点から理解する。
> - 子どもの認知過程や特性を考慮した学習指導について考察する。
>
> **キーワード**
> □学習障害（LD）　□ディスレクシア（発達性読み書き障害）　□メタ認知
> □スキーマ　□スクリプト　□系列位置効果
> □短期記憶（ワーキングメモリ）　□高原現象（プラトー）　□レミニセンス

　教科指導は、学校教育の現場において中心的な活動である。多くの教師は、子どもたちが興味を持ち、理解しやすいように、教材・教具や指導法などに工夫を凝らし、熱心に教科指導を行っている。それにも関わらず、読み書きが非常に困難な子ども、算数の問題を解く途中で自分がやっていることが分からなくなる子ども、科学的概念を獲得するのが難しい子ども、知識を関係づけて理解するのが苦手な子どもなど、教育現場では学習につまずく子どもたちが少なからず見られる。本章では、学習において困難を示す子どもの認知と指導の在り方について考える。

第1節　ディスレクシア児の認知・行動特性と学習指導

1 ── 学習障害（LD）とは

　通常学級において、読み書きや計算など、特定領域の学習に大きな困難を示す子どもたちの中に、学習障害（LD）児がいることが指摘されている。**学習障害**（LD: Learning Disabilities）とは、**発達障害**[★1]の1つであり、「基本的には全般的な知的発達に遅れはないが、聞く、話す、読む、書く、計算する又は推論する能力のうち特定のものの習得と使用に著しい困難を示す様々な状態を示すものである。学習障害は、その原因として、中枢神経系に何らかの機能障害があると推定されるが、視覚障害、聴覚障害、知的障害、情緒障害などの障害や、環境的な要因が直接の原因となるものではない」[1]と定義されている。

　文部科学省の調査[2]では、学習障害と推定される児童・生徒は通常学級に4.5％いると報告されており、確率的には30人学級・40人学級において1～2人いる可能性がある。学習障害を持つ児童・生徒は、努力不足である、家庭環境に問題があるなどの誤解をされたり、授業全般における学習意欲や自己効力感が低下する、周囲

★1　発達障害
受胎から始まる脳の発育の過程において、何らかの要因により脳の発達が阻害された結果、認知・対人社会性・言語・運動などの発達の遅れや偏り、その他さまざまな神経学的症状が生じ、発達に障害（困難）をきたしている状態。具体的には、自閉症、アスペルガー症候群その他の広汎性発達障害（自閉スペクトラム症／自閉症スペクトラム障害［ASD］）、学習障害（LD）（限局性学習症／限局性学習障害［SLD］）、注意欠陥多動性障害（ADHD）（注意欠如・多動症／注意欠如・多動性障害）、その他これに類する脳機能の障害で、通常低年齢において発現する（発達障害者支援法第2条）（第13章参照）。

の子どもたちの理解不足からいじめの対象になる、不登校の状態に陥るなどの事例もある。学級担任は、学習障害に対して的確な知識を持ち、個々の子どもの認知特性を理解したうえで適切な学習指導をしていくとともに、全校の教職員と連携を図りながら学習障害児への個別の配慮と援助を行っていくことが重要である。

学習障害の中核をなすのは、ディスレクシア（発達性読み書き障害）[★2]である。ディスレクシアは学習障害全体の約8割を占めるという指摘もあり、教育現場では特別な理解と支援が必要とされるため、本節では、ディスレクシアに焦点を当てて認知特性と学習指導について考える。

2 ── ディスレクシアの定義・出現頻度と読み書きの行動特性

ディスレクシアは、知能・感覚・運動の障害や教育・社会環境に特段の問題がないにも関わらず、神経学的基盤の発達障害によって読み書きの習得のみに困難を示す障害である。言語・書記体系の違いによって出現頻度は異なっており、英語圏では10％前後[3) 4)]、イタリア語圏やアラビア語圏では約1％[5) 6)]、タイ語圏では約6％[7)]と1～10％程度のばらつきがある。日本語においても、ひらがな・カタカナの音読とひらがなの書字で約1％、カタカナの書字で約2％、漢字の音読で約5％、漢字の書字で約8％であるという調査報告[8)]がある。また、ディスレクシアには性差が見られ、男児の方が女児よりも多いという報告が多い[9)]。

ディスレクシアの症状はさまざまで、個々の児童・生徒ごとに読字・書字に見られる困難の様相や程度が異なっている（図5-1）。日本語の読字の典型的症状としては、文字や行を読み飛ばす、どこを読んでいるか分からなくなる、単語のまとまりを意識せずに一文字ずつ読む（逐次読み）、視覚的・音韻的・意味的に類似した文字を読み間違える、平仮名の特殊音節[★3]を読むのが困難である、慣用語を読むのが困難である、漢字の音読と訓読の区別ができない、送り仮名を手がかりに類推して漢字を読み間違えるなどが挙げられる。

書字の典型的症状には、視写（黒板や教科書の文字の書き写しなど）や聴写（話されたことばを書き取ること）が困難である、行やマス目に合わせて文字を書くのが困難である（はみ出す、一列にそろわないなど）、文字の崩れ・傾き・回転が見られる、鏡像文字（裏返しの文字）を書く、文字の一部を省略・追加したり、構成要素の配置やバランスが間違っている、存在しない文字を自分でつくる、複雑な漢字を書くのが非常に苦手である、文字と音の規則的関係性に基づいて書くことが困難である、平仮名の特殊音節の表記が苦手である、漢字の音訓を適切に使い分けて書けない、慣用語を書くのが困難である、視覚的・音韻的・意味的に類似した文字を書き間違えるなどがある。

[★2]
米国精神医学会が発行しているDSM-5（精神障害の診断と統計マニュアル第5版）では、学習障害（LD）は「限局性学習症／限局性学習障害」（Specific Learning Disorder）と呼ばれ、ディスレクシア（読字障害）、ディスグラフィア（書字障害）、ディスカリキュア（算数障害）などのいずれか、あるいは複数の特徴を示し、同学年の児童・生徒に比して著しい学習遂行の遅れを生じている状態とされている。本来、ディスレクシアは「読字障害」を意味するが、読むことに障害がある場合には、結果として書くことにも障害が生じることが多々あるので、ディスレクシアという語で「読み書き障害」を指すことがしばしばある。また、脳損傷などにより読み書き障害を発症する「後天性ディスレクシア」もある。本章で取り上げるディスレクシアは、「発達性読み書き障害」を指す。

[★3] 特殊音節
拗音（例：きしゃ、きゅうしょく、にょろにょろ）、促音（例：がっこう、ロケット、とった）、撥音（例：とんだ、パンダ、ほんだな）、長音（例：ノート、どうろ、コード）、濁音（例：かばん、だいず、ランドセル）などがある。

		誤	正
a. 読み間違い	1	粉を練る（あつめる）	粉を練る（ね）
	2	お肉が安いです（おいしい）	お肉が安いです（やす）
b. 書き間違い	1 平仮名	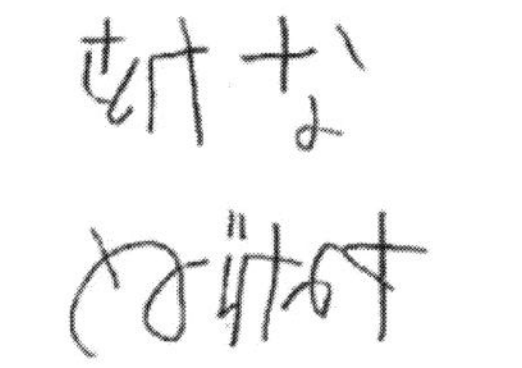 （手書き文字）	さかな / めがね
	2 漢字	 （手書き文字）	語 鳥 健 / 湖 庭 州

図5-1　ディスレクシア児の読み書きの間違いの実例

出典：石井（2004）[10]

3 ── ディスレクシアのサブタイプと認知特性

　ディスレクシア児は、なぜ読み書きにおいて、このような困難を示すのであろうか。認知神経心理学の領域において、アルファベット書記体系の言語を中心に、人間の読み過程を説明する情報処理モデル（例：図5-2）を用いてディスレクシアの読字過程における障害メカニズムの仮説が提示され[11)12)]、ディスレクシアには異なる認知特性を示すいくつかのサブタイプが存在することが実証的研究で指摘されてきた[13)]。

　図5-2は、読み過程の認知モデルとして有名なDRC（the dual-route cascaded model）モデル[11)]である。このモデルでは、文字が提示されると、その視覚的情報は、まず「視覚特徴検出」を経て「文字検出」に送られ、文字情報として認識されると、続いて「語彙ルート」と「非語彙ルート」に送られると仮定している。「語彙ルート」は、「綴り字辞書」「意味システム」「音韻辞書」にアクセスするルートであり、過去の経験から獲得した綴り・意味・音韻に関する知識が蓄積された心的辞書から、実在する単語の綴り・意味・文字の発音の仕方を検索することによって文字を読む経路であるため、たとえ読み方が不規則な単語であっても辞書に登録されている実在語であれば正確に読むことが可能になる。これに対して、「非語彙ルート」は、「GPC規則（文字素－音素規則）」にアクセスするルートであり、文字符号を規則に基づいて音韻に変換することによって読む過程を表している。このルートでは、文字と音韻の対応関係が規則的な単語の場合は、たとえ心的辞書にない新出語や非実在語でも読むことが可能になる。

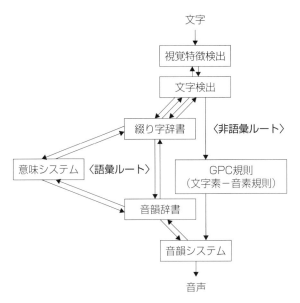

図5-2　DRCモデル

出典：Coltheart et al.（2001）[11] をもとに作成

　健常者は、「語彙ルート」と「非語彙ルート」の両方のルートにより、実在する規則語・不規則語いずれでも心的辞書を活用して正確に読むことができるだけでなく、今まで一度も見たことがない新出語、使用頻度が低い単語、非実在語でも「GPC規則」に従って類推して読むことが可能である。これに対して、ディスレクシアの場合、「語彙ルート」か「非語彙ルート」の一方、あるいは、両方に障害があるため、健常者のようにさまざまな文字を正確かつスムーズに読むことが困難であると本モデルでは説明される。「語彙ルート」に障害がある場合は「表層失読」、「非語彙ルート」に障害がある場合は「音韻失読」、両ルートに傷害がある場合は「深層失読」と呼ばれている。

　日本語のディスレクシアにも、いくつかのサブタイプが存在することが症例研究によって報告されている。大石[14]は、音韻認識に障害がある「音韻性読み書き障害」と視覚認知に障害がある「視覚性読み書き障害」の症例について紹介している。「音韻性読み書き障害」は、音韻認識の発達レベルが低く、日本語特有の音節（モーラ）の認識・操作が容易でなく、文字と音の対応規則の学習に困難を示し、文字と音の対応規則を習得しても効率的に変換できないため、仮名文字、漢字、ローマ字全ての読み書きの学習が進まないという症状を示す。「視覚性読み書き障害」は、文字を視覚的に認識することに問題があるため、形態が類似した仮名文字の区別や複雑な漢字の学習が難しいという症状を示す。

　日本語の書記体系は、アルファベット言語と異なり、表音文字である仮名文字と表意文字である漢字から成り、著しく性質の異なる2種類の文字表記を組み合わせ

て使用する点で特異的である。仮名文字は文字と音の対応関係が単純で規則性が高いが、漢字は1つの文字の読み方が複数存在し、他の文字との組み合わせによって読み方が異なる場合が多く（例：歩く、徒歩、歩合）、また、同音異義語が多いため、文脈や意味によって適切な文字を選択しなければならない難しさがある（例：こうえん→公園、後援、講演　など）。そのため、漢字を読む際には、「綴り字辞書」「意味システム」「音韻辞書」に頻繁にアクセスし必要な情報を迅速に取り出す必要があると考えられる。さらに、漢字はアルファベットや仮名文字と比較すると画数が多く複雑な形態をしていることが多いため、視覚的情報処理にもより大きな負担がかかると推測できる。このような書記体系の特性により、日本語の読み書きに特有の認知障害を示す子どもがいると考えられる。

4 ── ディスレクシアの脳神経学的基盤

近年、脳画像検査法（fMRI・fNIRS・MEGなど）の進歩により、ディスレクシアの脳神経学的基盤が次第に解明されてきた★4。脳画像を用いた多くの先行研究において、読み活動に関連した認知課題を行っている際、ディスレクシアの成人・児童は、健常者・健常児と比較すると、左側頭葉の活動量が低下していることが示され（図5-3）、左側頭葉がディスレクシアの原因となる脳の主要な病変領域であることが指摘されてきた[15) 16)]。また、脳画像および解剖学的研究により、このような左側頭葉の不活性化は、左側頭葉の大脳の灰白質★5の異常配置によって生じ、その結果、音韻障害や視覚処理障害が引き起こされ、ディスレクシアの原因となっていることも示されてきた[17)]。さらに、近年の遺伝学の研究により、ディスレクシアを引き起こす大脳皮質細胞の異常をもたらす染色体や遺伝子も特定されつつある[18)]。

ディスレクシアの脳科学的研究が進み、生物学的基盤が明らかになることは喜ばしいことではあるが、同時に、ディスレクシアを引き起こす遺伝子や脳の先天的な

★4
アルファベット言語圏のディスレクシアの脳画像研究は活発に行われてきたが、現時点では日本語のディスレクシアに関する脳画像研究は非常に少なく、いまだ日本語のディスレクシアの脳神経学的基盤は十分に解明されていない。書記体系が異なるため、英語圏の研究成果をそのまま日本語のディスレクシアに当てはめることはできない可能性がある。

★5　灰白質
大脳の表面を覆うニューロン（神経細胞）の細胞体が集まる薄い層。中枢神経組織の断面を観察すると、白質よりも色が濃く灰色がかって見えるため灰白質と呼ばれる。

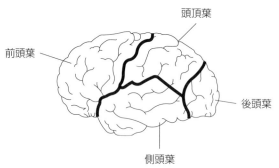

図5-3　大脳の外側面

健常児　　　　　　ディスレクシア児（訓練前）

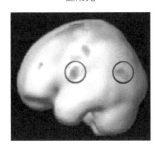 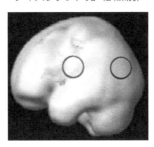

図5－4　音読課題遂行時のfMRI画像

出典：Temple et al.（2003）[16]

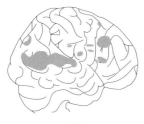 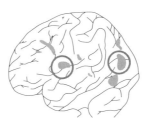

右脳　　　　　　　　　左脳
（右丸部位：左側頭・頭頂領域
　左丸部位：左下前頭領域）

図5－5　訓練後のディスレクシア児の脳の活性化部位

出典：Temple et al.（2003）[16]をもとに作成

　生物学的異常を教育や環境によって克服するのはほとんど不可能ではないか、という無力感を教師や親は持つかもしれない。しかしながら、ディスレクシアは症状が一生まったく改善されない障害ではなく、適切な教育支援を受ければディスレクシア児でも読み書き能力が向上する可能性があることも脳画像研究において示されている。テンプル（Temple, E.）ら[16]は、ディスレクシア児に対して言語の認知的訓練を行った結果、読み書き能力に関係する左側頭・頭頂領域や運動性の言語中枢（ブローカ中枢）のある左下前頭領域の近隣部位が活性化することや、右半球における左半球言語野の相同位部位が補償的に機能して活性化することを脳画像研究によって明らかにした（図5－4、5）。この知見から、たとえ大脳の読み書き関連部位に障害あったとしても、適切な訓練・指導によりディスレクシア児の読み書き能力が向上する可能性があることが期待できる。

5 ── ディスレクシア児への学習支援と読み書き指導

　ディスレクシア児に対する効果的な指導法はいまだ確立されていないが、教育現

場ではディスレクシア児の認知特性を考慮したさまざまな学習支援や読み書き指導が行われている。例えば、①教科書の文字が読みづらい場合、教科書を拡大コピーする、②行を読み飛ばしたり、どこを読んでいるのか分からなくなる場合、厚紙の中央に1行分のスリット（切れ目）を開けて1行の文字だけが見えるように教科書をカバーしながら読む、③文のどこで区切って読むのか分からない場合、文節ごとに区切り線を入れる、④文字を書くときにマス目からはみ出す場合、大きなマス目のノートを使用する、⑤漢字が読めない場合、教科書やプリントなどの教材の漢字にルビを振るなど、現場の教師が簡単に実行できる支援方法がある[19]。近年、パソコンやタブレットなどのICT（Information and Communication Technology）機器を導入し、音声読み上げソフト（電子テキスト化された教科書・資料を音声に変換する）やワープロ（仮名入力して漢字を選んで変換する）などを活用した読み書き支援も行われている。

また、平仮名の読みに著しい困難を示す児童（例：「あ」という文字と/あ/という音との対応が覚えられない）に対して、文字と音（読み）の間に単語を介在させ、「文字－単語（意味）－音（読み）」の連合を促すキーワード法（例：①「足」の絵カードを見せ、/あし/というキーワードを口頭で言わせる、②「足」の絵カードを見せ、/あ/と言わせる、③「足」の絵カードを見せ、/あ/と「あ」の文字カードが対応することを教える、④「あ」の文字カードを提示し、/あし/と言ってから/あ/と言わせる、⑤「あ」の文字カードを提示し、/あ/と言わせる）を用いた教育実践[20]なども報告されている。

ディスレクシア児に対する指導法には、大きく2つのアプローチがある。1つは、認知の障害部位を直接強化することを目的としたアプローチである。例えば、視覚認知障害があり漢字の習得が困難な児童に対して、「①図形を認識・視写するトレーニングを行う、②似た字形の2つの漢字を提示し、異なっている部分を指摘させる（例：皿と血、由と曲、開と問）、③漢字を分解して提示し、個々の構成要素に注意を向けて視写させる」という「視覚的スキル訓練法」[21]がある（図5－6）。もう1つは、障害がない部位・ルートを経由して障害部位を補償する認知過程を強化するアプローチである。例えば、視覚認知能力が低く、通常の練習で平仮名・片仮名を習得できない児童に対して、良好な音声言語の記憶力を活用したバイパス法による訓練（50音表の音系列の記憶・再生による訓練）[22]がある。

一斉授業の中でディスレクシア児を指導するのは容易ではないので、通級指導教室などを通じて個別に指導する必要がある。まず、対象児の認知・行動特性や社会・文化的な環境を把握し（専門家によるアセスメント［第8章参照］を得ることが望ましい）、それに基づいて**個別の指導計画**（第13章参照）を立て、個々のつまずきや困難に応じた適切な指導内容・方法、教材・教具を工夫して指導していくことが重要である。

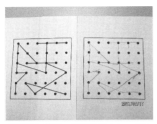
①図形を認識・視写するトレーニング

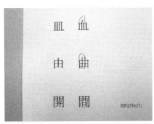
②字形の似た漢字の異なっている部分を指摘させるトレーニング

③分解した漢字の個々の構成要素に注意を向けて視写させるトレーニング

図5－6　視覚的スキル訓練法の実例

出典：Sugimoto & Enomoto（2011）[21]

第2節　学習のつまずきの原因と指導

　教科学習でつまずくのは学習障害児だけではない。定型発達児でも、説明文の読解、計測規則の理解、科学的概念の学習など、さまざまな教科学習の課題において困難を示すことが少なくない。本節では、学習上のつまずきに関連する認知的特性に焦点を当て、子どもたちがなぜつまずくのか、どのような指導をすればよいのかについて考える。

1 ── メタ認知

　子どもたちは、教科学習で実際にどのようにつまずくのであろうか。米国の小学校教師であったホルト（Holt, J.）は、次のような子どものつまずきの事例を報告している。

> 　私はエドワードに、ひとつかみのロッドを渡して、「これと同じだけにするには、白いのがいくつ要る？」と尋ねてみた。彼は、10の列を15列作って、深紅色（4）のを1つ残した。それから列の数を、それぞれの列に手を触れながら、「10・20・30……」と、10毎に数えて、─賢いやり方だ─ 数え始め、100まで行った。それから、私は全くびっくりしてしまったのだが、彼は残りの10ずつを表す5列と深紅色のに手を触れながら、「200、300、400、500、600、604」と言ったものである。
>
> ホルト（1981）[23] p.130

　これは、小学5年生のクラスで、子どもたちが算数教材（1センチから10センチまでの長さの異なる棒＜ロッド＞からなり、長さにより色分けされている教材）を用いて計測規則を学んでいる場面である。エドワードは、10センチの棒15本と4センチの棒1本を与えられ、それだけの数をつくるのに一単位の棒がいくつ要るのか

を尋ねられた（正解は154である）。彼は、10センチの棒を15列に並べ、その端に4センチの棒を置いて数え始めたのであるが、最初は10センチの棒を「10・20・30……」と10ずつ正しく数えていたにも関わらず、100までいった後は「200、300、400…」と100ずつ数えてしまい、604という間違った解答をしてしまったという実例である。

　実際の教育現場では、このエドワードのように、問題を解いている最中に自分が何をやっているのかが分からなくなり、途中から間違った方向へ進んでしまう子どもたちが少なからずいる。このような子どもたちは、自分の認知過程や理解の程度を的確に認識できていないことに問題があると考えられる。ホルト[23]は、「できる生徒であるということは、部分的には、自分自身の心の状態や理解の程度を自覚できるということだ。できる生徒とは、自分にはわからないとよく言う生徒かもしれない。その理由は簡単だ。できる生徒は、自分の理解を絶えずチェックしているからだ。できない生徒とは、言ってみれば、理解しようとしている自分自身を見つめていない生徒だが、彼は、たいがいの時に、自分がわかっているかどうかを知らないのだ。…（中略）…問題は彼らが知っていることと知らないこととの違いに気付くようにさせることなのだ。」(p.25)と指摘している。このような自分自身の認知についての認知はメタ認知と呼ばれ、教授・学習において重要な概念だと考えられてきた。

　メタ認知には、メタ認知的知識とメタ認知的活動という主に2つの側面がある[24]。メタ認知的知識は、①人間の認知特性についての知識、②課題についての知識、③方略についての知識に分類される[25]。①人間の認知特性についての知識とは、自分自身の認知特性に関する知識（例：私は、算数の計算問題は得意だが文章題は苦手だ）、個人間の認知特性に関する知識（例：AさんはHくんよりも英会話の能力が優れている）、一般的な認知特性に関する知識（例：失敗したことは記憶に残りやすい）である。②課題についての知識とは、課題の性質が私たちの認知活動に及ぼす影響についての知識（例：短い英単語＜cat＞よりも長い英単語＜congratulation＞を書くときの方がスペルの間違いが多くなる／日常生活で頻繁に使われる語彙の方が聞きなれない抽象的語彙よりも理解しやすい）である。③方略についての知識とは、「達成目標に応じてどのような方略を用いれば効果的か」に関する知識（例：人間が一度に聞いて覚えられる情報量は限られているので、論点ごとに分けて簡潔に情報を提示する方がよい／相手に興味を持たせるためには、対象となる事柄が相手にとっていかに利益をもたらすかについて説明するとよい）である。

　メタ認知的活動は、時系列的に計画、モニタリング、評価に分類される[26]。すなわち、ある課題を解決するという目標のために、事前に課題の特性や難易度などに応じて「計画」を立て、課題遂行中に自分の認知過程を「モニタリング」して適切に進行しているかどうかを点検し、事後に計画が適切であったかどうかや課題が的

確に遂行されていたかを「評価」するという一連の高次の認知的活動のことである。

　メタ認知は、特定の領域だけでなく全ての教科学習に関わる認知機能であり、また、学習者が主体的に課題や自分の知識・理解・認知過程について判断し、能動的に学習に取り組むことを可能にする。したがって、メタ認知を促進する学習指導は全ての教科において効果的な指導法であると考えられ、特にさまざまな学習場面で困難を示す子どもに、「なぜつまずいているのか」について気づかせ困難を克服させるためには、メタ認知を高める学習指導を行っていくことが重要であると考えられる。問題基盤型学習（PBL）（第4章参照）は、メタ認知を高めるのに効果的な学習指導法の1つであることが指摘されている。

2 ── スキーマ

次の文章は、何について書いてあるか理解できるだろうか。

> 　手続きは、実際とても簡単である。まず、物をいくつかの山に分ける。もちろん、全体の量によっては、一山でも十分かもしれない。もし設備がなければ、次の手順として他の場所に行かなければならないが、そうでない場合は準備完了である。一度にあまり多くやりすぎないことが重要である。つまり、一度に多くやり過ぎるより、むしろ少なすぎるくらいの方がよい。この注意の重要性はすぐにはわからないかもしれないが、もし守らないと厄介なことになってしまう。ミスをすると、お金もかかることになってしまう。最初、全体の手続きは複雑に見えるだろう。しかし、すぐにこれはまさに生活の一面になるであろう。近い将来にこの作業の必要性がなくなると予想することは困難で、決して誰も予言することができない。手続きがすべて完了すると、物をまたいくつかの山に分けて整理する。そして、それを決まった場所にしまう。それらは再び使用され、同じサイクルが繰り返される。面倒なことだが、これは生活の一部なのである。
> 　　　　　　　　　　Bransford & Johnson（1972）[27] をもとに作成。原文は英語

　これは、ブランスフォード（Bransford, J. D.）とジョンソン（Johnson, M. K.）が米国の大学生と高校生を被験者（実験の参加者）として行った実験で使用した文章である。この文章を読んでも何のことだか理解できなかったかもしれない。しかし、この文章のトピックは「洗濯」であるという情報を与えられたならば、この文章に関する理解度は変わったのではないだろうか。ブランスフォードとジョンソンは、被験者を3つの群――トピックなし群（トピックを与えないで文章だけを読み聞かせる）、事後トピック群（文章を読み聞かせた後にトピックを提示する）、事前トピック群（トピックを事前に提示した後に文章を読み聞かせる）――に分け、この文章に関する理解度テストと再生テスト[★6]を実施した。その結果、事前トピック群はトピックなし群と事後トピック群よりも、理解度テストと再生テストともに得点が高いことが示された。

★6
記憶のテスト法には、再生と再認がある。**再生**（recall）は、文字、単語、図形などの記銘項目を提示した後、どのようなものであったかを口頭、筆記、あるいは行為により生成することを求める方法である。**再認**（recognition）は、記銘項目を提示し、その後に提示された項目が一致するかどうかを判断することを求める方法である。

この実験の結果から、たとえ個々の文字・単語・文を理解できたとしても、新しい情報を既有知識（すでに持っている知識）に関係づけて取り入れることができなければ、全体の文章が理解できないということが分かる。より詳細にいうと、文章が理解できないということは、新しい情報を既有知識に関係づけて意味的世界を構築するための認知的枠組みが頭の中に存在していないか、喚起できていないということである（この実験では、事前トピック群のみ、事前に与えられたトピックによって認知的枠組みが喚起されたために、新しい情報と既有知識を関係づけることができ、文章の理解が可能になったわけである）。このように外部情報を処理する際に用いる枠組みをスキーマと呼ぶ。

スキーマ（schema）とは、知識を構造化する認知的枠組みであり、関連する知識を組み合わせて意味のあるまとまりをつくり出す。固定的な要素と可変的な要素を持ち、情報が欠落している場合には、最も典型的な値（デフォルト値）が割り当てられる（例：「バナナ」のスキーマは「果物」「黄色」「弓形」「甘い」などの情報を伴っているため、「バナナの色は？」と尋ねられると「黄色」（デフォルト値）と答えることが多いが、傷んで古くなった茶色のバナナも「バナナ」であると認識できる）★7。

この実験の例では、高校生や大学生であれば「洗濯」に関するスキーマをすでに持っていると考えられるため、トピックなし群や事後トピック群では、文章を与えられる前に「洗濯」スキーマを喚起できていなかったことが文章理解を困難にした原因であると推測できる。このことから、学習者が新しい情報を意味づけ、既有知識と関連づける認知過程を持つようにするために、学習者の中にスキーマを事前に形成するか、あるいは、活性化させる情報をあらかじめ与えることが重要であるといえる。授業においては、導入時にスキーマを形成・活性化する情報を提示することが効果的であるが、このような情報を先行オーガナイザーと呼ぶ（第4章参照）。有意味受容学習は、先行オーガナイザーを用いて学習者が既有知識に関連づけて新しい情報を取り入れることを支援する学習指導法である。

3 ── 記憶の特性

人間の記憶の特性も学習過程や結果に影響するということが、多くの心理学研究によって報告されてきた。例えば、数十個の互いに無関係な単語が一定の順序で配列されている系列を学習する（系列学習）実験において、1単語ずつ一定の速度で呈示してから、呈示した単語を思い出した順序で自由に再生させると、一般に、系列の初頭部分と終末部分の単語の再生率が高く、系列の中央部分の単語の再生率は低くなり誤りも多くなることが報告されている。これは**系列位置効果**と呼ばれる現象で、初頭部分の成績上昇を**初頭効果**、終末部分の成績上昇を**新近効果**という（図

★7
スキーマと類似した認知的枠組みにスクリプトがある。**スクリプト**（script）とは、場面や状況によって標準的な展開パターンがある場合の一連の事象の系列に関する知識構造である。例えば、「レストラン」のスクリプトは、登場人物（客、ウェイター、コック、勘定係、経営者）、小道具（テーブル、メニュー、料理、勘定書、お金）、前提条件（客は空腹である、客はお金を持っている）、結果（客の所持金が減る、経営者は儲かる、客は満腹になる）、場面（入場→注文→食事→退場）から構成されている。

第 5 章　学習につまずく子どもの認知と指導

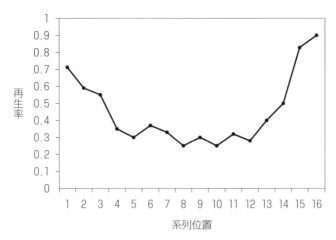

図 5 − 7　系列位置曲線

5 − 7）。新近効果は短期記憶により（最後の数単語はまだ短期記憶に存在しており、容易に検索可能である）、初頭効果は長期記憶による（最初の数単語は短期記憶に余裕があるため、リハーサルをして長期記憶に転送されやすい）と考えられており、この系列位置効果は二重貯蔵モデル（第 4 章参照）を支持する証拠とされている。

短期記憶には、7 ± 2 チャンクという容量限界があるために、短期記憶からこぼれ落ちて消えてしまう情報も少なくない。また、短期記憶内の情報の保持時間は10秒程度であるため、たとえ情報が短期記憶内に入ったとしても、リハーサルして長期記憶に転送されなければ消失してしまう。このように、容量・保持時間に限界があるにも関わらず、短期記憶は単なる情報の一時的貯蔵庫ではなく、会話の理解、推論、暗算などの認知活動において情報の活性化や操作を行う役割も担うワーキングメモリであるため、その機能に問題があれば教科学習のつまずきの原因になる。

近年の心理学研究において、ワーキングメモリが学業に因果的な影響を及ぼすことが示されてきた[28]。例えば、ワーキングメモリの容量には個人差が大きく、容量の小さい子どもは平均的な子どもや大きい子どもと比較すると、読み・書き・算数の学業成績が低いことが報告されている。授業では、教師の話を聞く、黒板を書き写す、他の児童との話し合いに参加する、教科書やプリントの文章を読む、計算をする等々の活動があり、絶えず新しい情報が大量に入ってくるため、ワーキングメモリの容量が小さければ、言語的情報や視空間的情報の処理が適切に行えなくなり、学習もうまく進まないと考えられる。

教師は、このような記憶の特性[★8]を理解したうえで、学習指導をしていくことが重要である。湯澤ら[29]は、ワーキングメモリの特徴に基づいた教育的支援の方法として、①情報の整理（情報を「構造化」して簡潔に提示する／1 つの情報を音声的情報と視覚的情報に同時に「符号化」する）、②情報の最適化（情報を「細分化」

★8
この他にも、記憶と学習に関する有名な現象として、高原現象（プラトー）とレミニセンスがある。
高原現象（プラトー）：学習の進行過程を学習曲線（横軸は学習時間や試行数、縦軸は正反応の数や率）で表すと、初めに急速に進歩（上昇）するが、途中で進歩が止まって中だるみ（水平な部分）が現れ、その後、再び進歩が見られる。ある時期停滞する現象を高原現象（プラトー）という。

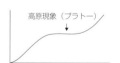

レミニセンス：記憶の把持量は、通常、覚えた直後が最大で、時間の経過とともに減少していくが、条件によっては、学習直後よりも一定時間経過後の方が大きくなる場合がある。このような現象をレミニセンス（レミニッセンス）という。

する／課題を細かく区切り段階的に配列する「スモールステップ」とステップ化された「情報の統合」／学習者に適した「時間のコントロール」）、③記憶のサポート（音声リハーサルや書記リハーサルなどの「記憶方略の活用」／ワーキングメモリの容量を補う「長期記憶の活用」／外部記憶に頼ることができるように「補助教材の利用」）、④注意のコントロール（重要な情報に「選択的注意」を向けさせる情報の提示や指示の仕方を工夫する／学習者自らが行動をコントロールしながら学習に取り組む「自己制御」を支援する）を提案している。

教師は、学習者の認知特性を考慮して、情報の内容や提示の仕方を吟味し、学習教材や環境を整えるとともに、学習者が自ら学びをモニターし効果的な学習方法を採用できるように支援していくことが重要である。

★さらなる学びのためのブックガイド★

・マーガレット・J・スノウリング、加藤醇子・宇野彰監訳、紅葉誠一訳（2008）『ディスレクシア：読み書きのLD─親と専門家のためのガイド─』東京書籍
　著名なディスレクシア研究者である著者が、英語圏を中心に行われてきたディスレクシアの研究に基づいて、ディスレクシアの認知障害の諸仮説、個人差、生物学的基盤、補償的教育などについて具体的に解説している。

・三宮真智子編（2008）『メタ認知─学習力を支える高次認知機能─』北大路書房
　学習に関連するメタ認知の理論研究から応用研究までを幅広く取り上げ、メタ認知と知能、学習方略、動機づけ、文章理解、数学的問題解決、科学的思考、学習障害、認知行動療法などとの関連について概説している。

Educational Psychology

日本語と英語のバイリンガル児のディスレクシア

バイリンガル児の場合、一方の言語で読み書き障害があれば、必然的に他方の言語でも読み書き障害が現れるのでしょうか。それとも、一方の言語の読み書き能力は正常で、もう一方の言語にのみディスレクシアの症状が出現するということがあるのでしょうか。

ワイデルとバタワース（Wydell & Butterworth）[30]は、日本語と英語のバイリンガルの少年で、英語にのみディスレクシアの症状を示すケースを報告しています。この少年ASは、白系英・豪州人の両親を持ち、18歳になるまで日本で教育を受けましたが、家での会話は英語のみを使用していました。日本語の読み書き能力は同年代の日本人よりも優れており、仮名・漢字の読み能力は日本人大学生と同水準であったのに対して、英語を流暢に話せるにも関わらず英語の読み書き能力は同年代の日本人より劣っていました。日本人および英語ネイティブの英国人学生を対象群として英語の音韻課題の検査を行った結果、韻（ライム）判定課題、綴字語彙判断課題、音読と綴りの課題など、ほとんどの課題において、ASは英国人学生だけでなく、日本人学生よりも統計的に有意に成績が低いことが分かりました。これらの結果から、ASは英語と日本語の読み能力に明らかな乖離が見られ、音韻性ディスレクシアの兆候があると考えられます。

このように同一人物においてさえ、使用言語によってディスレクシアの症状の有り無しの違いが認められることから、全ての言語において共通するディスレクシアの認知障害が存在すると考えるよりも、ディスレクシアは認知障害と個々の書記体系が必要とする特異的な情報処理過程の相互作用によって出現したりしなかったりするものだと仮定する方が妥当だといえるでしょう。

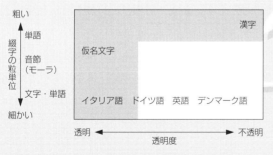

図5－8　書記言語の透明性と粒性

出典：ワイデル（2008）[31]

注：ワイデルとバタワースは、日本語と英語のディスレクシアの出現の仕方の違いの背景に、書記体系の「透明性」と「粒性」の問題があると指摘しています。「透明性」は、文字と音の対応がどの程度規則的であるか（どの程度1対1の透明性を備えているか）を表す指標です。イタリア語や日本語の仮名文字は、文字と音との対応関係が規則的であり透明性が高いのに対して、英語の文字と音との対応関係は1対多であり透明性が低いといえます。「粒性」は、綴字の最小単位がどの程度の大きさの音声単位であるか（綴字単位はどの程度の粒の大きさであるか）を表す指標です。英語の綴字単位は細かい（音素レベル）のに対して、日本語の仮名文字は中程度（音節＜モーラ＞レベル）であり、漢字は大きい（単語レベル）といえます。書記体系の「透明性」と「粒性」が低い場合、ディスレクシアが出現しやすいといわれています。

◆第5章ミニットペーパー

年　月　日（　）第（　）限　　学籍番号＿＿＿＿＿＿　　氏名＿＿＿＿＿＿

本章で学んだこと、そのなかで感じたこと

....
....
....
....

理解できなかったこと、疑問点

....
....
....

TRYしてみよう

①脳の発育の過程において何らかの要因により脳の発達が阻害された結果、認知・対人社会性・言語・運動などの発達に障害（困難）をきたしている状態を（　　　　）という。

②全般的な知的発達に遅れはないが、聞く、話す、読む、書く、計算するまたは推論する能力のうち特定のものの習得と使用に著しい困難を示す障害を（　　　　　）という。

③（　　　　　）は、神経学的基盤の発達障害によって読み書きの習得のみに困難を示す障害である。

④自分自身の認知についての認知は（　　　　）と呼ばれ、教授・学習において重要な概念である。

⑤（　　　　）とは、知識を構造化する認知的枠組みであり、関連する知識を組み合わせて意味のあるまとまりをつくり出す。

⑥（　　　　　　）では、感覚記憶から送られてきた情報の活性化や操作を行う。

⑦記憶項目を系列に従って順番に覚え、自由再生した場合、系列の終盤にある項目をよく覚えていることを（　　　　）という。

⑧（　　）は、記銘項目を提示した後、どのようなものであったかを口頭、筆記、あるいは行為により生成することを求める方法である。

⑨学習は、初めに急速に進むが、途中で進歩が止まって停滞し、その後、再び進歩が見られる。このように途中で停滞する現象を（　　　　　　）という。

⑩学習した内容は、通常、学習の直後に最も保持成績が良いが、条件によっては、しばらく時間が経過してからの方が良い場合もある。この現象を（　　　　　　　　　　　）という。

第6章 知能・創造性・学力

◆学びの入り口〜教育現場の事例から考えてみよう！〜

事例：あまりしゃべらない児童

　Ｆさんは学校内では無口であまりしゃべりません。授業中もことばで表現するのが苦手な様子です。６年生になってからは友達ともうまくコミュニケーションがとれないようで不登校気味になってきました。

　担任の先生は心配して教育センターにて検査を受けることを保護者に勧めました。教育センターにて受けた知能検査の結果は、IQ90台であり決して低い知能ではありませんでした。担任の先生はＦさんがなぜあまりしゃべらないのだろうと心配しています。自宅では好きなファッションのことなどに関して母親とよく話をするようです。

◆ワーク：次の問いに対してあなたの考えをまとめてみよう

・あなたなら、Ｆさんに対してどのような働きかけをしますか。

◆ワークに対する考え方・ヒント

　知能検査の結果で示されたIQ90台から分かることは何でしょうか。本当ならば知能検査からもっと情報を得ることができるのかもしれません。ただ一つだけは確実にいえることがあります。それは、Ｆさんの知能は低くないということです。

　自分の気持ちをなかなかことばにできない子どもには、ことばを文字にしたり絵にしたりすることを求める（勧めるなど）ことも大切です。また、Ｆさんを深く理解するためには、知能検査の下位項目をのぞいてみたいものです。

> 学びのポイント

- 「頭が良い」「学力が高い」とはどういうことか考える。
- 知能とは何かについて理解する。
- 創造性とは何かについて理解する。

> キーワード

□知能　□知能指数（IQ）　□CHC理論　□創造性　□学力
□RTIモデル　□ビネー　□シュテルン　□ターマン　□スピアマン
□サーストン　□ギルフォード　□キャッテル　□ホーン
□キャロル　□マグルー　□ガードナー　□スタンバーグ
□カウフマン　□オズボーン

第1節　知能

1 ── 知能とは

　「知能」ということばを聞くと、まず頭が良いかどうかというイメージを持つのではないだろうか。そして「あの子は頭が良いから、きっと学校の勉強もよくできるだろう」と考えることは想像に難くない。私たちの勉強ができるかできないかの基準は、おそらく日々の授業の中での質疑応答やテストの成績で垣間見ることができるだろう。一方で、勉強が苦手でも、サッカーがうまいとか、歌を歌うのがうまいなどの特性は、直接的に勉強ができるというイメージとは結びつかないかもしれない。しかし、実際の知能は、学業成績を反映するところはあるが、学業成績とはまた違う特性を含むものなのである。

　では、どのように知能は測ればよいのだろうか。仮に勉強のできる、できないで頭の良し悪しを測るのならば、知能は知能検査で測るという答えも成り立つのかもしれない。このような「知能検査で測定されたもの」が知能であるという操作主義的な捉え方は、数多くある知能の定義の一つである。しかしながら、先に述べたように、学業成績、頭の良し悪しでは測ることができない側面も知能にはあるため、その側面を測る必要もあるだろう。

　現在においても知能の定義は曖昧であるが、古典的な心理学事典や心理学の教科書を見ると、おおむね知能の定義は3つにまとめられている。すなわち、①抽象的思考力に関わる能力、②新しい環境に適応する能力、③学習する能力である。初期の知能検査は、一つ一つの具体的な事例を取り上げ、それらをテスト・バッテリー★1の課題に取り入れて、なるべく多側面から知能を評価しようと試みてきた。

★1　テスト・バッテリー
人間の多様な行動を理解するためにさまざまな心理検査がつくられてきた。しかしながら、ある一つの心理検査で全ての人間行動を理解することはできない。ある行動を理解するために複数の心理検査が用いられるが、この組み合わせをテスト・バッテリーと呼ぶ。

2 ── 知能の捉え方

　知能検査によって測定された値は平均が100で表される**知能指数**（**IQ**）として示される。知能指数は段階評価としてまとめることができる（表6－1）。多くの児童生徒たちの中で授業を行う教師にとっては、数値で量的に表される知能指数よりも、全体の中でおおよその位置を判断する質的な段階評価の方が実感がわきやすい。ただし、個人の知能指数の変化などを追う場合はIQによる数値の方が比較しやすいであろう。

　学校教育において知能をどのように捉えるかはとても大切なことである。なぜなら教師にとって、知能が高い子どもを見つけることよりも、勉強につまずく可能性がある知能が低い子どもたちを早期に発見することの方がより意味があるからである。特に、通常学級にも在籍している知能指数（IQ）70前後のいわゆる境界域知能の子どもたちへの対応は、重要な意義を持つ。早期発見によって勉強の取り組み方に工夫を持たせるなど、勉強に対する苦手意識や自信のなさを軽減し、自己肯定感を高めることにつながるからである。

表6－1　知能指数（IQ）

知能指数（IQ）	分類
130以上	きわめて優秀
120～129	優秀
110～119	平均の上
90～109	平均
80～89	平均の下
70～79	境界域／ボーダーライン
70未満	知的障害

3 ── 知能検査の変遷

1．精神年齢の始まり

　初期の知能検査は、学業につまずく可能性のある知的障害の子どもたちを識別するために、1905年に**ビネー**（Binet, A.）らによって作成されたビネー・シモン検査に始まる。実験心理学者でもあるビネーは、多様な心的機能と結びつく知性構造があることを理解しつつ、単一の用語で知的障害児を描出するべく**精神年齢**（MA: Mental Age）という考え方を用いた。ビネーはあくまでも知的障害児を鑑別し特別支援教育に役立てるために検査法を作成したとされているが、MAは、初めて知能に共通の尺度を与えたという点で画期的であったといえる。例えば、精神年齢4歳で、実際の年齢を指す**生活年齢**（CA: Chronological Age）は6歳であるという

考え方である。MAという考え方は、例えばMA 7歳児のほとんどが解ける課題などというように相対的であるが、一方で対象児童の能力を大枠で捉えることができる簡便な表記ともいえる。

しかし、この考え方に対して1914年にドイツの**シュテルン**（Stern, W.）は、異議を唱えた。精神年齢8歳で生活年齢10歳の児童は2歳の遅れがある。同様に、精神年齢4歳と生活年齢6歳にも2歳の遅れがあるが、同じ2歳の遅れであってもその程度の違いは曖昧である。これを比率で表すとMAとCAが同じならば、MA 5歳／CA 5歳＝1.0となる。また、MA 4歳／CA 6歳＝0.67とMA 8歳／CA 10歳＝0.8となる。これらを比較すると、同じ2歳の差だが、MA 4歳の方が0.67であり、CAを基準とすると比率が小さいほど遅れの割合が大きいことが示唆される。そのためシュテルンは、CAという客観的な基準を用いた比率を使うことを提唱したのである。

2．知能指数（IQ）へ

1916年に**ターマン**（Terman, L. M.）によって、フランスで作成されたビネー・シモン検査を改訂したアメリカ版知能検査がつくられた。これがスタンフォード・ビネー検査である。ターマンは、シュテルンの提唱した比率をもとに「精神年齢（MA）／（生活年齢（CA）・暦年齢）×100」の概念を提唱し、知能指数（IQ）とした。これ以後、このIQという考え方が広まっていくことになる。しかし、このIQの算出方法は、現代において用いられているIQの算出方法とは異なっている。実際に算出してみると分かるが、ターマンの式では、生活年齢が増すごとにIQは低下する（例えば、MA 8歳／CA 10歳と、MA 8歳／CA 12歳では、同じMAであればCA 12歳の方がIQは低く算出される）。したがって、加齢によりCAが増えても影響を受けにくいIQの算出方法が必要となるわけである。

このような点でターマンの知能指数という考え方は不備が認められたが、知能を初めて操作的に捉えたという点で歴史的な意義を持つものであった。

3．偏差IQへ

では、現在用いられているIQとはどのようなものであろうか。簡潔に述べるならば、平均と標準偏差（平均を出すために用いた素点の散らばりの程度）に基づいた標準得点（平均0、標準偏差1）を応用した偏差IQという算出法である。つまり、CAといった直接的な年齢を基準とするのではなく、ランダムに抽出されたある特定の年齢群ごとに平均値を算出し、CAの代わりにその基準値を用いることで絶対的な位置を示す方法である。

偏差IQは、平均からどの程度離れている位置にいるかを示すために、標準得点（z得点ともいう）の考え方を用いている（図6－1）。標準得点とは、ある母集団の

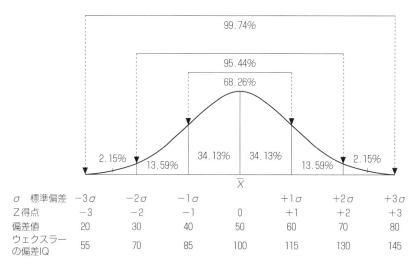

図6-1　標準得点に基づく記述例

出典：Cohen et al.（2015）[1] をもとに作成

テスト分布を平均0、標準偏差1に変換したものであり、学力検査でよく使われる偏差値（平均50、標準偏差10）も実は偏差IQと同様に標準得点の考え方を応用しているのである。

ちなみに、標準得点（z得点）は、次の式で求められる。この式は、平均を0、標準偏差を1として表している。

$$z得点＝（素点－平均）／標準偏差（SD）$$

1960年にスタンフォード・ビネー検査において標準得点化による算出方法が提唱された。平均を100、標準偏差を16（ウェクスラー知能検査は15）とした正規分布を仮定したものである。

この考え方は、現在の知能指数の算出の基本となっている。

偏差IQ＝（個人の得点－同年齢集団の平均得点）／（16（15）×同年齢集団の標準偏差）＋100

4 ── 知能は個人間差から個人内特性へ

知能の捉え方には、大きく2つの視点がある。1つは知能が高いとか勉強がよくできるなどといった他者との比較を前提とする個人間差の視点である。2つ目は個人内の特性に重きを置く個人内特性の視点から知能を捉えようとする考え方である。

現在の知能検査は、後者の考え方が主流であり、心理学は、これまでの他者比較の視点から個人内特性を「**認知機能**」という測度で評価しようとする段階へ入って

いる。「認知機能」は曖昧な概念であるが、例えば、15語の有意味語を繰り返し聞いて覚えておく能力（聴覚性記銘力）や、複雑な立体図形を90度回転させた図形をイメージする能力（視覚性認知能力）などの最小の情報処理水準を認知機能として操作的に評価し、知能理論を基盤としてそれぞれの認知機能を知能検査に取り入れることで新たなテスト・バッテリーが開発されている。

5 ── 知能理論

　勉強ができる子は知能が高いと考えるならば、勉強がよくできることと、知能が高いということの間には関係があると考えられる。これを統計学では相関があると表現する。この相関という手法により、知能研究が発展してきた。

　知能の定義は曖昧であるが、果たして知的能力の種類はいくつあるのだろうか。古典的な知能の定義からは、明快な答えを出すことは到底できない。逆説的に考えるならば、いまだ知能の定義には定まった考え方がないのである。

　では、なぜ現代においても知能の定義が定まらないのであろうか。おそらく前項で述べたように、個人間差の視点から個体内差である個々人の特性に重きを置いた視点に注目が移ってきたからであろう。つまり、人の数だけ能力特性はあり得るため、なかなかまとまらないということになる。そこで、相関分析の手法を利用して似たもの同士をまとめる因子分析によって、似た能力特性をまとめて数を減らす試みが始められている。以下で相関分析の手法を利用した因子分析などによる知能理論について概説する。

1．古典的知能理論

　1904年に相関分析の手法を用いて数学的モデルとして知能を捉えたのは、**スピアマン**（Spearman, C. E.）である。スピアマンは一般知能 g と特殊知能 s からなる**知能の2因子説**を提唱した。一般知能 g は知的な全ての課題に共通して影響する知能であり、特殊知能 s は、課題ごとに異なる特徴を持つ知能である。

　さらに、相関分析の手法をもとに因子分析により知能を7つの因子として算出したのが**サーストン**（Thurstone, L. L.）の**多因子説**である（表6－2）。今日、多変量解析として広く用いられている因子分析の手法を確立したのは、このサーストンである。

　1960年代以降になると、初期のコンピューターが普及するにつれて因子分析的手法が容易になり、知能の因子数が増える結果となった。その代表的な成果が**ギ**

表6－2　サーストンの多因子説

	因子
1	言語理解力
2	語の流ちょうさ
3	数能力
4	空間能力
5	連想記憶
6	知覚速度
7	帰納的推理

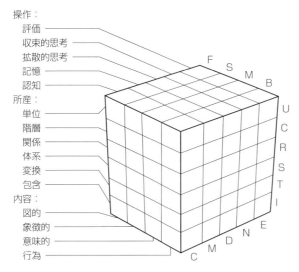

図6-2　ギルフォードの三次元知能構造モデル

出典：Guilford（1967）[2]）をもとに作成

ルフォード（Guilford, J. P.）の**三次元知能構造モデル**（立方体モデル）である（図6-2）。この立方体モデルは、内容（content）、所産（product）、操作（operation）の三次元からなる知能の理論的モデルである。初期の因子は、内容4種類、所産6種類、操作5種類の120因子を想定したが、後に因子の数は増えている。

2．流動性－結晶性理論（Gf－Gc理論）

スピアマンのもとで研究を重ねた**キャッテル**（Cattell, R. B.）は、一般知能gの下位構造として**流動性知能**Gfと**結晶性知能**Gcを位置づけた。流動性知能とは、新しい場面に適応する能力であり、推論力や視空間認知能力、計算力などに関わり、生物学的な側面に規定された知能であるため加齢に伴う衰退が認められる。一方、結晶性知能は学習や経験によって得られたものであり、言語性の知能に関わるものとされ、加齢による衰退の影響が少ないものとして位置づけられる。

また、1965年に**ホーン**（Horn, J. L.）は、流動性知能と結晶性知能の2因子を拡張し、視覚処理、短期記憶の保持と検索、長期記憶の保持と検索、処理速度の4因子を提唱した。さらに、1990年代初頭までに10の因子を仮定した多因子理論を考えた。これらは「キャッテル・ホーンモデル」と呼ばれる。

3．3層理論からCHC理論へ

1993年に**キャロル**（Carroll, J. B.）は、これまでに公表された知能の因子分析研究を見直し、知能の3層理論をまとめた。第Ⅰ層は約70種類の特殊因子、第Ⅱ層は第Ⅰ層をまとめた8つの一般因子の中間層、第Ⅲ層は一般知能gを仮定したもので

あり、「キャロルモデル」といわれる。

1997年に**マグルー**（McGrew, K. S.）は、「キャッテル・ホーンモデル」の10因子と、「キャロルモデル」の第Ⅱ層8因子がほとんど同じものであることから、両モデルを統合した**キャッテル・ホーン・キャロル理論**（**CHC理論**）を提案した（図6－3）。このCHC理論の各能力因子は、KABC-Ⅱ、WISC-Ⅳなどの認知検査課題、知能検査課題など（第8章参照）に取り入れられ、検査の理論的基盤となっている。ここにきてCHC理論の能力因子は、実際のテスト・バッテリーとして検討されていくことで、個人内能力を認知機能という観点で捉える考え方を広く知らしめることになる。同時に、多様な能力因子は1つのテスト・バッテリーでは捉えきれないことから、複数の検査を実施することで認知特性を情報処理過程の視点から多面的に推察する見識も求められている。

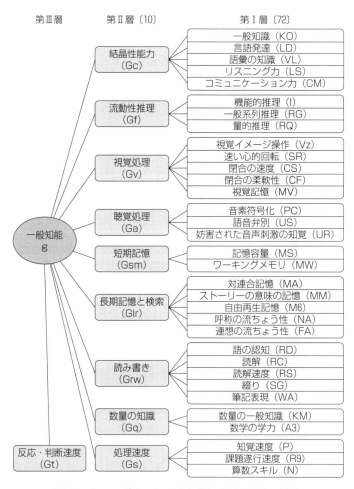

図6－3　マグルーによる初期のCHC理論の構造

出典：大六（2016）[3]を一部改変

4．ガードナーの多重知能論

ガードナー（Gardner, H.）は、知能検査による画一的な操作主義的知能観に対して、「知能」を子どもが成長する力と捉え、環境面を重視した**多重知能論**を提唱した。この理論は、初期には7つの知能として提唱（表6－3）され、人は個々に異なる知能を持ち、それらが教育の中で将来に示唆を与えるものとなり、同時にそれらが将来の困難を予測することにつながることこそが教育にとって重要であることを示した。理論的な実証研究はほとんど行われていないが、教育臨床に携わる人々には共感を得られる知能観として支持されている。

表6－3　ガードナーの7つの知能理論

1．言語的知能	音韻、文法、意味などを駆使した話しことばに関する能力など
2．音楽的知能	リズムや音程・和音・音色の識別、音楽演奏や作曲・鑑賞などの能力
3．論理―数学的知能	抽象的思考であり、問題を論理的に分析し、関係性を究明する能力
4．空間的知能	視知覚や空間のパターンを認識して視覚的イメージを操作する能力
5．身体運動的知能	粗大運動である体全体や微細運動である手指などの身体部位を駆使して問題解決を図る能力
6．内省的知能	自身の感情、意図、動機など自分自身を統制する能力
7．対人的知能	他人の感情、意図や動機を理解して、他人とうまくやっていく能力

出典：Nolen-Hoeksema & Fredrickson（2009）[4]をもとに作成

5．スタンバーグの三頭理論

CHC理論のような多様な能力因子を背景に情報処理を行う認知的アプローチとは異なり、**スタンバーグ**（Sternberg, R. J.）は知能を情報処理的な側面から分析した。この理論は、知能と個人の内界との関係を扱う構成要素的下位理論、知能と外界である経験との関係を扱う経験的下位理論、さらに知能と環境や文化との関係を扱った文脈的下位理論の3つの大きな機能から構成されている。スタンバーグはこの3つの下位理論をもとに表6－4にある3種に知能を分類した。構成要素的下位理論は、主に**分析的知能**に関与するとされる。経験的下位理論は、新奇な場面などに対応する能力と関係することから**創造的知能**と関わるとされる。また、文脈的下位理論は、主に**実際的知能**と関係するという。これらの下位理論と3種の知能分類を含む全体を**三頭理論**（三部理論、鼎立理論ともいう）という。スタンバーグの三頭理論は、積極的に実証研究が行われている点で評価されている比較的新しい知能理論である。

表6-4 スタンバークの三頭理論

分析的知能	問題解決に必要な思考の基礎となる情報処理の機能である。主に構成要素的下位理論と関係する。
創造的知能	新しい環境、新たな刺激事態に対処する能力である。広い意味での創造性も含まれる。主に経験的下位理論と関係する。
実際的知能	文脈的下位理論と関係し、現実生活に関係する予測できないような事態にも対処する日常の問題解決に関わる機能である。

出典：Sternberg（1997）；松村・比留間（2000）[5]

6 — 知的能力の発達

児童期から青年前期までは乳幼児期の言語発達とともに、認知機能や知識などが飛躍的に進み、発達すると考えられる。知能検査は、その点を考慮して年齢ごとに詳細に発達段階を設けて標準化されている。同時に、個人間差はほぼ安定してくると考えられる。この安定が崩れはじめるのは、加齢による脳の老化や認知症、脳の病気などによると考えられる。**カウフマン**（Kaufman, A. S.）は年代ごとの知能の発達的推移を示している（図6-4）。言語理解は加齢による影響を最も受けにくいことが分かる。結晶性知能は、加齢による影響を受け難いことを示すものであるといえよう。

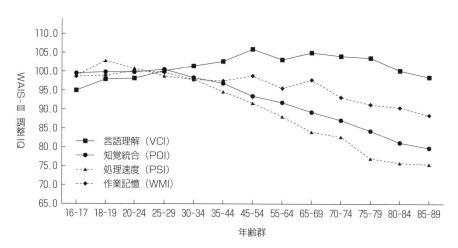

図6-4 加齢による知能（IQ）の変化

出典：Kaufman & Lichtenberger（2006）[6] をもとに作成

第2節　創造性

1 — 創造性とは

　創造性とは、何か新しいものを初めてつくり出す能力である。知能理論の観点からは、創造性は知能の一部とする考え方がある。ギルフォードのモデルやガードナーの多重知能論はそれに当たる。しかしながら、知能検査は創造力を評価できていると断言するのは難しいであろう。新しい発想をテストで標準化するのは困難である。つまり、知能に創造性は関係するかもしれないが、実際の評価は難しいことから類推すると、知能と創造性は異なる部分が多いと考えられる。そのような中で、ギルフォードは、**収束的思考**★2がほぼこれまでの知能に当たるものであること、さらに**拡散的思考**★3こそが創造性を支える基礎となることを指摘した。

★2　収束的思考
既知の情報から論理的に思考や推論を進めていき、結論や解を求めていく思考。

★3　拡散的思考
既知の情報からさまざまな考えやアイデアを発散させ、新しいものを生み出す思考。

2 — 創造性の理論モデル

1．ウォーラスの4段階説

　創造性の古典的理論モデルには、ウォーラス（Wallas, G.）の創造性の4段階説がある。

　準備期は情報の収集を行い、孵化期は問題に対する洞察を行う過程であるが、この段階は無意識的過程である。そして、啓示期が答えを導く洞察を得るひらめきの瞬間であり、検証期では洞察の検証や精緻化を行う。

> 準備期（preparation）→孵化期（incubation）→啓示期（illumination）
> →検証期（verification）

2．フィンケのジェネプロアモデル

　1992年に実験心理学的手法によって創造性の過程を認知モデルとして提唱したのが、フィンケ（Finke, R. A.）の**ジェネプロアモデル**である。このモデルは、心的なイメージを生成する「発明先行構造の生成」と、そのイメージを解釈する「発明先行探索と解釈」の2つの段階の間の相互作用として成立している。また、第三の段階で「産出物への制約」として、産出の手続きや材料などに制約を課す段階を想定している（図6-5）。

3．ブレインストーミング（BS法）

　自由連想法の1つで、新たなアイディアを産み出す方法として広く用いられてい

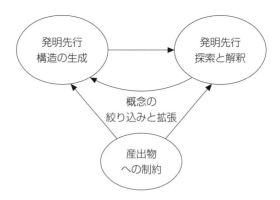

図6-5　フィンケのジェネプロアモデル

出典：Finke（1992）：小橋（1999）[7]をもとに作成

表6-5　ブレインストーミングの4原則

1．批判禁止	より自由な考えを導くために、考えを制限したり批判や判断を含む行為は慎む
2．自由奔放	思いついた考えを述べていく
3．質より量	想像力を働かせ可能な限りたくさんの考えを出す
4．結合改善	出された考えを結びつけ、新しい考えを導き出す

るものが、**オズボーン**（Osborn, A．F.）によって提唱されたブレインストーミング（BS法）である。この方法は集団技法であり、4つの原則をもとに行われる（表6-5）。ブレインストーミングは、学校教育においてアクティブ・ラーニングの1つとして導入されている創造性教育の方法でもある。

4．創造性の教育と脳

「創造性の高まり」あるいは「ひらめき」は、どこから来るのであろうか。脳科学では、大脳の言語野がある左大脳半球と視空間認知を受け持つ右大脳半球の両半球が同時に活性化したある瞬間に「ひらめき」が生じると考えられている（図6-6）。

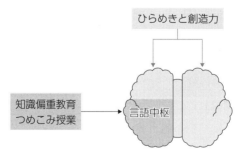

図6-6　創造性とひらめき

出典：植村（2017）[8]

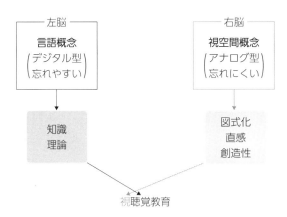

図6-7　視聴覚教育における右脳と左脳の役割

出典：植村（2017）[8]

　一般に、知識などの辞書的な詰め込み学習は、左半球の言語野において処理される。機械的に詰め込む知識などは覚えるだけですぐに忘れてしまう可能性もある。機械的な詰め込みという比喩からデジタル的な処理ともいえる。それに対して右半球は、経験に基づく視空間認知を受け持つことから、アナログ的な役割を担うと表現できる。デジタル脳とアナログ脳の結びつきが前頭葉機能を通して一瞬に結びついたときに、「ひらめき」という創造性が発揮されるという。

　では、右半球を鍛えるにはどうすればよいだろうか。すでに答えは示してある。右半球はアナログ脳であるため、体験学習やグループ学習などのアクティブ・ラーニングや視空間認知を活性化させる活動によって右脳を鍛えることが可能になるかもしれない。しかし、大切なことは、左脳と右脳のバランスではないだろうか。一方だけではひらめきのある創造性教育は難しいと考えられる（図6-7）。

第3節　学力

1　学力と学業不振

　学力とは、「学校教育における学びの課程にて培われた学習能力」であるが、文部科学省の政策目標である「確かな学力」の基本理念では、学力として8つの下位概念が示されている。すなわち、判断力、表現力、問題解決能力、学ぶ意欲、知識・技能、学び方、課題発見能力、思考力の8つである。学力においても知能と同様にさまざまな特性のうえに成り立つことを示すものといえよう。

　知能は正常域にあっても学業成績が伸びず、**学業不振児**（アンダーアチーバー）といわれる子どもたちがいる。その中には、学習障害を持つ子どもたちも含まれる。

このような子どもたちに対して学校の対応は大きく2つに分かれる。1つは、学業不振や学習障害に対して個々の児童の根本的な問題に介入せずに、学校適応を目標とする対応、もう1つは学業不振や学習困難の原因を明確にして介入していく対応である。当然のことながら後者の対応が望まれるが、このような子どもたちへの指導モデルとしてRTIモデルや多層指導モデル（MIM）といわれるものがある。

2 ── RTIモデル（指導に対する反応モデル）

通常の授業内での実践も可能な指導モデルとして、欧米で広がっているRTI（Response to Intervention）モデル[9]がある。このモデルを手本としたものが日本版のRTIモデルである多層指導モデル（MIM）[10]である。

RTIモデルは、困難に対して対策を講じていき、その効果を見ながら、必要に応じて診断を行う。通常の学級での学習で読み書きなどに困難がある児童に対して、より配慮した学習指導を行い（第1段階）、それでもなお困難が続いている子どもには補完的な学習指導を行い（第2段階）、それでも改善が得られにくい場合には学習障害の中核である発達性ディスレクシアなどの診断過程を経て、個別の指導を行う（第3段階）という3段階で行われる（図6-8）。段階3は、学習障害の指導レベルと考えられる。

図6-8　ＲＴＩモデルの理論的構造

本章では、第1節でこれまでの知能の捉え方や知能理論を概観し、さらに新しい知能理論とそれに基づく知能検査を解説した。そして、古典的な個人間差の知能観から個人の特性に着目する個人内差の視点へ教育心理学研究が移りつつあることを示した。また、第2節では、創造性の捉え方を示し、脳科学的な論拠を述べた。第3節では、学習不振に対する教育者側の介入視点が大きく2つに分かれること、学業不振児への介入法について解説した。

最後に、知能とは単純に頭の良し悪しを判断する指標ではないこと、さらに、創造性などのように既成の知能検査などでは計ることが難しい知的な働きがあることを理解してほしい。

第6章 知能・創造性・学力

★さらなる学びのためのブックガイド★

・植村研一（2017）『高次脳機能がよくわかる脳のしくみとそのみかた』医学書院
　脳の仕組みを知ることができる入門書で、重要なポイントを簡潔に記している。

・ロナルド・フィンケ、トーマス・ウォード、スティーブン・スミス、小橋康章訳（1999）『創造的認知―実験で探るクリエイティブな発想のメカニズム―』森北出版
　創造性を扱った数少ない専門書。創造性に興味がある読者にお勧めする。

ワーキングメモリ（作動記憶）は認知機能なのか？

CHC理論に基づくウェクスラー知能検査やK-ABC Ⅱなど、認知機能に立脚したテスト・バッテリーの考え方が次第に広まりつつあります（第8章参照）。しかし、認知機能理論に立脚したテスト・バッテリーが示す下位項目の意味や解釈を十分に理解しないまま、下位項目に付された検査名を認知機能と解釈してしまうラベリング効果で納得した検査結果を見るようになりました。例えば、先に挙げたテスト・バッテリーの下位項目には、ワーキングメモリ（作動記憶）を評価する項目があります。短期記憶の一つであるワーキングメモリという概念を提唱したバドリー（Baddeley, A. D.）[11]によると、ワーキングメモリとは「理解、学習、推論など認知的課題の遂行中に情報を一時的に保持し操作するためのシステム」と定義しています。つまり、何か目的を持った行動をするときに使われる短期的な記憶といえるものです。当然ながら人は生きている限り目的を持って行動しているわけですから、ワーキングメモリは日々使われています。このワーキングメモリを示す下位項目の低下がテスト・バッテリーの結果に現れていることはよくあります。そして単純に、このテスト・バッテリーの結果からワーキングメモリに関する能力が低いために学習課題などが苦手なのだと考えてしまうことはラベリングに過ぎません。結果的にラベリング効果のまま解釈してしまうと、単純にワーキングメモリを鍛える課題を行えば記憶能力が向上し成績も伸びると考えてしまうことになります。これに関して示唆に富んだ研究があります。

サラ（Sala, G.）とゴベット（Gobet, F.）[12]は、メタ分析という手法を用いて過去のワーキングメモリに関する全ての研究データの見直しを行いました。その結果、ワーキングメモリに関わる課題をトレーニングしたところその課題では成績が伸びましたが、他の課題ではワーキングメモリの伸びは見られず般化もしなかったという知見を得ました。この事実を解釈してみます。多くの子どもたちは、携帯ゲームが得意でそこでは当然ながらワーキングメモリを使う要素が多くあります。携帯ゲームが大好きで上手であるならばワーキングメモリも正常に働いていることが想像できます。しかし、学業成績では伸びがないことはよく見かける事実です。つまりワーキングメモリは、ある特定の課題に対していくら鍛えても特定の場面に特化したワーキングメモリのみが向上し、その他の場面では般化することはないとも考えられるのです。

ワーキングメモリは、認知機能というよりも興味や好奇心などに裏づけられた高度な認知作業に用いられる一時的な短期的記憶と考えた方が分かりやすいかもしれません。結局のところ、ワーキングメモリに関する認知機能が低下しているのではなく、作業に関わる興味・関心といった動機づけや意味づけにワーキングメモリが大いに関わるのだということではないでしょうか。

◆第6章ミニットペーパー

年　月　日（　）第（　）限　　学籍番号＿＿＿＿＿＿＿＿　　氏名＿＿＿＿＿＿＿＿

本章で学んだこと、そのなかで感じたこと

理解できなかったこと、疑問点

TRYしてみよう

①知能指数で120～129の範囲を「優秀」といい、（　　　　）の範囲を境界域知能という。

②精神年齢（MA）の始まりは、1905年の実験心理学者の（　　　　）による。

③CAとは（　　　　）のことである。

④1916年に（　　　　）によって提唱された初期の知能指数は、（　　　　）／（　　　　）×100として考えられた。

⑤（　　　　）＝（個人の得点－同年齢集団の平均得点）／（16（15）×同年齢集団の標準偏差）＋100

⑥一般知能と特殊知能からなる知能の2因子説を提唱したのは（　　　　）である。

⑦知能の多因子説を提唱したのは、（　　　　）である。

⑧ギルフォードは、（　　　　）からなる知能構造モデルを提唱した。

⑨流動性－結晶性知能は、（　　　　）により位置づけられた。

⑩1997年にマグルーは、知能におけるこれまでのモデルを統合した（　　　　）を提唱した。

第7章 パーソナリティと自己

◆学びの入り口～教育現場の事例から考えてみよう！～

事例：一体自分って何だろうと気になり始めたG君

高校1年生のG君は、友達から「性格悪いんじゃない？」と言われたことと、たまたま同じ週に親から「昔は素直だったのにね」と言われたことから、自分の性格について気になり始めました。今まではあまり考えたことはありませんでしたから、自分はどんな性格なのかがG君自身もよく分かりません。自分では性格が悪いとか、昔と変わったとは思えないのに、なぜ周りからそう言われたのかもわかりません。自分って一体どんな人なのでしょうか。気になって、少し悩んでいます。

◆ワーク：次の問いに対してあなたの考えをまとめてみよう

・なぜG君は自分のことが気になり始めたのでしょうか。自分は自分です。それは自明のことではなかったのでしょうか。あなたが担任をしていて、G君から「自分のことが分からない」と言われたら、あなたはどんな言葉をかけるでしょうか。

◆ワークに対する考え方・ヒント

発達的観点から考えてみる：高校生の時期は、発達心理学的には青年期とされる時期です。G君のような状態になることは、青年期の発達的特徴に当てはまることなのかどうか、考えてみましょう。

性格特徴として考えてみる：他の生徒はそうではないのに、G君だけがこのような悩みを持っているのだとしたら、G君の性格的な特徴かもしれません。その他にも他の生徒と比べて違う特徴があるか、考えてみましょう。

心理的な反応として考えてみる：何か他のことが原因で、普段気にならないことが気になってしまう、悩みにとらわれてしまうことも考えられます。G君に何か困ったことが起きていないか、考えてみましょう。

心理的支援という観点から考えてみる：原因や答えを見つけることが、悩んでいる人のためになるとは限りません。こういうとき、自分だったらどう関わってもらえたらうれしいか、自分に置き換えて考えてみましょう。

学びのポイント

- 他者理解・自己理解の基盤として、心理学的な人間の捉え方であるパーソナリティ理論を知る。
- 類型論的な見方と特性論的な見方に代表される複数のパーソナリティ理論を知ることで、人間理解のための多様なアプローチについて理解する。
- 青年期を中心に、自己に関連する諸概念について理解を深める。

キーワード

☐類型論　　☐特性論　　☐ビッグファイブ　　☐力動論　　☐場の理論
☐クレッチマー　　☐キャッテル　　☐アイゼンク　　☐フロイト
☐レヴィン

第1節　パーソナリティの理論

　パーソナリティ（personality）とは何か。その人の「人となり」、すなわちその人がどんな人か、どのような行動をする人かを表す言葉である。心理学では**人格**と訳すことが多い。語源や背景の違いはあるが、人格と**性格**（character）は厳密に使い分けられているわけではない。**気質**（temperament）は、生得的な行動傾向に重きを置いて使われることが多く、**個性**（individuality）は個人の独自性や価値に言及する際に用いられることが多い。

　パーソナリティを記述するための方法論に**類型論**と**特性論**がある。類型論的理解とは、パーソナリティをひとまとまりの単位として捉え、いくつかの典型的なタイプに分けて理解しようとするものである。ビジネス雑誌などで「信長型リーダー」「秀吉型リーダー」「家康型リーダー」などに人を分類する見方がこれに当たる。特性論的理解では、パーソナリティを複数の性格特性に分けて捉え、量的な程度の違いを持つ特性ごとに性格を多次元的に説明したり、プロフィールによって図示したりすることが多い。類型論的理解は質的な理解、人をまるごと一つの全体像としてとらえる理解の仕方であり、特性論的理解は量的な理解、分析的な理解の仕方である。

1 ── パーソナリティの類型論的理解

1．クレッチマー

　ドイツの精神医学者**クレッチマー**（Kretschmer, E.）は、生物学的・精神医学的な立場に立つ性格類型論を展開した。身体各部を精密に測定し、写真を撮り、体質

	分裂気質	躁うつ気質	粘着気質
体型	細長型 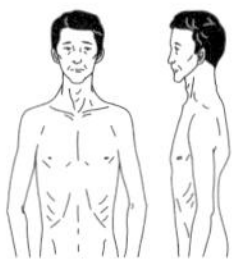	肥満型 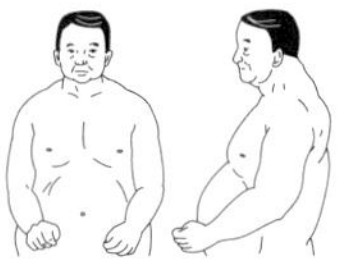	闘士（筋骨）型 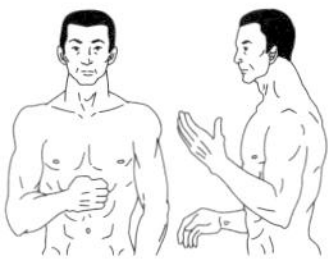
基本的特徴	非社交的、閉じこもりがち　など	社交的、活発さ、面倒見のよさ　など	きちょうめん、粘り強い、頑固　など

図7-1　クレッチマーの類型論

出典：伊坂（2013）¹⁾をもとに作成

表に記入して体格の分類を行い、体型と精神病との関連を調べた。その後、一般の人の体型と性格の関連についてまで理論を広げた。クレッチマーの類型論は、図7-1のように3つの体型ごとに性格特徴を記述したものである。**細長型**には**分裂気質**（きまじめで非社交的）が多く、**肥満型**には**躁うつ気質**（気立てがよく社交的）が多く、**闘士（筋骨）型**には**粘着気質**（きちょうめんで頑固）が多いとした。

2．シェルドン

アメリカの医学者・心理学者の**シェルドン**（Sheldon, W. H.）も身体と性格の関連に着目した。3種類の体格の基本成分が胎芽期★¹における胚葉★²の発達がどの方向に向かうかに基づいて分けられており、それぞれに対応した気質の類型が提唱されている。**内胚葉型**は、内胚葉から発生した消化器系統がよく発達し、太っている。筋肉や骨格の発達はそれほどでもない。**内臓緊張型**と呼ばれる気質類型（社交的、リラックスしている）に対応している。**中胚葉型**は、内胚葉性の組織である骨格や筋肉がよく発達し、強く引き締まった体つきである。**身体緊張型**と呼ばれる気質類型（精力的、競争的）に対応している。**外胚葉型**は、外胚葉性の皮膚組織や神経系統がよく発達し、細長でやせており、消化器系・筋骨系の発達はそれほどでもない。**頭脳緊張型**と呼ばれる気質類型（堅苦しい、過敏、抑制的）に対応している。

3．ユング

スイスの精神科医で分析心理学の創始者である**ユング**（Jung, C. G.）は、身体という観点ではなく、心的エネルギーの向かう方向性から**外向型**と**内向型**という類型を設定した。関心が外界（客体）に向かう場合が外向、内界（主体）に向かう場合が内向である。外向型の人は、外界の事物に関心が向かい、社交的である。内向型の人は、自分自身の内面に関心が向かい、内省的である。さらにユングは意識と無意識の力動的な相補的関係や、内向－外向と4つの**心的機能**（**思考、感情、感覚、直観**）を組み合わせた8類型★³についても言及している。

★1　胎芽期
出生前期における受精後約3～8週の間をいい、多くの身体器官の原型が形成される重要な時期である。

★2　胚葉
受精卵が細胞分裂することで形成される細胞層のこと。外胚葉、内胚葉、中胚葉に分類され、さまざまな身体器官の原型となる。

★3　ユングの8類型
8類型を端的に説明するのは難しいが、例えば次のように説明できる。外向的思考型は物質世界に関心を持つ科学者タイプ、内向的思考型は目には見えない事象を掘り下げる哲学者タイプ。外向的感情型はパーティや飲み会の盛り上げ役に最適、内向的感情型は物静かだが内面に豊かな感情が秘められており奥深さを感じさせる存在。外向的感覚型は極めて現実的で、役に立つ情報をよく知っており、内向的感覚型は美的感覚やセンスが独特で理解されにくい。外向的直観型はひらめき優位のアイデアマン、内向的直観型は自分の内的世界を探求し、しばしば日常を忘れてしまう夢想家。

2 ── パーソナリティの特性論的理解

1．オルポート

　アメリカの心理学者**オルポート**（Allport, G. W.）は、人間の持つ個別性や独自性、すなわち個性に着目して、パーソナリティの特性論を提唱した。**特性**とは、パーソナリティの基本的要素であり、個人の持つ基本的性向である。オルポートは、収録語数約40万の辞書の中から特性を表す１万7,935語の言葉を見出し、その中の本質的なパーソナリティ特性として4,504語を挙げた[2]。この4,504特性がパーソナリティを特性で表す心理学研究の出発点といえよう。

　オルポートは、厳密にいえば別の２人が同じ特性を持つことはないとし、個人が固有に持つ特性を**個人的特性**（individual trait）と呼んで重視した。一方で、多くの人に共通している特性を**共通特性**（common trait）と呼び、心理テストなどによって測定可能であるため、個人差を量的に表して比較することができるとした。共通特性ごとに個人の持つ特性の程度をプロフィールとして図示したもの（折れ線グラフ化）が**心誌**（**サイコグラフ**）である。オルポートは、共通特性は真の特性ではなく、複雑な個人特性の測定可能な部分でしかないと考えたが、その後の特性論は共通特性に焦点化することで発展を遂げた。

2．キャッテル

　イギリスに生まれ育ち、後にアメリカに渡った心理学者**キャッテル**（Cattell, R. B.）は、オルポートの考えに基づいて性格特性を捉え、さらに**表面的特性**（surface trait）と**根源的特性**（source trait）を区分したパーソナリティ構造を考えた。表面的特性は行動として現れ、観察可能な特性である。その背後にあるものが根源的特性であり、表面的特性を媒介してその存在が知られる。直接観察することができないため、根源的特性の抽出のためには**因子分析**という心理統計の技法が適用される。キャッテルは根源的特性を重視しており、抽出された16個の根源的特性（表７－１）に基づいて**16PF人格検査**を作成している。この検査は、根源的特性の表れ方を反対語の対（温厚性：温かい－よそよそしい）で表現しており、高得点・低得点どちらの場合の特徴もつかみやすくなっている。

3．アイゼンク

　キャッテルは特性論からパーソナリティを説明するのに16個の根源的特性を必要としたが、同様に因子分析を用いてパーソナリティの構造を検討した**アイゼンク**（Eysenck, H. J.）は、２ないし３つの直交する次元でパーソナリティを説明した。**外向性－内向性**（extraversion-introversion）、**神経症傾向**（neuroticism）、そして後に加えられた**精神病傾向**（psychoticism）である。アイゼンクは、これらの次元

表7-1 キャッテルの16PFにおける根源的特性ごとに見た
パーソナリティの特徴

根源的特性	高得点者の特徴	低得点者の特徴
温厚性	温かい	よそよそしい
知性	抽象的な	具体的な
情緒安定性	感情的に安定している	感情的に変化しやすい
支配性	支配的	協調的
快活さ	快活な	まじめな
ルール意識	ルールを守る	臨機応変の
社会的大胆さ	社会的に大胆な	恥ずかしがりの
感受性	感受性豊かな	実利的な
用心深さ	用心深い	信じやすい
想像性	想像力に富む	実用的な
秘密主義	秘密を持つ	率直な
不安	自身喪失した	自信のある
変化への開放性	何でも試してみる	変化に抵抗する
自己信頼	独立的な	集団志向の
完璧主義	完璧主義的な	無秩序に寛容な
緊張性	緊張した	リラックスした

出典：伊坂（2013）[1]をもとに作成

を組み合わせた平面ないし空間上に個人を位置づけ、個人差を表そうとした。特に最初の2つを重視し、外向的（社交的、行動的）か内向的（内面的、消極的）か、神経症傾向が高い（情緒不安定）か低い（情緒安定）かを組み合わせた2次元上に個人を位置づけることで、同じ神経症傾向が高い人でも、内向的な場合は不安や抑うつが高くなり自分自身が苦しみ、外向的な場合には反社会的な行動などで他者や社会を困らせるという違いを説明している。

また、アイゼンクはパーソナリティを4つのレベルからなる階層モデルで図示しており、図7-2の例で説明すると、最下層の①が日常場面で観察される**特定的反応**（怒っている人が歩いてきたから下を向いて目を合わせないようにした）、その上の②が**習慣的反応**（普段から人と目を合わせないようにする）、さらに上が③の**特性**（内気さ）であり、最上位の④が**類型**（内向性）となる。④の類型が先に述べ

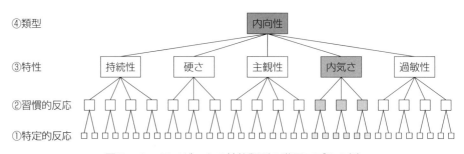

図7-2 アイゼンクの性格類型の階層モデルの例

出典：伊坂（2013）[1]をもとに作成

た次元（外向性－内向性、神経症傾向など）のことである。③の特性の上位概念という意味であり、類型論でいう排他的なカテゴリーとしての類型ではない。個人のうちに内向性と外向性の両方が含まれる連続したものと見なされる。

3 ── ビッグファイブ（パーソナリティの5因子モデル）の展開

1．パーソナリティ記述の到達点

　パーソナリティを記述する試みは類型論に始まるが、多様なパーソナリティを少数のタイプに当てはめることは困難であり、より多様な特性リストを用いてパーソナリティを記述する特性論がその後主流となっていった。しかし、そもそも特性は何種類あるのかや、実用的な使用には何種類の特性が必要かが定まらないという限界があった。やがて、コンピューターの進歩とともに過不足なく最小限のリストを導くのに有用な因子分析の手法が普及し、5つの因子で性格は記述できるという見解に議論は収束していった。

2．パーソナリティ特性5因子論

　こうして特性論はビッグファイブ（Big Five）あるいは5因子モデル（Five

表7－2　ビッグファイブ・5因子モデルの特性の内容

特性	特徴的な内容
N：Neuroticism 神経症傾向 情緒不安定性	"不安定" 不安が強く心配しがち 感情の揺れが大きい ストレスを感じやすい
E：Extraversion 外向性	"エネルギッシュ" 外の世界へ向かう積極性 社交的で人付き合いを好む 上昇志向の強さ
O：Openness (to Experience) （経験への）開放性	"好奇心が強い" 変化や新奇を好む 興味の幅の広さ 考え方の柔軟さ
A：Agreeableness 協調性 調和性	"優しい" 人の気持ちが分かる 人を信頼している いい人
C：Conscientiousness 誠実性 勤勉性	"まじめ" 一生懸命に取り組む姿勢 勤勉で頼りがいがある 計画性がある

出典：小塩（2010）[3]、（2014）[4] をもとに作成

Factor Model：FFM）と呼ばれるモデルに到達した。パーソナリティは5つの特性で説明できるという考え方である。5つの特性の内容は表7－2のようにまとめられる[3)4)]。**N（Neuroticism：神経症傾向、情緒不安定性）**と**E（Extraversion：外向性）**は、アイゼンクの2次元にも含まれていたものである。**O（Openness：（経験への）開放性）**は知的好奇心や新奇なものを受け入れる柔軟さ、**A（Agreeableness：協調性、調和性）**は優しさや温かさ、**C（Conscientiousness：誠実性、勤勉性）**はきちんとしていることや真面目さなどである。

3．パーソナリティ特性5因子の測定

　パーソナリティを説明する5つの特性は表7－2に示した通り、多様な内容を含んでいる。コスタとマックレー（Costa & McCrae）が作成した5因子性格検査である**NEO-PI-R**の日本版[5)]は、5特性×6下位特性＝240項目からなる。より少ない項目数で測定できる方が実施しやすいため、小塩ら[6)]は、海外で作成された5特性×2項目＝10項目版質問票の日本語版（TIPI-J）を作成した（表7－3参照）。

表7－3　日本語版Ten Item Personality Inventory（TIPI-J）

〔教示文〕1から10までのことばがあなた自身にどのくらい当てはまるかについて、下の枠内の1から7までの数字のうちもっとも適切なものを括弧内に入れてください。文章全体を総合的に見て、自分にどれだけ当てはまるかを評価してください。

全く違うと思う	おおよそ違うと思う	少し違うと思う	どちらでもない	少しそう思う	まあまあそう思う	強くそう思う
1	2	3	4	5	6	7

〔質問項目と回答記入欄〕
私は自分自身のことを…
1.（　）活発で、外向的だと思う
2.（　）他人に不満をもち、もめごとを起こしやすいと思う
3.（　）しっかりしていて、自分に厳しいと思う
4.（　）心配性で、うろたえやすいと思う
5.（　）新しいことが好きで、変わった考えをもつと思う
6.（　）ひかえめで、おとなしいと思う
7.（　）人に気をつかう、やさしい人間だと思う
8.（　）だらしなく、うっかりしていると思う
9.（　）冷静で、気分が安定していると思う
10.（　）発想力に欠けた、平凡な人間だと思う

〔採点方法〕

特性	外向性	協調性	勤勉性	神経症傾向	開放性
得点記入欄	（　　）	（　　）	（　　）	（　　）	（　　）
計算式	1.＋(8－6.)	(8－2.)＋7.	3.＋(8－8.)	4.＋(8－9.)	5.＋(8－10.)
平均（SD）	7.83(2.97)	9.48(2.16)	6.14(2.41)	9.21(2.48)	8.03(2.48)

＊外向性の得点は、1.の数値と8から6.の数値を引いた差の和になる。

出典：小塩ほか（2012）[6)]をもとに作成

4 ── 力動論（フロイト）と場の理論（レヴィン）

1．フロイト

　精神分析学の創始者である**フロイト**（Freud, S.）は、意識されていることが心の全てではないと考え、意識と**無意識**のダイナミクスから行動や心理現象を捉えようとした。このような立場は**力動論**と呼ばれる。フロイトは外界と直接関わっている意識、深層部分の無意識、その間にあって抑圧の作用が弱い**前意識**の三層から意識性の質を捉え、パーソナリティを**エス（イド）・自我・超自我**という3つの独自な機能を持つ領域の関係で説明した（第1章図1-5参照）。エスは、人の心の中の原始的で無意識的な側面であり、エネルギー（**リビドー**）の貯蔵庫でもある。自我は、現実的で意識的な側面であり、外界とイドを仲介して適応するための機能を受け持つ。超自我は良心や道徳、理想に基づいて衝動的なイドを制御しようとする。

　これら三者の関係を高速道路の走行を例として説明してみるなら、イドは**快楽原則**に支配されるため自由にスピードを上げて走りを楽しみたい。一方、超自我は良心や理想に従うため、交通規則に則して法定速度を遵守することを求める。しかし現実には、多くの車が走行しているのであるから、かたくなに法定速度遵守で走行すると、車線の流れに乗れず、車間距離が詰まり逆に危険な目に遭う可能性がある。むろん欲求のおもむくままに加速し続けるのはもっと危険である。では、どうするのが現実的であろうか。現実、エス、超自我の間で調整役を務める自我は、**現実原則**に従い折り合いをつけようとする。すなわち、法定速度の遵守は遵守として、必要に応じて車線の流れに合わせたスピードでの走行を選ぶ。道が空いていればエスを満足させるために、走りを楽しむこともある。エスの欲求を満たし、超自我の要請にも従い、ストレスをためずに現実場面に合わせて安全運転させるのが自我の適応的機能である。エスや超自我の強さに圧倒されて自我の適応的機能が十分働かない場合には、不適応状態に陥る可能性がある。

2．レヴィン

　トポロジー心理学と呼ばれる力学的な理論を展開した**レヴィン**（Lewin, K.）は、**場の理論**を適用して人の行動とパーソナリティを捉え、人の行動（B）を規定する事象全体を**生活空間**と呼んだ。生活空間は人（P）と環境（E）によって表される。つまり、人の行動は人と環境の相互作用によって生起する（$B = f(P, E)$）[★4]。さらにレヴィンは人（P）のパーソナリティを大きく**内部人格領域（I）** と**知覚運動領域（M）** の2つに分け、内部人格領域をさらに**中心層（C）** と**周辺層（P）** に分けて考えた（図7-3）。知覚運動領域（M）は周辺部にあって環境（E）に接しており、環境から捉えた情報を内部人格領域に伝え、また、内部人格領域から生じた環境へ向かう働きかけを言語や行為によって表出する。中心層は周辺層に比べて

[★4]
人の行動は、人と環境の関数（f）として表現されることを表した数式 $B = f(P, E)$。例えば、夜遅く、月末でお金の心配をしながら（P）帰る途中、人通りのない暗い道に千円札が落ちていた（E）ので思わず拾った（B）、などと表すことができる。

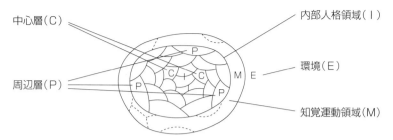

図7-3　レヴィンによるパーソナリティ構造

出典：外林・松村（1942）[7]をもとに作成

環境からの影響を受けにくい。レヴィンの理論では、中心層と周辺層の境界がより内側にあるか、より外側にあるかで閉鎖的－開放的の個人差を表したり、境界で分かれている程度や境界の分離の強さなどの**分化度**によって子どもと大人の発達差を表したりすることができる。

第2節　青年期における自己とアイデンティティ

　第1節で説明したパーソナリティ理論は人間一般に関する理論であり、個人を外から見て、人のパーソナリティの枠組みを客観的に理論化したものといえる。人のパーソナリティとはどのようなものかを説明するうえでは有用だが、自分とは何かを知ろうとするうえでは物足りない面もある。実際の「私」は身体や能力、過去の思い出や将来の夢も含み、パーソナリティよりも広い内容を含んでいる。そして自分とは何か、私は誰なのかという問いの答えを探求する青年期には、自己やアイデンティティに関心が向けられるようになる。

1 ── 青年期の特質と発達的意義

　青年期は発達心理学的には児童期と成人期の間にあり、子どもから大人への移行期である。蝶や蛾が一度さなぎや繭に入ることで成虫に変身するように、移行期の青年はそれと同等の変化を心理的に経験する。さなぎや繭の代わりに、自室にこもったり、心を閉ざしたり、同世代とたむろしたりして、変化期の自分を守る。変化期ゆえ青年期は心理的に不安定で不確かである。確かなものを自分の内に見い出すために、青年は内省を深め、自己を探求し、主体的な自己形成[8][9]を行っていく。

2 ── 自我と自己

　自分という存在を心理学の用語で表記する場合、**自我**（ego）あるいは**自己**（self）という2つの用語がある。自己嫌悪を例にすると、自己嫌悪を感じている状態には、2つの自分が存在する。嫌だと感じている側の自分と、嫌だと思われている側の自分である。嫌悪を向けている主体である前者が自我、対象（客体）として嫌悪を向けられている後者が自己ということになる。これがジェームズ（James, W.）が指摘した私という存在の二重性、すなわち**知る自己**（I）と**知られる自己**（Me）である[10]。一般的に、自らについての内的表象を指すには自己★5、心の統合機能を指すには自我が用いられることが多い[11]。

3 ── アイデンティティの形成

1．アイデンティティにおける自我と自己

　エリクソン（Erikson, E. H.）の**アイデンティティ**論にも、自我同一性（ego-identity）と自己同一性（self-identity）という2つの側面が含まれる。子ども時代を通して身につけた複数の同一化の中から重要なものを選び取り、一つのアイデンティティに向けて複数の自己イメージを徐々に統合していく機能という側面を論ずる際には自我同一性、自分とは何かという自らに課した問いへの答え、自己定義の結果を論ずる際には自己同一性と呼び分けることができる。複数の同一化を統合するための自らの価値基準の確立という自我同一性の機能を高めつつ、それと同時進行的に自分とは何かに対する自分を納得させるだけの答えを探求していくことが青年期のアイデンティティ形成には必要となる。エリクソンのアイデンティティ論を理解することの難しさには、自我と自己、さらにアイデンティティ形成の結果（product）の議論とアイデンティティ形成のプロセス（process）の議論とが包含されている点にある[8]。

2．エリクソンのアイデンティティ論

　すでに第1章で概説したように、エリクソンの心理社会的発達理論における第5段階、青年期における発達上のテーマが「アイデンティティvsアイデンティティ拡散」である。このときに問題になるのは、「本当の」自分とは何者か、ということである。身分、所属、住所などの客観的な情報以外のことで、「自分は〜である」と言える何かを自分ではっきりつかんでいることがアイデンティティを形成しているということになる。そのような感覚が持てず、自分が何なのかつかめない、自分がこれからどうしたいのか自分でも分からないのがアイデンティティ拡散の状態である。

★5
個々の**自己像**（私は一人でお弁当を食べていた、体育のペア決めのときに余った、名前で呼ばれることがない、など）が気になり、自分に注意や関心が向けられて**自己意識**が高まると、自分で気づいた自己の姿を重ね合わせて、**自己概念**（自分は誰からも興味を持たれない地味な人間だ）が定まっていく。自己概念は**自己評価**の論拠となりやすい。

★6
大学にいるときの自分も家族といるときの自分も一人のときの自分も、同じ自分であることが斉一性（sameness）、昨日の自分も今の自分も一年後の自分も、同じ自分であることが連続性（continuity）である。どこにいても自分は自分であり、何年前でも何年後でも自分は自分だと言えることは、自分があるということであり、アイデンティティの基盤である。

アイデンティティが形成されている状態というのは、「自分自身の内部の斉一性と連続性★6が、他人にとってその人がもつ意味の斉一性と連続性と調和するという確信」[12] から得られた「自覚、自信、自尊心、責任感、使命感、生きがい感」[13] が感じられる状態である。重要なことは、個人的な自我の確立だけを指すのではないということであり、「『わたしとは誰であるか』という一貫した感覚が時間的・空間的になりたち、それが他者や共同体から認められていること」[12] とも言い換えられる。

3．マーシャのアイデンティティ・ステイタス論

アイデンティティ形成のプロセスは、アイデンティティの状態（status）を細分化したマーシャ（Marcia, J. E.）の**アイデンティティ・ステイタス論**[14] から説明される。マーシャは、アイデンティティ形成が**達成**（A）されている状態と**拡散**（D）している状態だけでなく、アイデンティティ形成の途上にあって積極的に取り組んでいる最中の**モラトリアム**（M）の状態、そして達成とほぼ同等の安定性を持つ**フォークロージャー**（F）という状態の4つでアイデンティティを説明した。マーシャの理論的枠組みを生涯発達的に展開した岡本[15] のアイデンティティのラセン式発達モデルでは、アイデンティティ形成のプロセスは（D）→（M）→（A）と発達していくとされている。

これら4つの状態（アイデンティティ・ステイタス）は、**探求**（危機）と**コミットメント**（関与）の有無の組み合わせによって説明される。探求（危機）とは、人生において重要と考えられるテーマ（生き方や職業の選択など）について真剣に考え思い悩んだ経験のことをいい、コミットメント（関与）は自分が価値あるものとして選択した対象に積極的に取り組むことをいう。例えば、**アイデンティティ達成**（A）は、職業に対してさまざまな可能性を考慮し取捨選択したうえで主体的に一つを選択・決定し、それに対して積極的にコミットメントし従事している状態といえる。これに対して**フォークロージャー**という状態は、アイデンティティ達成という状態に比べて、コミットメントする対象を探求したという自覚が薄く、親と同じ職業を無難に選択した場合のように、両親などから与えられた既存の価値観をそのまま自分のものとしているような状態である。いわば与えられたアイデンティティにそのまま便乗し、主体的に自分で獲得したわけではないことに気づいていない状態である。しっかりと自分で身につけたアイデンティティではないので、硬さ、権威に対する従順さ、ストレスに対する脆さなどの特徴があるとされる。

第3節　自己に対する評価と感情

1 ── 青年期を彩る否定性

1．自己評価の低下

　青年期における心理的変化は、さまざまな側面が児童期と比較して否定性を帯びてくるということである。その第一は、自己評価が低下するということである。自分はダメだと感じ、自信がなくなり、萎縮する気持ちや目立たないようにしていようという気持ちが表れてくる。幼少期には何をやっても大人から注目され、褒められる。素朴な自己愛や自信を形成していくことができる。しかし、児童期になり学校生活に参入すると、優劣の評価を経験し、**勤勉の感覚**[12]が試されるようになる。優れた他者と比較したり、周りから期待されている像と比較したり、理想と比較したりする中で自分の至らない点に気づかされ、自ずと自己評価は揺らぎ、下がっていく。自己評価は、小学4年生から中学3年生にかけて低下していくことが報告されている[16]。

2．閉鎖的傾向

　自己評価が下がり、自己を受容できなくなると、他者に対して心を閉ざしがちになり、家では一人で過ごす時間が多くなる。友達とはよくしゃべっているように見えても、本当に言いたいことや聞きたいことを話しているわけではない。うかつなことを言って、変わった人と見られるのが怖い（**被異質視不安**）[17]からである。自分が相手からどう思われているかを気にする傾向は、自尊心の低さと関連していることが示されている[18]。この時期に見られる**閉鎖的傾向**は、外からの刺激に対して、自分の心を守るためのものと考えられる。

3．時間的展望の拡散

　自分の進路や将来が、夢や憧れとして語られるのではなく、現実として意識され始める。みんなが同じ未来に進むのではないことが分かり始め、この先の将来が人それぞれ分かれていくことを不安に思う。そのため、自分の将来のイメージは以前に比べて暗く感じられるようになる。都筑[19]は、小学4年生から中学2年生にかけて、将来の希望がほぼ直線的に低下していくことを報告している。

2 —— 肯定的自己評価の様相

1．自尊感情

自尊感情（self-esteem）[*7]は、心理学的な適応の指標として、また教育の目標として重視されてきた。古典的には「自尊感情＝成功／願望」[10]で表される。成功しなくても望みや期待を減ずれば自尊感情の維持は可能であり、その意味で自分自身で操作可能なものとなるが、理想主義的で達成に価値を置く青年期には、自分に対する望みや期待を引き下げることは難しい。

自尊感情には「とてもよい（very good）」と「これでよい（good enough）」という2つの側面があるとされる[20]。前者は自分は他者よりも優れていて、すばらしいということである。後者は自分の基準に照らして自分を認められる、これでよいと言えるということである。

国際的に見ると、日本人の自尊感情は調査対象53カ国中で最も低い[21]ことが報告されている。また、国内の研究の分析からは、大学生と比較して成人や高齢者の自尊感情得点が高いこと、中高生の自尊感情得点が低いこと、中高生では最近になるほど得点が低下する傾向にあること[22]、男性の方が女性よりもわずかに高いこと[23]が示されている。

2．自己愛

青年期は自己評価や自尊感情が低下しやすい時期であるが、自分を肯定できない状況で生きていくことは難しい。そのため、何らかの方法で自己肯定しようとする機能が働く。また、青年期は理想主義的傾向と自己に対する思い入れの高さゆえに、自己に対する肯定と否定、愛と嫌悪、受容と拒絶の間で揺れる。**自尊感情の変動性**は精神的不健康と関連しており[24]、自尊感情の変動性、自己像の不安定性は自己愛的な願望と関連が見られる[25]。青年期の**自己愛**も、自分で自己を肯定しようとする自我の機能の現れと考えることができる。小塩[26]は自己愛傾向の高い青年を、他者からの注目や賞賛を得ることで自己肯定を維持しようとする注目・賞賛優位タイプと、自分の個性を主張し周囲を圧倒して自己肯定を満たす自己主張性優位タイプに分類している。この2つのタイプは**過敏型**と**誇大型**の2種類の自己愛[27]に対応していると考えられる。

3．仮想的有能感

有能感はごく簡単に言えば自信のことであるが、速水[28]は3種類の有能感を挙げている。①通常の有能感：自信を獲得できるような成功経験を通して比較的妥当に自己を評価したり、他者に評価されることで得られるもの。②自己愛的な有能感：現実にはそれほど成功経験をせずに自己評価が甘いことで得られるもの。③仮想的

[*7] 自己に対する肯定的評価の感情の代表的なものが自尊感情である。自分の身体や性格を受容し、自分の能力を評価し、自分の可能性を信頼し、自分の価値を認め、自分の生き方を尊重できる人が持つような、自己全体を肯定する心理状態のことである。なお、自尊感情と意味的に近い用語として、自己効力感（self-efficacy）がある。自己効力感は、自分は課題を遂行できるだろうという信念や確信のことをいう。成功経験によって高められ、できるだろうと予期することが、また次の課題への意欲につながる。

有能感：自己の直接的なポジティブ経験に関係なく、他者の能力を批判的に評価・軽視する傾向に付随して習慣的に生じる有能さの感覚である。**仮想的有能感**は、他人を見下したり、他人を軽視したりすることで感じられる有能感であり、他者を低く見ることで、相対的に自分が高く見えるという作用によって生起する。仮想的有能感が高い人は、対人関係においてネガティブな経験が多いことが指摘されている。自己を肯定するための方略として、自己に視線を向けて自分は特別だと思い込もうとするのが自己愛傾向の高い人、他者に視線を向けて周りはみんなレベルが低いと見下すのが仮想的有能感の高い人ということになろう。

3 ── 感情から見た青年期の理解

1．青年期の感情

青年期は多感な時期である。若さゆえの敏感さや繊細さがあり、他者の言動や周りにある雑多な情報を刺激として感じ取り、多様な思いが心に浮かんでくる。感情ということばに含まれる心理現象は、快−不快のような単純な反応、表情や身体の変化を伴う一時的で激しい心の動き（**情動**）、浸ったり味わったりもできる緩やかに持続する**気分**など、その範囲は広い。また向けられた対象に応じて、身体感情、自我感情、生活感情、価値感情、恋愛感情などに分けられるが、その色合いによって、生の基底気分を決定する感情は、広義の**生活感情**と呼ばれる[29]。

2．感情の様相

生活感情は、暗く否定的な印象の感情（情けなさなど）と、明るく肯定的な印象の感情（喜びなど）に大きく二分される[30]。肯定否定両面を含む感情もある（憧れ、恋しさなど）。また、孤独感とその類縁感情は、①関係性の次元（自分の内面に目が向くか−外の世界に目を向けるか）、②志向性の次元（目標達成志向か−人との親和志向か）が直交する２次元上に整理され、孤独感は、関係性の次元から見ると、疎外感に比べ自己との関わりが強く、志向性の次元から見ると、劣等感や自己嫌悪感よりは、親和志向性が少し強い場合に感じる感情であることが示されている[31]。

3．感情から見た青年期の発達的特徴

190個の生活感情リストを作成し、中学・高校・大学間での比較を行った落合[32]のデータを利用して学校段階の差を検討した結果[33]によれば、中学生の特徴は、明るさと攻撃性という二面性にあり、児童期的な無邪気で楽しい感情だけでなく、人に向けられた攻撃性や不快感（反抗心、うらみ、憎しみ、むかつく・むしゃくしゃする、敵意）も中学生の特徴である。高校生は、どんよりと停滞した感じ（毎日変化がなく退屈、漠然とした不安）と時間に追われる不快感（追いまくられている、せっ

ぱつまっている）という時間に関わる感情が特徴である。大学生では、自由を得て充足し、良好な対人関係を築いていることが示された。なお、落合[32]を約20年後に追試した結果からは、高校生、大学生が以前に比べて幼くなっていることが示唆されている[34]。

　「人間とは何か」という問いにアプローチする心理学の研究、その一つの大きな潮流がパーソナリティ研究である。なぜ、その人はそのような行動を取るのか、そのような生き方をするのか、その答えをパーソナリティに求めようとした。「人によって違うのはなぜか」という個人差は、類型間の質的な違いや特性の量的な程度の違いで説明されてきた。一方、このような人間一般に対する客観的理解とは別に、「私とは誰か」という個人的な問いがある。残念ながら、あなたのための「私とは誰か」の答えは本章には書かれてない。それは、個人が持つ「私とは誰か」の問いには自分で見つけた答えでなければ意味がなく使い物にならないからである。

　それではどうすればよいのか。一般的な知見を利用して自己理解を深めていくことが心理学を実践するということである。本章の最後の課題は、あなたのために、誰かのために、心理学を現実の人生に活用することである。本章をはじめとしてこの本全体をよく読んで、「私とは誰か」についての自分なりの答えを考えてみることがその手始めになるはずである。もしよければ試してみてほしい。

★さらなる学びのためのブックガイド★

- 詫摩武俊監修（1998）『性格心理学ハンドブック』福村出版
  パーソナリティ心理学の基本的事項を幅広く押さえるのに適している。
- 二宮克美・浮谷秀一・堀毛一也・安藤寿康・藤田主一・小塩真司・渡邊芳之編（2013）『パーソナリティ心理学ハンドブック』福村出版
  より新しい現代のパーソナリティ心理学が紹介されている。

パーソナリティの生涯発達

　パーソナリティは、ある程度一貫した安定的な心理的特徴であると考えられ、1年前の自分と現在の自分との間で大きくパーソナリティが変化することは考えにくいです。しかし、大人になるにつれて人として成熟していくことや、青年期の最初の頃には気持ちの荒れや揺れの激しい時期（思春期や反抗期）があることなど、年齢によって心理的な変化が現れることもよくいわれることです。年齢が進むことに伴い、パーソナリティ特性にはどのような変化が現れるでしょうか。

　ここでは、ビッグファイブと呼ばれる5つのパーソナリティ特性の得点を異なる年齢間で比較したソトーら（Soto et al., 2011）の結果を見てみましょう（図7-4）。web上で集めた10歳から65歳までの120万人以上のデータを分析したものです。グラフを見ると、パーソナリティがどのように変化していくのかが見えてきます。

　誠実性、協調性は10歳から15歳くらいに急激に下がり、その後また急激に上がって、後は年齢が上がるにつれて少しずつ高くなっていくことが見て取れます。大人になると、人とうまくやれて、きちんとした人になっていくということでしょう。外向性も開放性も10歳から15歳くらいにかけて下がる傾向が見て取れます。神経症傾向については、女性では10歳から得点が上昇する傾向が見て取れ、男女で異なっています。どの特性を見ても、10代前半頃の揺れる思春期の特異性が見て取れます。

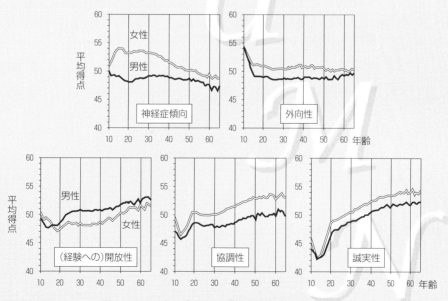

図7-4　ビッグファイブ得点の年齢による変化

出典：小塩（2014）[4]によるSoto et al.（2011）のまとめを一部改変

◆第7章ミニットペーパー
年　月　日（　）第（　）限　　学籍番号＿＿＿＿＿＿　　氏名＿＿＿＿＿＿

本章で学んだこと、そのなかで感じたこと

....
....
....
....

理解できなかったこと、疑問点

....
....
....
....

TRYしてみよう

①クレッチマーの類型論の「細長型」に対応するのは（　　　）気質である。

②シェルドンは内胚葉型、中胚葉型、外胚葉型に対応する気質として、（　　　　）、（　　　　）、（　　　　）を挙げている。

③ユングは、心的エネルギーの方向性から（　　）型と（　　）型を設定した。

④オルポートは共通特性よりも（　　　）特性を重視した。

⑤キャッテルの理論に基づいて（　　　）人格検査が作成された。

⑥アイゼンクは（　　　　）と（　　　　）を組み合わせた2次元平面上に個人を位置づけ、パーソナリティの違いを説明した。

⑦アイゼンクの理論は（　　　）と（　　　）を統合した立場といわれ、類型は排他的なカテゴリーではなく連続したものと考えられている。

⑧（　　　　　）とは、パーソナリティ特性5因子論のことであり、略号を並べ替えてOCEANモデルと呼ばれることがある。

⑨フロイトは（　　　　）、（　　　）、（　　　）という独自な機能を持つ3つの領域でパーソナリティ構造を説明している。

⑩レヴィンは人の行動は（　　）と（　　）の相互作用によって規定されると考えた。

第8章 アセスメントと教育評価

◆学びの入り口～教育現場の事例から考えてみよう！～

事例：学習への取り組みに意欲が湧かないH君の理解

　H君は小学校の3学年に在籍している男の子です。新たに3年時からH君を受け持つことになった担任は、前担任から「H君は授業についていけないことが多い。特に文字を書くことが苦手で、丁寧に書くことができない。学習に関して家庭でのフォローも難しい」との申し送りを受けました。実際に授業をしてみると、書字だけでなく音読も苦手で、学習全般に積み残しが多く、掛け算なども定着していない様子でした。それだけではなく、教科書を準備する、板書をノートに写すなどの基本的な授業参加ができていない状態で、授業中もぼんやりしてだらしない姿勢で教科書やノートに落書きをしたり、関係のない本を読んだりして過ごしています。担任が注意すると止めますが、しばらくするとまた同じようなことを始めてしまいます。遅刻も多く、宿題もほとんどやってきません。休み時間は一人でぶらぶらしています。読み書きが少ない音楽や図工などの授業では明るく、習字の授業では書くことが苦手なはずなのに大胆な字を専科の先生に褒められてとてもうれしそうに一生懸命取り組んでいました。担任はH君がどんな子どもなのか分からなくなってしまいました。

◆ワーク：次の問いに対してあなたの考えをまとめてみよう

1. H君の問題を理解し、適切な支援につなぐためには評価（アセスメント）が必要です。教員として、どのような方法を用いたらよいでしょうか。

◆ワークに対する考え方・ヒント

　一見するとH君は勉強に取り組む態度が整わず、やる気がないように見えます。しかし、「読み書き」が他児と比べて苦手である可能性も否定できません。子どもの行動や学習の特徴を理解するために、知能検査や心理検査などのツールが存在しています。専門的な検査以外にも、ノートや作文、図工などの作品、授業中の行動、給食時や休み時間の様子など、多くの情報が利用できます。授業方法や教材の問題、家庭環境の問題もあるかもしれません。

> **学びのポイント**
>
> - 子どもや子どもの問題を理解するためのアセスメントの概念を理解する。
> - アセスメントの方法を形態から分類し、概要を把握する。
> - 教育活動やその効果を評価し、振り返る方法（教育評価）を理解する。
>
> **キーワード**
>
> □アセスメント　　□性格検査　　□YG性格検査　　□MMPI
> □ロールシャッハテスト　　□TAT　　□P-Fスタディ
> □内田・クレペリン検査　　□知能検査　　□発達検査　　□教育評価
> □診断的・形成的・総括的評価　　□相対評価　　□絶対評価

第1節　子どもの問題をどのように理解するか

1 ── アセスメントによる対象理解

　教育活動や教育臨床に関わる際に、私たちは子どもや子どもの問題をどのように理解していくべきだろうか。教育活動を展開し、子どもたちの成長と学びを保障していくためには、対象となる個々の子どもの現在の状態や、子どもに生じている問題を理解したうえで教育実践に臨むことが重要である。

　子どもの姿は、それを取り巻く環境の中で現れる（第1章参照）。そのため、私たちは、①子どもや子どもを取り巻く環境とその相互作用のありようや問題の全体像を事前評価し、その評価に基づいて実践を計画（Plan）し、②計画に基づいて実践（Do）し、③自身の関わりがどのように子どもや、子どもを取り巻く環境とその適合の具合に対して影響を与えたかを事後評価（Check）し、④与えた影響をふまえたうえで、日々の実践を修正・改善する（Action）、という教育サイクル[★1]を導かねばならない。

　この4つのサイクルにおいて、①事前評価と③事後評価に当たる作業を**アセスメント**と呼ぶ。アセスメントとは、単に個人の能力や心理的特性を測定することではない。多面的・多角的に情報を収集し、子どもの現在の状態をつくり出している要因を探り、問題の構造を整理し読み解いていく作業である。

　アセスメントは包括的に行う。「包括的」には、2つの意味がある[1)]。

　第一に、アセスメントすべき側面を広く捉えるということである。第1章で見たように、人の行動は、生態学的な社会・文化的な環境（「環境的側面」）の中で、遺伝的要因（「生物学的側面」）、現在の個としての能力や発達の状況（「心理・教育的側面」）という3つの要因が相互に絡み合って表れる。アセスメントは、その3側

★1　このサイクルをPDCAサイクルという。

面とその相互作用のありようを捉える。すなわち、アセスメントは、個としての「子ども」のみを対象とするのではなく、周囲の環境の在り方や人々との関係性なども含む、生態学的な「子どもをめぐる問題状況」を対象として行う。

第二に、子どもの個としての心理・教育的な側面に関し、運動、認知、言語コミュニケーション、対人社会性、情動など、総合的に広く評価することを意味する。また、子どもの弱いところや困難にのみ着目するのではなく、強いところ、健康な側面、優れている力をも広く捉えることが重要である。弱いところへの対処を行いつつも、強いところを積極的に生かす教育実践は、成長・発達する主体としての子どもを伸ばす。

冒頭の事例のH君のアセスメントとそれに基づく支援計画の概要の例（架空例）を、図8-1に示した。

2 ── アセスメントの方法

アセスメントを方法によって大きく分けると、①**フォーマル・アセスメント**と、②**インフォーマル・アセスメント**に分類することができる。フォーマル・アセスメントとは、統計的な手続きに基づいて標準化[★2]されており、信頼性と妥当性が保証されているアセスメント方法である。教育現場で用いられるものとしては、質問紙やワークシートによる心理検査、心理士が実施する知能検査や発達検査が挙げられる。これらの検査は大規模なデータ収集による標準化作業によって、ある個人に複数回測定しても同じような結果が得られること（**信頼性**）、評価したい要因を正確に測定することができること（**妥当性**）が確認されている。簡潔に述べれば、厳密かつ定量的[★3]に個人のある側面を評価できるといえる。厳密に評価できるため、「個人に何らかの重篤な問題が疑われる場合」「教育効果を長期間にわたり縦断的に評価する必要がある場合」などでは、フォーマル・アセスメントが必要だろう。しかし、厳密に評価できる反面、時間的コストが高く、また高度専門的なスキルも必要であり、日常的に行うことは困難である[★4][2)]。

一方、インフォーマル・アセスメントは、必ずしも標準化作業が行われていないアセスメントと定義される。具体的な例としては、「学校での子どもの様子を観察すること」「教員が作成したテストによって評価すること」「子どものノートや作品を評価すること」など、日々の教育実践活動で実施が容易なものである。フォーマル・アセスメントとは逆に、厳密さを確保することや定量的に表すことは難しいが、より簡略化かつ総括的な評価を行うことが可能である。

どちらのアセスメントがより優れているということはなく、目的や状況、場面により適した方法を選択し、それぞれのアセスメント・ツールから複数ずつ選んで組み合わせることが重要である。この組み合わせを「**テスト・バッテリー**」と呼ぶ。

★2　標準化
学力など測定したい対象を厳密に測ることができるよう、統計的な手続きを用いて検討・修正することである。標準化手続きを行うことで、妥当性（目的が果たされているか）、信頼性（その結果は安定した結果であるか）が保証された厳密な評価として利用することができる。学力検査を例に挙げれば、妥当性は「該当の科目の学力を測ることができているか」、信頼性は「実施した回数によって成績がばらつかないで同じ点数となるかどうか」である。

★3　定量的
定量的とは、ある現象の変化を連続する数値から解釈することである。例えば、身長（cm）・体重（kg）の変化から身体の成長を捉えることや、定期試験の得点の推移から学力を把握することなどである。

★4
フォーマル・アセスメントは、多くの場合、学校外の専門機関で行われるが、保護者を介してその結果を学校で受け取り、学校でできるインフォーマル・アセスメントと組み合わせ、総合的に子どもの問題を見立てることが望まれる。フォーマル・アセスメントは、その結果自体（例えばIQの数字）に注目するのではなく、問題や子どもの日々の姿が検査結果によってどのように説明されるのかを検討する材料とする。

```
                         生物学的側面
                         読み書きの困難
                            ↕
    心理・教育的側面                    環境的側面
    運動：粗大・微細共に問題ない（注）    H君の困り感を学校・教師が気
    認知：標準レベルの知能だが、ワーキ   づいていなかった
    ングメモリの弱さがある（注）        発達の偏りを学校内外で相談し
    言語コミュニケーション：会話には困   たことがなかった
ア   らないが、音韻処理と視覚情報処理の   特別な教育ニーズに合わせた教
セ   弱さによる読み書きの困難がある  学習に  育が提供されていない
ス   （注）                  意欲が  学校内の連携が不十分
メ   対人社会性：集団ルールを理解し給食  湧かな  学校と家庭との信頼関係の形成
ン   当番や係は主体的に行う。異年齢によ  いH君  が不十分
ト   る縦割班活動では低学年児童の世話を   ↔   クラスの他児からの否定的な評
    するが特定の友人関係がない。困った       価を受けている
    ときに教師に対して困ったと言えない
    情動：低い自尊感情、「何をやっても
    できない」という無力感を持つ。褒め
    られると生き生きと活動する
    学習面：読み書きに関わる教科学習全
    般につまずいている。教科書の内容は
    丸暗記していることが多い。算数では      （注）運動、認知、言語コミュニ
    「九九」につまずいている              ケーションなどの力は主に知能検
    描画・音楽・球技は得意、体育には積      査・発達検査による情報である
    極的に参加する
                              ↓
    ・読み書きに関して、通常学級で行うことのできる指導内容・方法を工夫する
       ①平仮名の音読のトレーニング、②ノートや筆記具を書きやすいものに変更、
       ③教科書の工夫、④（略）‥‥‥
    ・読み書きと算数に関して、通級指導教室での支援を検討する
支   ・学習方法を調整することにより「できる」という感覚と学習への意欲を引き出す
援   ・教師との間に困ったときには「困った」と言える関係をつくる、「困った」と言え
計     る学級にしていく
画   ・保護者と連携し家庭でできる学習の工夫を行う
    ・描画、音楽や体育など、できることや得意な側面を伸ばし、自尊感情を高める
    ・縦割り班や当番活動で、より活躍できる役割を振り、対人関係を広げ、周囲に認め
      られるようにする
    ・ドッジボールやサッカーなどの球技遊びを通して友達関係をつくる
```

図8－1　H君のアセスメントと支援計画の概要（架空例）

次節ではフォーマル・アセスメント、インフォーマル・アセスメントの代表的な方法を紹介する。

第2節 フォーマル・アセスメント

1 — 性格検査

　ある個人の性格を評価するとき、どのような方法が思いつくだろうか。簡便な質問に答えるだけでは、人の性格を評価することは難しいだろう。心理学では性格を分類するクレッチマー（Kretschmer, E.）の**類型論**（第7章参照）から、性格の特徴を因子（要素）で理解する**特性論**まで多様な評価方法が開発されてきた[3]。それらの評価方法は性格検査やパーソナリティ検査と呼ばれ、実施方法や回答方法に基づき、①**質問紙法検査**、②**投影法検査**、③**作業検査**の3つに分類される。本項ではそれぞれの検査法の特徴および代表的な検査について概説する。

1．質問紙法検査（questionnaire method）

　質問紙法検査は、あらかじめ記載されているいくつかの質問に対して、対象者が用意された選択肢から当てはまるものを選択して答える検査方法である。質問紙に記載された質問・選択肢を読めることが検査の前提であるため、対象者には最低限の文章理解能力が必要であり、就学準備段階から就学児以上の年齢を対象としているものが多い。質問項目の量、選択肢の数は検査によって異なっており、選択肢の数によって「2件法（はい／いいえ）」「3件法（はい／どちらでもない／いいえ）」「5件法（まったく当てはまらない／あまり当てはまらない／どちらでもない／やや当てはまる／非常に当てはまる）」などがある。

　質問紙法検査は、人格、情緒、態度、欲求、葛藤処理、ストレス、適性など多くの性格特性を評価するために用いられている。基本的に同時に多くの人数に対して検査を実施することが可能であり、検査実施のコストが低い。一方で、文章を読んだうえで答える検査であるため、本人が意識している水準だけしか評価することができない、質問項目の捉え方によって回答を意図的に歪めることができてしまうなどの短所も存在する。

　主な質問紙法の検査としては、「**YG性格検査**（矢田部ギルフォード性格検査）」、ハサウェイ（Hathaway, S. R.）とマッキンレイ（Mckinley, J. C.）が開発した「**ミネソタ多面人格目録**（**MMPI**）」などが挙げられる。YG性格検査は12項目の性格特性の傾向を測定し、そこから5つの性格類型を求める特性論と類型論の両側面から性格を評価することができる（図8-2）。小学校2年生から実施できるため、学校臨床でも用いられることが多い検査である。

　MMPIは精神医学的な診断を目的に作成された550項目におよぶ2件法質問紙検査である。性格傾向を測る臨床尺度10項目と回答の妥当性を評価する4つの妥当性

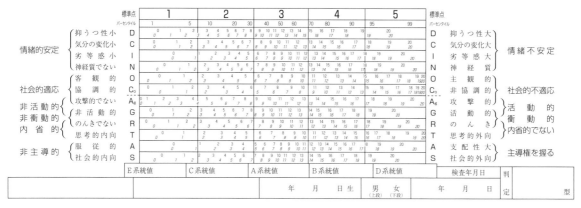

図8-2　YG性格検査プロフィール

出典：竹井機器工業株式会社

表8-1　MMPIの項目一覧

臨床尺度		妥当性尺度
心気症（Hs）	パラノイア（Pa）	疑問尺度（？）
抑うつ（D）	精神衰弱（Pt）	虚構尺度（L）
ヒステリー（Hy）	精神分裂病（Sc）	頻度尺度（F）
精神病質（Pd）	軽躁病（Ma）	修正尺度（K）
男性性・女性性（Mf）	社会的内向性（Si）	

尺度から構成されており、特徴としては、臨床尺度が「心気症」「抑うつ」「ヒステリー」といった医学診断名と類似した項目となっている[4]（表8-1）。

2．投影法検査

投影法検査は質問紙検査と異なり、曖昧な刺激を利用した教示に対して自由な回答を求めることで、対象者の無意識水準の性格傾向を測定する性格検査である。「何を目的にした検査であるか」が対象者に分かりにくいため、回答の歪みが少なく、より本質的な性格傾向や特性が得られるといったメリットがある。しかし、どの投影法検査においても検査者と対象者が1対1で関わり合う必要があるため、同時に多人数の評価を行うことが難しいだけでなく、対象者の心理的負荷・時間的負荷も大きい。加えて、検査の実施および解釈に専門的な技術の習得が不可欠であり、心理臨床支援の専門性を有する者でなければ扱うことが難しいといえるだろう。主な投影法検査としては、**ロールシャッハテスト**（Rorschach Test）、**TAT**（Thematic Apperception Test：絵画統覚検査）、**SCT**（Sentence Completion Technique：文章完成法テスト）、**P-Fスタディ**（Picture-Frastration Study：絵画欲求不満検査）などが挙げられる。

精神科医師であったロールシャッハ（Rorschach, H.）が作成したロールシャッハテストは、左右対称につくったインクのしみの図版10枚について、対象者に何が見えるか回答してもらう検査である（図8－3）。対象者が「どの部分に」「何が見え」「なぜそう見えたのか」の説明から、パーソナリティの評価を試みる[5]。

図8－3　ロールシャッハテストのイメージ図

TATは、マーレー（Murray, H. A.）とモーガン（Morgan, C. D.）が作成した絵カードを用いた投影法である。対象者は人物や風景、映画のワンシーンのような曖昧な図版から、ストーリーを作成することを求められる。そのストーリーの内容、展開、結末などから、抑圧や葛藤状態、人間関係、現実適応の度合いを評価する。

SCTは、エビングハウス（Ebbinghaus, H.）が提唱した理論に基づき作成された文章を主軸とした投影法検査である。「私は…」や「興味があることは…」「私のことを周りの人は…」など、文頭だけが記述されている60個の文へ続く文章を記入し、その内容から性格傾向を評価する検査である。

図8－4　P-Fスタディ®の例（青年用紙）
注：本検査の著作権は株式会社三京房に帰属します。
出典：P-Fスタディ®青年用紙

P-Fスタディは、ローゼンツヴァイク（Rosenzweig, S.）によって考案された投影法検査である。回答用紙には主に2名の人物が描かれており、片方の人物の発言（要求や謝罪、怒りなどを喚起させるような内容）を受け、どのように返答するか吹き出しに言葉を書き入れる。その内容から、欲求不満場面への行動を類型的に評価する（図8－4）。なお、SCTとP-Fスタディは検査用紙のみで実施することも可能なため、比較的大人数へ適用できる投影法検査である。

3．作業検査

作業検査は、ある軽作業を一定時間行ってもらい、そこでの作業効率や作業態度、正確性の推移から性格傾向を探る性格検査である。作業から評価できるため、言語

表出や言葉でのやりとりに問題がある対象者にも適用でき、対象者の意図的な歪みを受けにくい検査といえる[6]。実施についても1名の検査者が複数の対象者に対して同時に検査を実施できることから、投影法検査よりも簡便に行うことができる。しかし、評価できるのは性格の限定的な一側面だけであり、全体的な性格傾向を把握することは難しい。また、対象者への検査の侵襲性[★5]は低いが作業による負担感は大きく、心身の状態によって結果が大きく変化してしまう点にも留意が必要である。

代表的な作業検査としては、「**内田・クレペリン検査**」がある。内田・クレペリン検査は、ヒトの作業効率と性格傾向について研究していたドイツの精神医学者クレペリン（Kraepelin, E.）が提唱した「作業曲線仮説」を、日本向けに標準化した作業検査である。対象者はランダムに並んだ数列の隣り合う数字を足し、一の位の数字を記入していく（図8-5）。1行1分間で計15分間行い、5分間の休憩を挟んだ後、さらに15分間行う。全体を通じた結果から、作業効率や作業達成などの「個人の能力」と、回答の仕方・パフォーマンスの推移から、ストレス耐性や気分のコントロール、性格傾向などの「個人の特性」を把握することができる。

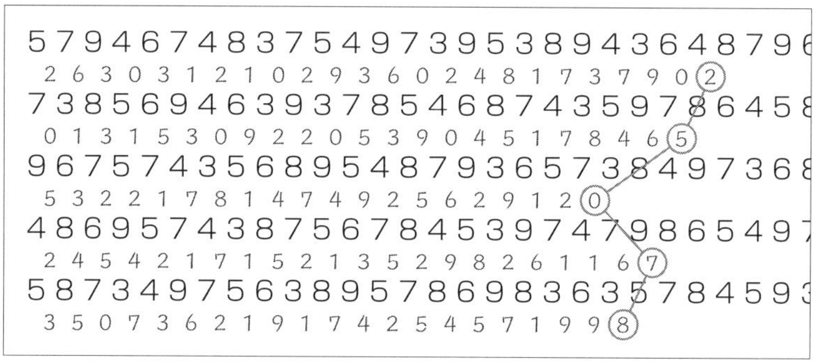

> ★5 検査の侵襲性
> 心理検査を受ける被験者は、「パーソナリティなどの私的領域を暴かれるのではないか？」といった心理的なストレスにさらされる。これを検査の侵襲性という。一般的に、直接的な質問で構成されている質問紙法検査が最も侵襲性が高く、投影法検査や作業検査のような目的性が被験者に伝わりにくい検査では侵襲性が低い。

図8-5 内田・クレペリン検査の例

2 —— 知能検査・発達検査

知能検査とは、個人の知的能力や認知的な情報処理の力を評価することを目的に開発された心理検査である。知能とは多くの知覚・認知能力の総体であるため、さまざまな理論をもとに多くの知能検査が開発されている。ほとんどの知能検査は、質問者から出題される問いに答える、図版などの視覚刺激を手がかりに答える、簡単な作業（書く、探す）を行うなどの課題遂行により、該当する知的能力を間接的に評価する構成となっている。知能検査の中でも、ビネー（Binet, A.）らが開発した**ビネー式知能検査**とウェクスラー（Wechsler, D.）らが開発した**ウェクスラー式知能検査**の2つが教育領域で広く活用されている。

ビネー式知能検査では、検査課題の結果から**精神年齢**（Mental Age：MA）を求め、

「精神年齢／実年齢（Chronilogical Age:CA）×100」の式から知能指数を算出する。ビネー式知能検査は実年齢2歳0カ月から成人までと適用年数が広く、テスト課題も生活経験に即した内容や非言語の課題が多いため、年齢の低い対象（就学前〜低学年）もしくは言語理解などに大きなつまずきが疑われる児童に対して実施されることが多い★6。このような利点がある反面、ウェクスラー式検査と比較すると同年齢集団との比較（パーセンタイル順位★7）ができない、個人内差を評価することが難しいなどの欠点もある。

　ウェクスラー式知能検査は、知的な障害があり支援が必要な個人を判別するため、精神科医のウェクスラー（Wechsler, D.）が開発した知能検査である。対象年齢に合わせ、幼児用検査（対象年齢2歳6カ月〜7歳3カ月）（Wechsler Preschool and Primary Scale of Intelligence: WPPSI）、児童用検査（対象年齢5歳0カ月〜16歳11カ月）（Wechsler Intelligence Scale for Children: WISC）、成人用検査（対象年齢16歳〜89歳）（Wechsler Adult Intelligence Scale: WAIS）の3つが存在している。ウェクスラー式知能検査は全体的な知的水準を表すために**偏差IQ**を採用しており（第6章も参照）、**同年齢集団におけるIQの平均を100として算出**している（IQ＝（個人の得点−同年齢集団の平均得点）／（16（15）×同年齢集団の標準偏差）＋100）。そのため、相対的な知的水準を個人間で比較することが可能である。また、言語理解（言語を理解・使用する力）、知覚推理（視覚的な刺激から予想・推論する力）、ワーキングメモリ（記憶しつつ作業を行う力）、処理速度（単純な作業を素早く正確に遂行する力）という4つの側面から認知能力の個人内差（得意−不得意の差）を評価することができるため、学習の問題だけでなく広汎な学校適応上の評価にも運用されている。多面的な知的・認知能力の評価に利用できる一方で、課題の遂行に一定の言語理解・言語表出能力が求められるため、ある一定以上の知的発達水準を満たしていなければ検査自体を行うことができない。加えて検査課題も多いため、検査への動機づけを十分に保障する必要があり、検査者の実施スキルの熟達化が肝要である。その他の知能検査には、カウフマン（Kaufman, A. S.）による**K-ABC**（Kaufman Assessment Battery for Children）や、ナグリエリ（Naglieri, J. A.）が開発した**DN-CAS**（Das-Naglieri Cognitive Assessment System）などの検査もある。児童生徒の状態に合わせた検査を選択することが重要である。

　上記では学齢期以降の知能検査について紹介したが、学齢期以前の子どもの知的水準を測る検査として発達検査が開発されている。発達検査は知能検査とは一部異なり、知的な能力だけでなく、身体運動や社会性、発話や理解などの言語能力といった多くの力を評価できるように課題が構成されている。ほとんどの発達検査が、検査結果から算出された発達年齢（発達月齢）と実年齢の差分から子どもの発達評価を試みている。日本では、保護者からの聞き取りで子どもの発達を評価する津守式乳幼児精神発達検査や遠城寺式乳幼児分析的発達検査、KIDS乳幼児発達スケール

★6
日本におけるビネー式検査は「日本語版田中ビネー知能検査（田中ビネー知能検査）」として標準化されている。ビネー式検査をもとに、日本の心理学者である田中寛一によって1947（昭和22）年に初版が作成されている（2018［平成30］年現在、第5版である田中ビネー知能検査Ⅴが使用されている）。日本では主に教育行政や福祉領域で利用されている（例：知的障害の認定および療育手帳の発行など）。

★7　パーセンタイル順位
ある検査の結果や得点が比較する集団の中でどの程度の範囲に位置しているかを表す数値。50を平均値として、最上位を100、最下位を0として表す。

（Kinder Infant Development Scale）、検査者が直接個別に課題を実施することで発達を評価する新版K式発達検査[★8]などの発達検査が開発されている。

また、個別の検査は後述する構造化面接の場でもあり、多くの有用な情報を含んでいる。例えば、言語コミュニケーションの発達状況、多様な感情表出の様子などの情動発達の側面等を読み取ることができる。

★8　新版K式発達検査
京都市児童福祉センターが開発・標準化した発達検査である。0歳から実施できる発達検査だが、保護者からの聞き取りだけでなく、行動観察や検査課題での反応から発達を幅広く評価できるため、乳幼児の発達検査の中でも幅広く用いられている。

第3節　インフォーマル・アセスメント

1 ── 行動観察による評価

行動観察は、日々の教育実践の中で児童生徒の状況を理解するうえで、非常に有効な評価方法である。ただし、全体的な様子を何気なく観察するだけでは、教員や支援者の主観が大きく介在することとなり、的確な評価が実施できないだけでなく、間違った判断（例えば、実際は頻度が減っているのに「まったく変わっていない」と判断したり、特定の授業で起きている行動を「すべての授業で見られる」と理解してしまったりする）から、不適切な対応や効果のない支援を展開してしまう可能性もある。そのため、行動観察を行う際には、①観察する場面を限定し、②観察すべき行動をなるべく具体的に定義し、③可能ならば、頻度や強度を定量的に記録することが望ましい。

観察すべき行動をなるべく具体的に定義することを「**操作的定義**」と呼んでいる。操作的定義を決定することで、インフォーマルな行動観察をより厳密なアセスメントとして位置づけることが可能となる。例えば、「積極的な授業参加」を行動観察から評価したい場合、そのままでは教員の印象評定の域を脱しないが、「授業中に挙手をした回数」と操作的に定義すれば、1カ月前と現在の積極的な授業参加を比較・検討することが可能となるだろう。また、頻度や強度の定量的な記録を逐次取ることが難しい場合には、授業の5分間で観察したい行動が1度でも見られたかどうかを記録する**インターバル記録法**（今回の例では5分インターバル）などを用いることも、行動観察をより厳密に行う際の助力となるだろう。

2 ── 面接による評価

行動観察が自然な学びの場での様子を外から評価するのに対して、**面接**は直接本人と向かい合い、話を聞くことで本人像に迫る評価方法である。一般的には二者面接や児童生徒・保護者・教員の3名で行う三者面接などの形態で行われることが多い。当人から直接情報を収集することで、行動観察が困難な場面や状況について評

価することができる。例えば、家庭での学習状況、家族関係や放課後までを含めた友人との関係、地域での生活などは、面接でなければ評価することが難しいだろう。面接では、語られる内容だけでなく、面接中の態度や様子、表情や言葉の抑揚といった行動側面も重要な情報であるため、さまざまな観点から詳細に観察していくことも重要である。面接による評価には、面接方法によって**非構造化面接**、**構造化面接**、**半構造化面接**の3種類に分類することができる。

非構造化面接は、大枠以外の細かな内容は事前に決めずに実施する面接である。面接者は被面接者と自由に話し関わり合う中で、適宜質問を行っていく。手順や内容が決められていないため、個人を総体として理解・評価することが可能である。一方で、面接者の主観が強く影響することにより、**評価者バイアス（評価者による偏り）**が生じることがあるので十分に注意することが重要である。

構造化面接は、質問項目や順序などを事前に決めた流れに沿って行う面接である。手続きが厳密に決められているため、評価者バイアスが生じにくく、面接者が異なっていても同様の結果が得られやすい。しかし、手続きが厳密であるがゆえに情報の質が偏りやすいため、面接実施前に何のための面接なのか、どのような情報が必要なのかといった目的を明確にしておくべきである。

半構造化面接とは文字の通り、非構造化面接と構造化面接の特徴を合わせた面接方法である。半構造化面接では、面接で聴くべき内容が大まかな項目として決められているが、構造化面接のような質問順序や質問時の投げかけの方法までは決まっていない。そのため、非構造化面接よりも厳密な評価が可能であり、構造化面接より柔軟に情報を収集することが可能である。バランスの取れた面接法であるため、Vineland適応行動尺度★9などの発達検査にも広く採用されている。

3 ── 行動所産物による評価

教育実践を展開していると、子どもが作成した文字や文章、絵や作品などが得られるだろう。このような教育実践の中で子どもが作成した所産物から子どもの状態を読み解くこともアセスメント方略の一つである。アセスメントとして構造化・標準化されてはいないが、所産物から読み解ける情報は多数ある。例えば、文字の字形からは、指先の運動の巧緻性や力、衝動性の制御力、物を正確に捉える力の程度などを見ることができる。書字についての評価は、ディスレクシアなどの学習障害の評価を行うために重要な情報となるだろう。また、作文などの記述内容や自由画は投影法性格検査のような側面を持つため、その子どもの自己概念、自己理解の程度、他者との関係性の持ち方、ストレスや攻撃性への対応方法（コーピングスキル）など、さまざまな無意識レベルの性格・行動傾向を評価することができる。このように、行動所産物からは多くの情報を得られる反面、解釈や評価をするためには高

★9 Vineland適応行動尺度
スパロウ（Sparrow, S. S.）らが開発した適応行動を評価するための発達検査。コミュニケーション、日常生活スキル、社会性、運動スキル、不適応行動の5領域について、保護者や近親者への半構造化面接から評価する。対象年齢が0歳～92歳と幅広く、教育だけでなく医療・福祉の幅広い領域で使用されている。日本ではVineland-Ⅱ適応行動尺度が標準化されている。

度専門的な知識が必要であるため、担当教員のみで判断するのではなく、特別支援教育コーディネーターやスクールカウンセラー、外部専門家と協働で行う支援会議などで専門家からの判断を仰ぐことも重要である。

4 ── 三項随伴性（ABC分析）

　ヒトは環境から影響を受け、また環境に働きかけることで生きている。ここで述べている環境とは、「ある個体の皮膚より外に存在するすべて」と定義される。ヒトは環境の刺激を手がかりとして行動を表出し、その結果、環境よりフィードバックを受けることで行動を維持している。

　行動を引き出す環境の出来事（刺激）を先行事象、行動によって変化した環境の出来事は結果事象と定義される。この「先行事象（Antecedent）－行動（Behavior）－結果事象（Consequence）」の3つの連鎖を**三項随伴性**と呼び（Antecedent-Behavior-Consequenceの頭文字から**ABC分析**とも呼ばれる）、行動が起こり、維持されている仕組みを読み解いていく方略が相互作用のアセスメントである。結果事象が行動を起こしている本人にとって有益であれば、その後も行動の頻度は増加もしくは維持される。このメカニズムを**強化**と呼んでいる。逆に、結果事象が不快、あるいは環境に変化を与えない場合は、直前の行動の頻度は減少する。強化の逆である現象を**弱化**もしくは**罰**と呼んでいる。重篤な問題行動の中には、教員が弱化や罰を行っているつもりで、逆に強化してしまっている場合がある。その例を以下に図示した。

　図8－6は、ある児童生徒（A君）が授業中に立ち歩いてしまう場面について、三項随伴性の枠組みで分析したものである。A君を見た教員は声をかけ、問題のヒント（結果事象）を出していることが分かった。A君は問題のヒントによって難しい課題を解けるようになるため、この手続きは「強化」であり、立ち歩きは今後も

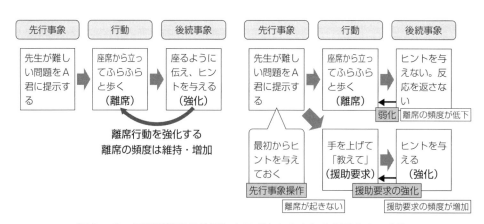

図8－6　三項随伴性の分析による「立ち歩き」の行動変容の方法

続いていくことが分かる。強化のメカニズムが明確になったため、A君の不適切な行動を減らし、より適切な行動を増やすためには、図8−6のような関わりが考えられる。まず、立ち歩きが起きてもヒントを与えないことで、立ち歩きが有益な行動でないようにしていく方法（結果事象の変更）が考えられる。次に、立ち歩き以外の援助要求行動を教えることで、適切な行動に切り替えていく方法（適切な行動の形成）も可能だろう。そして最後に、最初からヒントを出しておくことで、問題に答えられない状況を減らすという方法（先行事象の変更）が案出される。このように、行動観察をするだけでなく、そこから得られた結果を分析することで、より効果的な支援方略を構築することができるのである。

第4節　教育活動を評価するための方法

1 ── 伝統的な教育評価

1．教育評価のサイクル

　「教育評価」という言葉を聞くと、テストでの評価や入学試験などを思い浮かべるのではないだろうか。しかし、本当にそれだけで教育を評価できるのだろうか。また、教員が提供した授業・教材・課題などが児童生徒一人一人にどのような教育効果を与えたのかを評価しなければ、より良い教育活動を展開することは難しいだろう。アメリカの教育学者ブルーム（Bloom, B. S.）は、ある目的を達成するための授業展開の中で、①**診断的評価**（diagnostic evaluation）、②**形成的評価**（formative evaluation）、③**総括的評価**（summative evaluation）の3段階から評価することを提唱している[7]。

　診断的評価とは、教育・単元活動の実施前に行う評価である。その目的は、これから展開する教育活動について、児童生徒が十分に対応するだけの知識や能力の準備が整っているかどうかを判断することである。もし、教育・単元活動に参加するだけの準備が整っていなかった場合には、教育目標の決定に立ち戻り目標を基礎的なものに変更することも考慮すべきである。また、この評価は、児童生徒にとって学習内容の基礎を確認する項目となり、連続的な学習と単元間のつながりを意識するために利用することが可能である。

　形成的評価は、教育・単元活動を行う前の診断的評価と異なり、実際の活動中に実施する教育活動の評価である。教員は活動を展開しながら、学び手である児童生徒が教育内容をどの程度理解しているかを把握する。もしも、事前に想定していた学びとの差異が認められた場合は、活動中に内容を変更（目標の修正、手続きの修正、スピードの修正）し、児童生徒の学習が最大化されるように適宜対応していく

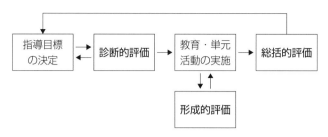

図8－7　教育活動のサイクル

ことが求められる。一方、形成的評価は学び手である児童生徒にとって、自身が理解・達成できたこと、あるいは理解・達成できていないことを把握するツールにもなる。実際に教育・単元活動で利用される評価方法は、授業内の質問とそれに対する回答、小テストの点数、作成した作品、授業内の様子（行動観察の結果）、リアクション・ペーパーの内容など多岐にわたる。

　総括的評価とは、教育・単元活動が終了した際に実施する評価である。ある期間での教育効果を総合的に判断する目的で行われることが多いため、事後評価と呼ばれることもある。中学校や高校で行われる学期末考査などは総括的評価の代表的なものである。教員は総括的評価を通じて、自身の教育活動の成果を査定し、得られた結果をもとに指導目標の修正や再設定、授業内容や指導方法の変更を検討する。そして、新しい指導目標を設定し、新しい教育・単元活動の準備を行うのである。

　以上、3つの教育評価を概説した。教育評価の重要な点は、児童生徒の授業参加や内容の理解が深まっているかどうかをモニタリングしていくことである。教員が常に自身の教育活動を振り返り、児童生徒の学習達成状況や課題への取り組みに基づいて、教育活動の計画（Plan）－実行（Do）－振り返り（See）のサイクルの仕組みを作り上げ、日常的に維持していくことが、効果的な教育実践の基礎となる（図8－7）。

2．教育評価の基準

　前項では、教育評価のサイクルについて述べた。本項では、教育評価を行う際の基準について分類し解説する。評価とはある基準をもとに比較することであり、評価基準により相対評価、絶対評価に分類することができる。

　相対評価とは、ある個人の成績や得点が、所属している母集団（クラス、学年、地域、国）の中でどこに位置しているかを特定する評価方法である。評価結果は、全体の中で何番目に位置しているかという順位だけでなく、全体の何％以内に入っているかを表す**パーセンタイル順位**、全体の平均やばらつき（分散）などをもとに統計的な処理から算出した**標準偏差値**などでも表すことができる。相対評価は母集団との比較から評価するため、一人一人の能力を厳密に位置づけることが可能であ

る。しかし、母集団の人数が少ない場合は全体の成績に偏りが生じやすく、同じ１点差でも重み付け★10が大きく変わる可能性がある。さらに、正確に比較できることから、競争心を過度に煽ってしまうことや、個人内の得意・不得意の推移を追うことが難しい点には留意すべきである。

　絶対評価とは、目標への到達度と比較する評価方法である。他者との比較ではなく到達度という目標の到達を基準とした評価であることから、「目標準拠評価」と呼ばれることもある。絶対評価は、一見すると主観評価と類似する部分が多い。しかし、主観評価では、教育評価をするうえでの客観性や妥当性が保証されない。そのため、教育実践においては到達度を細かいステップに分割し、その個人がどの程度の達成状況であるかについての基準を用意しなければならない。この目標を小さなステップに分けることを「目標の具体化」という。また、後述するが、具体化した目標を記述した**ルーブリック**を作成するなど、教育実践に関わる人間が共通した基準を持てるような仕組みをつくり、評価の客観性を保障することが必要である。なお、子どもの取り組みを評価する軸に応じて、個人内評価★11や到達度評価★12という評価方法も存在している。

3．教育評価の対象

　教育評価を分類する際、教育評価を誰が行うのかという観点からも分類することができる[8]。ここでは、**他者評価、自己評価、相互評価**について順に解説する。

　他者評価では、評価を行う人物と評価を受ける人物が別である。教育現場では、教員による子どもの評価、保護者による子どもの評価が他者評価に相当する。他者評価は評価対象と評価者が別の人物なので、比較的客観的に評価を行うことが可能である。しかし、評価者からの一方的な評価になりやすい点には留意が必要である。

　自己評価では、評価者と被評価者が同一人物である。自分が行った宿題を自分でチェックする、定期試験前の家庭学習時間を自分で記録するなどが自己評価である。自身が評価を行うため、評価者バイアス（偏り）が大きくなり、客観的かつ厳密な評価とは言い難い。しかし、自己評価を行うことは自分の行動を客観的に分析することにつながり、自己行動を変化させる自己調整（セルフコントロール）や自己管理（セルフマネージメント）の基礎をつくるため、教育的な意義は大きい。

　相互評価は、クラスメートなどの学習集団の構成員同士が評価をし合うものである。同集団での評価であるため、妥当性の高い評価が可能である。しかし、評価において評価者間の関係性の力学が生じるため、児童生徒同士の関係性なども考慮する必要がある。

★10　得点の重み付け
あるテストを100名の生徒に実施したとき、80点と85点の間に生徒が１名しかいなかった場合と50名いた場合では、１点に対する順位や平均値の意味合いが大きく異なる。このような得点と実際の順位の間に差があることを得点の重み付けが異なるという。重み付けを均等にするためには標準化作業などの統計処理が必要となる。

★11　個人内評価
点数や到達度など他者や評価基準との比較ではなく、児童生徒本人にどのような変化（成長）があったかのみを評価する教育評価方法。個別性の高い児童生徒集団を評価することが可能なため、障害児教育や特別支援教育で採用されることが多い。

★12　到達度評価
他者との比較ではなく、教科内の到達度基準（例：ひらがなをすべて書くことができる、漢字を５つ以上読めるなど）をどの程度達成したかで評価する絶対評価方法の一つ。教育効果をテストなどの点数化で評価しにくい実技教科（音楽、図工、美術、技術、家庭科、体育）で採用されることが多い。

2 ── 新しい教育評価の方法

本章では厳密かつ客観的な方法を中心として、教育活動の計画・実施・評価のサイクルまでを概観してきた。教育活動の評価を、さまざまなフォーマル・アセスメントとインフォーマル・アセスメントの2軸から紹介したが、両者ともに教育活動の「結果」を評価している。しかし、教育活動を結果だけで評価して良いものなのだろうか。また、学校などの教育現場だけで、実際の社会で自立した生活を送る力を評価できるのだろうか。このような批判から、「**真正の評価（Authenticity）**」[★13]の考え方や、児童生徒が学んでいく過程や取り組み全体を評価しようと試みる新しい教育評価の方法論も提唱されている[8]。ここでは、①**パフォーマンス評価**、②**ポートフォリオ評価**の2つを取り上げて概説する。

パフォーマンス評価とは、正答がある程度決められているテストのような形式ではなく、小論文やレポート、プレゼンテーション、実演などの自由度の高い課題で教育効果を評価する方法である。自由度の高さ、曖昧なものから評価するといった点では、性格検査で挙げた投影法検査に近いといえるかもしれない。より現実に即した形で評価が可能であるが、評価するときに正誤といった一般基準で採点することが困難である。そのため、パフォーマンス評価を導入する場合には、課題の選定と合わせて**ルーブリック**（rubric）という採点基準を作成する必要がある。ルーブリックとは、課題内容に合った具体的な採点基準の集合体である。例えば、小論文での「主題に対して自身の考えが明確に述べられている」「段落が起承転結でまとめられている」などの基準である。ルーブリックを設定することで、回答者や採点者が異なっても一定基準の客観性を保持できるため、パフォーマンス評価が教育評価としての機能を有するのである。言い換えれば、ルーブリックを設定しない論述試験や実技試験は、教育評価としての最低限の妥当性を持たないため、評価方法としては不適切であるといえるだろう。

ポートフォリオ評価とは、ある時点で実施した課題や行動の結果から評価するのではなく、さまざまな評価情報に基づいて教育・単元活動の取り組み全体から評価しようと試みる方法である。ポートフォリオとは元々「書類入れ」を意味しており、デザインや芸術などの分野で主に用いられている言葉である。デザイナーがアイデア、ラフスケッチ、着想に至るメモなどをまとめて保管し、クライアントにそれらのプレゼンテーションを行っていたことが語源である。教育活動でのポートフォリオは、ある教育・単元活動で使用したノート、プリント、ディスカッションの内容、小テスト、活動記録、観察メモなど、さまざまな所産物が相当する。このような所産物すべてを評価対象とし、学びに至る過程から教育活動を評価するのである。なお、ポートフォリオとして扱うものの中に、音声データや撮影した写真、動画なども含む場合があるため、ハードディスクなどの記録媒体、ネットワーク上のストレ

★13 **真正の評価**
アメリカの教育コンサルタントであるウィギンス（Wiggins, G. P.）が提唱した概念。学校で扱われる授業や課題が現実的な場面では有用に働かないことを指摘し、より現実的な課題や実際の現場で問題解決に取り組む必要があることを説いた。これは学校教育が標準的なテスト（Standard Test: 学力検査や定期試験）での評価に重きを置いていたことへの批判から生まれており、本章後半で取り上げている新しい評価方法の開発のきっかけとなった。

ジなどを用いたeポートフォリオなども近年拡大しつつある。

　近年、子どもと関わる際、専門性を有した教育者である教員自らが教育実践の効果を客観的に評価し、自己内省することが求められている。本章では、まず、多様な教育ニーズのある子どもたちを理解し効果的な教育実践につなぐために、アセスメントの方法を概観した。そして、自身の教育活動の効果を評価する方法や教育評価のタイミングや形態についても解説を加えた。以上に基づいて教育活動を評価していくサイクルが、効果的な教育実践を実現していく一助になるであろう。

★さらなる学びのためのブックガイド★

・橋本浩（2017）『子どもの心を診る医師のための発達検査・心理検査入門』中外医学社
　子どもの臨床に関わる発達検査・心理検査をやさしく紹介している書籍である。具体的な例示も多く、医師でなくてもさまざまな検査の概要や解釈の流れを知ることができる。

・西岡加名恵・石井英真・田中耕治編（2015）『新しい教育評価入門―人を育てる評価のために―』有斐閣
　本章で紹介した新しい教育評価を含め、近年開発された教育評価方法が紹介されている。伝統的な教育評価の紹介や比較もされており、より深く知りたい方は一読を勧める。

・須田正信編（2009）『基礎からわかる特別支援教育とアセスメント』明治図書出版
　特別支援教育とタイトルにあるが、児童生徒理解に大切な行動観察や保護者からの情報収集、心理検査の解釈、子どもを理解する発達的視点が紹介されている。本章の中でインフォーマル・アセスメントについて興味を持った方は、この書籍を通して一段階深い児童生徒理解ができるようになると思われる。

教師を支える心理士―巡回相談という教育支援―

　学校に関わる心理学の専門家と聞くと、スクールカウンセラーを思い浮かべる方が多いのではないでしょうか。それでは、「巡回相談」という仕事を聞いたことがありますか。

　スクールカウンセラーは、心の専門家として学校内で児童生徒へのカウンセリングや相談、保護者への心理教育などに携わる職業です。主に、悩みや葛藤・ストレスなどについて、本人に直接関与する（ここではカウンセリングなどの心理面接）ことで解決を目指します。一方、巡回相談を行う巡回相談員はスクールカウンセラーと同じ心の専門家ですが、悩みや適応上の難しさを抱える方へ直接関与することはありません。巡回相談では、巡回相談員が行動観察などのアセスメントの結果から、適切な対応方法や支援方法、子どもの成長を支えるための仕組みづくりを学校へ提案したりしながら、職種の異なる専門家同士が対等な関係で相談する間接的な支援を展開します。したがって、直接関わる対象は「児童生徒」ではなく、「担任の教師」「児童生徒の所属する学年教師集団」「学校全体」です。

　巡回相談員は短時間のインフォーマル・アセスメント（行動観察、行動記録、行動所産物）から児童生徒の実態をつかみ、現在起きているさまざまな適応上の難しさを解決する方法や関わり方を学校に提案するという学校コンサルテーションを行います。もちろん、児童生徒だけでなく直接支援に関わる担任教師や学校・学級環境全体のアセスメントも同時に必要となります。さらに、巡回相談員との合議で決定した支援計画が適切に実施できているかどうかについて、教師自身がセルフモニタリング（自己チェック）し、常に見返すことができるような流れや仕組みも提案したりします。スクールカウンセラーが「子どもの心を支える専門家」とするなら、巡回相談員は、「子どもの成長・発達を支える環境調整の専門家」といえるかもしれません。

　少数者や社会的な弱者も積極的に活躍できる社会である共生社会の実現や、誰もが平等な環境で適切な教育を受けられるインクルーシブ教育を進めていくうえで、子どもと学校の間に立ち調整を行う巡回相談員のような職業は、今後も重要になっていくのではないでしょうか。

◆第8章ミニットペーパー

年　月　日（　）第（　）限　　学籍番号＿＿＿＿＿＿＿＿　　氏名＿＿＿＿＿＿＿＿

本章で学んだこと、そのなかで感じたこと

理解できなかったこと、疑問点

TRYしてみよう

①標準化作業を通じて信頼性と妥当性を確保した評価方法を（　　　　　　　　　　）と呼ぶ。

②（　　　　　　　　　　）という評価方法は、労力が少なく個人を評価できるが、厳密さに欠けるという欠点を持っている。

③（　　　　　　）は、回答用紙に答えることで個人を評価する性格検査である。

④（　　　　　）は、曖昧な課題を用いることで無意識の性格傾向を評価できる。

⑤ウェクスラー式知能検査は（　　　　）で全体的な知的水準を表す。

⑥本人と対面して会話する（　　　）は、代表的なインフォーマル・アセスメントである。

⑦ブルームは教育活動の評価をそのタイミングから、診断的評価、（　　　　　）、総括的評価の3つに分類した。

⑧到達度ではなく、ある集団との比較による評価を（　　　　　）という。

⑨（　　　　）は評価自体が自己調整や自己管理を伸ばすことに大きく寄与する。

⑩パフォーマンス評価を実施する際には、事前に（　　　　　　　）を作成し、評価の基準を準備しなければならない。

第9章 社会性の発達と多様な人間関係

◆学びの入り口～教育現場の事例から考えてみよう！～

事例：「いじめ」を傍観するか、止めるか

子どもたちの人間関係の問題で、深刻な事態になってしまうこともあるのが、いじめです。しかし、「いじめ」なのか「ふざけ」や「いじり」なのか、境目は曖昧です。

あるとき、教師であるあなたは、教室のなかで「空気がよめない」などと言われることのあるIさんが、暗い表情をしている様子を見かけました。そこで、Iさんに「何か、あったの？」「いじめられたんじゃない？」と声をかけたところ、Iさんは「大丈夫です」「何もありません」と言います。しかし、授業中も、Iさんへの周囲の生徒の様子がよそよそしい感じがします。

◆ワーク：次の問いに対してあなたの考えをまとめてみよう

・あなたが教師である場合、上記の事例にどのような対応をしますか。

◆ワークに対する考え方・ヒント

いじめは、被害側・加害側だけではなく、見て面白がる観衆や、見て見ぬ振りの傍観者もいて成り立つ集団現象です（第11章も参照）。面白がったり、何も言わないでいたりする人を見て、加害側は、自分の行動が支持されていると思い込んでいます。

一方で、一人でいじめを止めに入ると、次は自分がいじめられる可能性があります。また、先生や保護者に伝えると「ちくった」と言われる場合があります。

教員側も実態を掌握しないで学級会議などをすると、「先生が暴走した」などと言われることもあります。そのような状況の中で何ができるのか、考えてみましょう。

第9章 社会性の発達と多様な人間関係

> **学びのポイント**
> - 他者との出会いや関わりが、子どもの社会性の発達において果たしている役割を理解する。
> - 乳児期から青年期までの社会性、社会的認知発達についての基礎的な知識を身につける。
> - 教育現場における人間関係に関わる諸問題について理解を深める。
>
> **キーワード**
> □社会的参照　□共同注意　□共感　□誤信念課題　□心の理論
> □向社会的行動　□道徳性の発達　□コールバーグ　□モラルジレンマ
> □集団帰属意識

第1節　人間関係の広がりとその質的な変化

1 ── 人間関係の広がり

　生物としてのヒトは、個人で自然環境と向き合うだけではなく、集団の中で生活している。つまり、自然環境と同時に、人間関係という社会的環境の中で生きているのである。社会的環境は、地域や時代、所属する社会階層などによって、文化・歴史的な状況が異なる。そして、他の動物種の多くは単独か、または生物学的な親の保護を受けて育つのに対し、ヒトは、祖父母や共同体内の大人など、親以外の多くの大人からも保護と教育を受けて育っていく。

　第1章でも述べたが、ブロンフェンブレンナー（Bronfenbrenner, U.）は、そのような人間関係の広がりを、マイクロシステムとしての共住単位から、その共住単位の集合体としてのメゾシステム、さらにそれら全体の集合体としてのマクロシステムとして概念化した[1]。のちに、そこに時間軸をクロノシステムとして組み込んでいる。この世に生を受けた子は、まずは、そのマイクロシステムのなかで適応し、やがて、さらに広いシステムの中に生きていくことを期待される。

　しかし、人間関係の広がりには自然環境とは異なる危険性もひそんでいる。近年は特に、インターネットのSNSなどを通じて見知らぬ人と知り合い、事件に巻き込まれる事例もある。親世代とは社会への参画の仕方や他者との出会い方が大きく異なってきている中で、子どもが大人から学び、大人が子どもを守るということが、より難しくなっている。

2 ── 人間関係の質的な変化

　上記のように、子どもは成長の過程で人間関係を広げていくが、それは、単に等質な関係を量的に増やすだけではない。出会う相手によって関係の質は異なるし、同じ相手との関係性も変化していく。

　例えば、養育者との関係は、第1章で述べたアタッチメント形成だけではなく、「自我の芽生え」「自分らしさの模索」のような現れ方で質的に変化していく。同年代の子どもとの関係も、児童期以降、ギャング・グループ、チャム・グループ、ピア・グループなどと称されるような質的変化を伴う（詳細は第10章を参照）。恋愛のパートナーにしても、仕事のパートナーにしても、相手は誰でもいいということはまずなく、そこに相互選択の成立の困難さの問題も生じる。そのような人間関係の拡大と質的変化と困難があるからこそ、人生はいろいろであり、悲喜こもごもの物語となる。

　本章第2節では、人間関係の広がりのなかで、子どもたちが培っていく「ちから」について述べる。ここでいう「ちから」とは、物理学的な「力」とは異なり、人間関係の中で、他者と良好な関係を築くために必要とされるものである。それは能力やスキルといった狭いものではなく、気質、認知傾向、動機づけなど多様な側面を持っている。本章では、それらの側面も全て含めたものとして、「ちから」という言葉を用いる。RPG（ロールプレイングゲーム）で、経験値を上げつつアイテムを獲得していくように、時間をかけて形成・獲得するものとして表現するが、そういう実体が存在するわけではない。したがって、その「ちから」の分類も恣意的なものであるが、ここでは、周囲の人を分かっていく「ちから」と、周囲の人と生きていく「ちから」に分けて述べていく。そのうえで、より良く生きていく志向性としての「道徳性」について述べる。

　第3節では、人生の時間軸に沿って、それらの「ちから」の獲得の過程と、周囲の大人の関わりを扱うとともに、多文化共生の在り方を考える。私たちは、第2節で述べるような「ちから」を人間関係の中で育みつつ社会生活を営んでいるが、その「ちから」が不十分であったり、使い方が不適切であったりするとさまざまな問題が生じる。そのため、それらの問題と実践者の関わり、問題に対処する中での子どもの成長について例示していく。それらの問題は、集団生活の中での「困った出来事」でもあるが、同時に、子どもにとっての「学びの機会」でもある。

第2節　人間関係の中で育っていく「ちから」

1 ── 周囲の人を分かっていく「ちから」

1．社会的参照

　ヒトは、生まれたときから他者の存在にとても敏感である。例えば、生まれたばかりの乳児は、人の顔らしい図形に対し、そうでない図形よりも多く注意を払うことが知られている[2]。他者に注意を払う性質を持っていることで、乳児は多くの社会的刺激に触れる機会を得ることになる。多くの社会的刺激に触れて育つことは、後の社会性の発達の基盤となる。

　生後9カ月～1歳頃になると、他者の動作や表情を手掛かりにして自分の行動を調整するようになる。例えば、図9-1のように高所にガラス板を張った視覚的断崖と呼ばれる装置を用いた実験では、1歳頃の赤ちゃんは母親の表情を手掛かりにして、ガラス部分を渡るか否かを決めることが知られている[3]。つまり、母親が引きつったような表情をすると赤ちゃんは渡ることをやめ、母親が笑顔を見せると渡り始めるのである。このような行動は**社会的参照**（social reference）と呼ばれ、赤ちゃんが他者の視線や表情の意味を理解し、他者の発する情報を利用できることを示している。

図9-1　視覚的断崖
出典：Gibson & Walk（1960）[4]をもとに作成

2．共同注意

　生後間もない時期の他者との関わりは、乳児と大人が対面して声をかけ合うなど、二者間での直接的なやりとりに限られている。これを**二項関係**[★1]のコミュニケーションという。しかし、生後9カ月頃になると、赤ちゃんは他者の視線の先を追うようになり、それによって他者が注意を向けている対象に同時に注意を向けることができるようになる。このように他者と同時に同じ対象へ向ける注意を**共同注意**（joint attention）という。共同注意が成立すると、二者間での直接的なやりとりだけでなく、注意の対象を通した**三項関係**のコミュニケーションが可能になり、コミュニケーションの幅が大きく広がる。また、養育者と注意を共有していると、養育者が発する言葉が何を指しているのかが理解できるようになり、言葉を効率よく

★1
二項関係のコミュニケーションには、赤ちゃんと大人のような対人関係のものの他、赤ちゃんとモノというような対物のものもある。

学べるようになる[5]。

1歳頃になると、他者の視線を追うだけでなく、**指差し**などを用いて自ら他者の注意をコントロールすることもできるようになる。指差しを用いて自分が欲しいものを要求したり、他者の注意を自分の注意対象へと向け、共同注意の状態をつくり出したりすることが可能になるのである。

3．模倣

ヒトの子どもは、他者の模倣をとてもよく行う。生まれたばかりの乳児は、舌出しなどの大人の表情のまねをすることがあり、この現象は新生児模倣と呼ばれている[6]★2。新生児模倣自体は生後約2カ月で見られなくなるが、その後、生後9カ月を過ぎる頃から、他者のさまざまな行動を模倣するようになる。この模倣は単なる他者の行為のコピーではなく、行為者の意図をふまえて行われることが知られている[7]。例えば、1歳半の子どもは、失敗した他者の行為を見たとき、失敗をそのまま模倣するのではなく、他者がどのような行為を行おうとしていたかを推測して模倣することが示されている[8]。

模倣によって、子どもは道具の使い方や運動の仕方などを効率よく学習することができるようになる。模倣による学習は、子どもが人間社会で生きていくために必要なスキルや文化的慣習を身につけるために不可欠である。同時に、模倣を通して他者と同じ身体経験をすることは、他者と情動を共有し、心的な距離を縮めることにも役立っているといえるだろう。

4．情動的共感と認知的共感

共感は、他者の気持ちを理解するための基礎であると同時に、困っている他者を助けたいという動機にもつながる。共感の分類の仕方にはさまざまなものがあるが、近年では、**情動的共感**（emotional empathy）と**認知的共感**（cognitive empathy）の2つに分けて考えられることが多い。

情動的共感とは、無意識的、自動的に他者と類似の情動を経験することを指す。例えば、他者が注射を受けているところを見て、自分自身が注射されたわけではないのに苦痛に感じるといった場合がこれに当たる。新生児は他の新生児の泣き声を聞くと泣き出すことが知られているが、これは、泣いている新生児の情動が泣き声を聞いた新生児へと伝わり不快になるために起こると考えられている。

一方、認知的共感は、他者の置かれた状況に適した感情を認知的に理解することを指す。他者の視点に立って考えるには、第2章で述べた視点取得の能力が重要になる。幼い子どもは他者の視点に立つことができないため、他者が自分と異なる考えや信念を持っているということを理解するのが難しい。このことをよく表しているのが、**誤信念課題**（false-belief task）である。

★2
ただし、新生児模倣を再現できなかったとする報告も少なからずある。また、新生児模倣がなぜ生後2カ月頃に見られなくなるのか、新生児模倣とその後の模倣は連続しているのかなど、分かっていないことは多い[7]。

第9章 社会性の発達と多様な人間関係

図9-2 サリー・アン課題

出典：Frith et al.（1989）[9]をもとに作成

　図9-2は、最もよく知られている誤信念課題の一つで、サリー・アン課題と呼ばれる。この課題では、サリーが外へ出かけている間に、サリーがかごの中へ入れたビー玉をアンが箱の中へと移してしまう。サリーはアンがビー玉を移すところを見ていないので、ビー玉はかごの中にあると思い込んでいるはずである。しかし、サリーがそのような思い込みを持っていると理解できるようになるのは、4歳頃になってからとされている★3。

　誤信念課題は、「**心の理論**（Theory of Mind）」の発達を測定するために開発された課題である。「心の理論」とは、意図や信念など、直接観察することのできない他者の心の状態を推測する能力を指す。サリー・アン課題に正解するためには、サリーが「ビー玉はかごの中にある」という思い込み（誤信念）を持っていることを子ども自身が推測する必要がある。

★3
ただし、近年では、視線反応を用いた実験により、乳児期から潜在的なレベルでの誤信念の理解があることを示唆する研究もある[10]。

169

サリー・アン課題で必要となるのは「Aは○○と思っている」という推測である。しかし、私たちの生活の中では、「『Aは○○と思っている』とBは思っている」のようなより高次の推測が必要となる場面もある。サリー・アン課題で推測が必要とされる誤信念を一次誤信念というのに対し、後者のような入れ子構造の誤信念は二次誤信念と呼ばれる。二次誤信念は幼児には理解できず、児童期になって初めて理解できるようになる[11]。

2 ── 周囲の人と生きていく「ちから」

1．向社会的行動

　他者の利益になることを意図して行う行動を**向社会的行動**（prosocial behavior）という。向社会的行動の代表的なものとしては、困っている他者を助ける援助行動、自分のものを他者に分ける分与行動、困っている他者に寄り添うなどの慰め行動などがある。向社会的行動は1歳過ぎから見られるようになる。この時期の向社会的行動として、例えば、他者の落とした物を拾ってあげるなどの援助行動が知られている[12]。

　しかしながら、この時期は自分と他者の感情を区別して他者の感情を認知的に理解する能力が不十分なため、適切な向社会的行動をとれないこともある。例えば、泣いている相手をなだめるために、相手が欲しがっているものではなく自分が欲するものを渡してしまうことがある。これは、自分と相手とでは欲するものが異なることが理解できていないことから起こると考えられる。認知的共感の発達に伴って、相手が必要としていることは何かを考え、相手の状況に応じた向社会的行動ができるようになっていくのである[13]。

2．互恵性

　他者に対して向社会的に振る舞うことは、望ましいことのように見えるが、いつでも誰に対しても向社会的に振る舞っていると、騙されたり利用されたりしてしまうこともある。そこで、子どもは、協力し合える他者とそうでない他者を見分けることも必要になる。二者間で互いに向社会的に振る舞い、助け合うことで、両者ともに利益を得られる関係性を**互恵性**（reciprocity）という。4～5歳頃から、協力的な他者には協力的に、非協力的な他者には非協力的に振る舞う傾向が見られ始め、他者との間に互恵性が成立するようになる。この過程では、協力的に振る舞うことで見返りとしての協力や援助が得られたり、逆に協力的に振る舞うことで利用されてしまったりという他の子どもとの関わり経験も重要な役割を果たしている[14]。

　互恵性が成立するようになると、他の子から協力し合える相手であると思われることも人間関係を築くうえで大切になる。そこで、他者から見られているときには、

「良い子」らしく振る舞う行動も出てくる。他者の目を気にし、他者から良く思われるように振る舞うことも、人間関係の中では重要なスキルなのである。

3．実行機能の役割

　第2章および第4章で述べた通り、**実行機能**は従来、学力などの知的な能力との関連が注目されてきた。しかし、近年では社会的行動への実行機能の寄与を明らかにする研究も増えてきている。社会生活の中で、他者と協調したり、ルールを守ったりしていくためには、自分の欲求を我慢しなければならないことも多い。例えば、自分が遊んでいるブランコを、順番を待っている他の子に譲るという行動を考えてみよう。ブランコを譲るのが望ましい行動だということを理解していても、もっと遊びたいという欲求を抑えられなければ、その子はブランコを譲らず、独り占めしてしまうだろう。この場面で、もっと遊びたいという欲求を抑えて望ましい行動を選択するためには、実行機能、特に抑制機能が必要になると考えられる。

　実行機能は幼児期に飛躍的に発達するものの、その後も成人になるまで発達を続ける。思春期には非行や暴力など、衝動的な行動をとりやすくなることがあるが、ここにも、抑制機能の未成熟が関連しているという指摘もある[15]。また、実行機能は社会的認知能力との関連も深く、実行機能が成熟している子どもほど、「心の理論」の課題もよくできる傾向があることが知られている[16]。実行機能は、衝動や欲求の抑制や他者理解といった複数の側面から、社会性の発達を支えているのである。

3 ── より良く生きていく志向性としての「道徳性」

1．道徳性とは

　ここまで述べてきた2つの「ちから」は、いずれも他者とうまく関わっていくために欠かせないものである。しかし、これらの「ちから」を持っているだけで、他者と良い関係を築いていけるわけではない。他者の思考や感情を理解する「ちから」は思いやりや向社会的行動につながることもあるが、他方で、その「ちから」を用いて他者をだましたり、自分の都合だけ考えて利用したりすることも可能である。より良い社会生活を送るためには、先述の2つの「ちから」を持っているだけでなく、それらをどのように使うべきかの指針が必要であり、その指針となるのが「道徳性」である。

2．道徳の生物学的基盤

　子どもは、いつ頃から道徳性を育むようになるのだろうか。かつては、道徳性は成熟した理性によって支えられるものとする見方が支配的であった。このような見方によれば、理性が未熟な幼い子どもは、道徳性も未熟な存在として捉えられてき

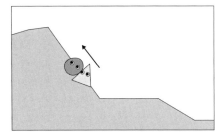
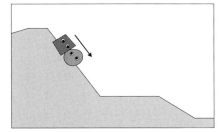

図9-3 ハムリンらによる実験

注：対象児は、他者（丸い物体）が坂を上るのを援助する物体（左）と、それを妨害する物体（右）を見る。その後、両者の物体を対象児の前に提示し、どちらに手を伸ばすかを調べる。
出典：Hamlin et al.（2007）[17] をもとに作成

た。しかし、近年の研究の進歩により、とても幼い時期の子どもにも、道徳性の萌芽が見られることが明らかになりつつある。ある研究では、生後10カ月の乳児に対して、①坂を上っている物体を坂の下から押し上げて援助する物体、②坂を上っている物体を坂の上から押し戻して邪魔をする物体、の2つを見せた後、乳児がどちらの物体を好むか調べた（図9-3）。その結果、①の坂を上っている物体を援助する物体を好むことが分かった。これは、10カ月という幼い乳児が他者の行為の善悪を評価していることを示している[17]。また、別の研究では、生後6カ月の乳児が加害者から被害者を守る「正義の味方」を好むことも明らかになっている[18]。これらの研究は、生後1年に満たない乳児にも道徳性の萌芽が見られることを示しているといえよう。

　乳児の道徳性に関するこれらの研究は、道徳性が文化的な学習だけに依っているのではなく、生物学的基盤を有するものであることを示唆しているといえるだろう。近年では、道徳性は進化の過程で獲得されてきたと考える研究が増えてきている。例えば、進化心理学者のハイト（Haidt, J.）は、道徳判断は理性的にではなく直感的に行われることを指摘し、理性を重視する従来の道徳観からの転換を試みている[19]。

3．コールバーグの認知発達理論

　道徳性の発達に関して最もよく知られている理論は、**コールバーグ**（Kohlberg, L.）の認知発達理論であろう。コールバーグは、道徳的推論を行う際の認知過程の変化を道徳発達として捉え、その認知過程を明らかにするため、複数の道徳的価値が葛藤する**モラルジレンマ**の場面での子どもたちの道徳的推論の形式の変化を調べた。コールバーグが用いたモラルジレンマの場面としては、以下に示す「ハインツのジレンマ」がよく知られている。

　　ヨーロッパで、一人の女性がたいへん重い病気のために死にかけていた。その病気は、特殊なガンだった。彼女の命をとりとめる可能性をもつと医者の考えて

いる薬があった。それは、ラジウムの一種であり、その薬を製造するのに要した費用の十倍の値が、薬屋によってつけられていた。病気の女性の夫であるハインツは、すべての知人からお金を借りようとした。しかし、その値段の半分のお金しか集まらなかった。彼は、薬屋に、妻が死にかけていることを話し、もっと安くしてくれないか、それでなければ後払いにしてはくれないかと頼んだ。しかし、薬屋は、「ダメだよ、私がその薬を見つけたんだし、それで金もうけをするつもりだからね。」と言った。ハインツは、思いつめ、妻の生命のために薬を盗みに薬局に押し入った[20]。

このストーリーを提示したうえで、「ハインツは、そうすべきだっただろうか？

表9-1　コールバーグによる道徳の認知発達段階

	段階	特徴	図式にすると
前慣習的水準	第1段階：罪の回避と服従志向	正しさの基準は外部（親や権力を持っている人）にあって、罰せられるか褒められるかが正しさを決定する。	親など→私
	第2段階：ギブアンドテイク道具的互恵主義志向	正しいことは、自分の要求と他人の要求のバランスがとれていることであり、「〜してくれるなら、〜してあげる」といった互恵関係が成立すること。	私⇔親など
慣習的水準	第3段階：よい子志向	グループの中で自分がどう見られているのか、どういう行動が期待されるのかが正しさの基準になる。つまりグループの中で期待される行動をとることが正しいことである。	私・他人・他人
	第4段階：法と社会秩序志向	個人的な人間関係を離れ、社会生活の中で、あるいは法が治める中で、どのように生きていくかを考えることができる。正しさの基準は、社会システムの規範に合致することである。	法や社会システム（私・他人・他人）
脱慣習的水準	第5段階：社会的契約と法律的指向	社会システムの中で生きながら、かつ社会システムの矛盾を見出し、それを包括するような視点を提起できる。	私／法や社会システム（他人・他人）
	第6段階：普遍的な道徳	正義（公平さ）という普遍的な原理に従うことが正しいことであり、人間としての権利と尊厳が平等に尊重されることが道徳的原理となる。	私／法や社会システム（他人・他人）

出典：荒木（2017）[21]

その理由は？」と質問する。ここでは、妻の生命を守りたいという価値と法律や財産権の尊重という価値が対立している。このようなモラルジレンマを用いて子どもたちの道徳的推論を調べたコールバーグは、その結果をもとに3水準各2段階（全6段階）からなる道徳的発達段階論を提唱した（表9-1）。

コールバーグの提唱した発達段階では、所属集団の慣習を習得する以前の自己中心的な視点で善悪を判断する前慣習的水準から、慣習を無批判に受け入れる慣習的水準、そして慣習を批判的に捉え直す脱慣習的水準へという発達が想定されている。そして、何歳頃にどの段階に達するかについては個人差があっても、発達の順序が入れ替わることはなく、この発達段階は文化普遍的であるとした。

コールバーグの理論は、道徳教育に大きな影響を与えたが、広く知られているがゆえに批判も多い。例えば、コールバーグは彼の発達段階を普遍的なものと考えていたが、これに対し、彼の想定する道徳性が欧米的かつ男性的な見方に偏っているとする批判があった。**ギリガン**（Gilligan, C.）は、コールバーグが重視している「公正さの道徳」は主に男性が発達させていくものであり、それに対し主に女性は「配慮と責任の道徳」を発達させていくとした[20]。また、前述のハイトは、道徳判断は直感的に行われるという立場から、合理的推論を重視するコールバーグを批判している。

第3節　人間関係の中で直面する問題と子どもの発達

1 — 問題を乗り越えての発達

幼児期には、保育園や幼稚園などでの遊具の取り合い等で、**いざこざ**が生じる場合がある。家庭では主に個人の所有であった遊具が園ではみんなのものであり、占有していた幼児が一時的にその場を離れた際に、他の幼児が使い始めてしまうような場合である。このような場合、「自分が先に使っていた」という**先占の主張**がされたりするが、「ずっと使っていなかった」などと他児から反論されることもある。園によっては、3歳児クラスの入園時からおもちゃなどの数を徐々に減らし、このいざこざが適度に生じるような環境を準備している。そのようないざこざに保育者が関わって、幼児が自己表現することを促し、また、「じゅんばんこ」「じゃんけん」「いっしょに使う」などの解決策のレパートリーを広げ、やがて自分たちで解決策を提案できるように促す様子も見られる。

また、仲良しの2人の幼児が、**じゃれっこ遊び**（rough and tumble play）でふざけていたつもりが、本気のケンカになってしまう場合がある。ふざけていつつも表情や言葉で伝えていた「これは遊びだよ（This is play）」という**メタ・メッセー**

ジの伝え損ないや読み間違いがあった場合、また、意図しない傷つけが生じた場合などである。そのような場合、保育者が二人の仲立ちをし、「お口で言おうね」などと促し、行為の意図（傷つけるつもりはなかった）と被害感情（傷ついた）のずれを明らかにするなどして、**仲直り**がなされる。

仲直りの場面では、「ごめんね」に「いいよ」と応じるような定型の会話が、歌のような抑揚をつけて行われることが多い。このような謝罪の会話は２歳頃から見られ始めるが、幼い時期は自らの責任を認めて罪悪感を持って謝罪しているとは限らず、「加害者は被害者に謝り、謝られた方は許容する」という**スクリプト**（第５章参照）に従っただけのことが多い[22]。それが、次第に責任感や罪悪感を伴った謝罪ができるようになる。同時に、謝罪を受ける側も、謝罪されたら無条件に許容するのではなく、相手が誠実に謝罪しているかを見極めて、許容するかどうか判断するようになる。加害者は反省して誠実に謝り、被害者は加害者の誠実さを見極めて謝罪を許容することで、葛藤を解決し、人間関係の破綻を避けることができるようになるのである。

他者との関わりの中では、自分の要求と他者の要求が両立せず、折り合いをつけなければならない場面も多い。そのようなときは、状況に応じて自分の感情や欲求をコントロールする必要がある。他者とうまく付き合うためには自分の欲求を我慢することは欠かせないが、同時に、いつも我慢するばかりでは対等な関係とはいえない。ときには、強い感情の表出も含め、自分の思いや欲求を主張することも必要である。状況に応じてこれらをバランスよく使い分けることが重要なのである。

幼児期にはすでに、集団と集団で競い合うような遊びもできるようになるが、小学校入学以降には、さまざまな仲良しグループ、男女別に分けられたグループ、クラス別に分けられたグループなどのまとまりで動くことも増え、「私たち」「おれら」などの言い方での**集団帰属意識**（ある集団に属しているという自覚）が表明されることがある。その中で、「男子はいつも掃除しない」「女子はすぐ泣く」などと、特定の集団に望ましくない特性のラベルを貼る**偏見**や**ステレオタイプ**が見られることもある。小学校の高学年にもなると、教師による直接の指導によって解決を図る前に、クラスのリーダーの動きやクラス全体での話し合いを陰で支えることで、リーダーシップや民主主義的な意思決定過程を育てようとする教師の配慮が重要になってくる。

小学校や中学校などでも、いじめが大きな問題になる。そして、乳幼児期から、虐待の問題も子どもたちに深刻な影響を与えている。いじめも虐待も、近しい関係の中での不幸な事態である。よって、その関係そのものの質を変える予防や介入を行うか、あるいは、特定の関係によって生活の質が規定されてしまわないように、他の多様な関係性の中で子どもたちが生きられるように環境を整える必要がある。しかし、不幸なことに、その多様な関係の中で（つまり、家庭でも学校でも）、同

様に被害側になってしまう子どもがいる。いじめの被害者、虐待の被害者というように研究の枠組みの中では別々の存在でも、それが同じ個人である可能性がある。このような被害者は「**多重被害者**」と呼ばれている[23]。

さらに、いじめを、家庭内暴力や虐待、学校や職場でのいじめ、恋人間のいじめ、そしてまた家庭内へと続く連鎖の中で考え、さまざまな状況におけるいじめを総合的に考えようという動きもある[24]。これらの研究の背後には、いじめなどの関係内の継続的攻撃の世代間連鎖を断ち切りたいという願いがある。そのような願いを持ち、世界各国で、いじめなどを予防し乗り越えるための取り組みが行われ、知見の共有と協働を広げつつある[25]。

2 ── 多文化共生の中での発達

旧来の発達理論は、子どもが親と同じ文化のもとで、親が生きてきたように生きていくことを想定している。しかし、現代にあっては、親子で移住したりするなどの背景から、家庭と学校・園とで異なる文化的環境のもとで子どもが生きていくこともまれではない。異なる文化背景の子どもたちや家族などが同じ学校や園に在籍する場合の多文化共生の課題も、そのような状況下でのことである。

多文化共生を考えるうえで、ベリー（Berry, J. W.）が提示した**アカルチュレーション**の考え方が参考になる[26]。ベリーは、居住国の文化と出身国の文化の、それぞれへのなじみ方を組み合わせで提示している。居住国の文化と出身国の文化の両方を自身の中に「統合」できれば理想的であるが（例えば、両国の諸言語を自由に使え、両国の文化を共に尊重できる）、ともすると、居住国の文化を受け入れて出身国の文化と離れて生きる「同化」や、居住国の文化を受け入れず出身国の文化のみに生きる「分離」になっていくこともある。この「同化」も「分離」も、いずれの文化にも生きられない「境界化（周辺化）」よりは望ましいと思えるが、「同化」の場合は居住国の言語がよくできない親を尊敬できなかったり、「分離」の場合には居住国で長期的に生活をしていくのが困難であったりする。よって、実践者[★4]は、子どもたちが「境界化」に陥らないようにしつつ、「同化」や「分離」にも偏らないように「統合」を目指すという、実に困難な課題に直面している。例えば、子どもが来日した年齢によっても直面する課題は異なり、個々の違いへの配慮が必須である。さらに、例えば、多文化共生の実践の場合、中東諸国出身者はすべてイスラームかといえばそうではなく、その中の少数者としてのキリスト教徒もいる。また、ルーツが外国で、子どもに障害があり、かつ、保護者がひとり親という事例もある。研究ではなかなか把握できないそのような子どものための支援を模索しつつ、実践が切り拓かれているのが現状である。

もっと悩ましい問題もある。例えば、多文化主義とジェンダーの理論的関係につ

★4 多文化共生の実践においては、保育者や教育者に限らず、通訳やその他多様な方が直接子どもに関わるため、ここでは実践者と表記している。

いて、「近年、多文化主義に基づいて文化集団の独自性（アイデンティティ）を尊重することと、当該集団内のジェンダー問題や性的マイノリティ問題の克服という課題とが、衝突する場面が意識されるようになってきた」という指摘がある[27]。分かりやすく述べると、何らかの差別や排除を肯定する文化を、その文化集団のアイデンティティとして「それもいい」としてしまっていいのか、という問題である。例えば、保育の場面では、戸籍上の性別で服装や持ち物の色やタイプを分けることを、ある文化的な背景から求める保護者にいかに対応するのかという問題や、宗教的な背景から女性の管理職を尊重しない父親にどのように対応するのかというような問題が、実際に起きている。各家庭の文化的背景が多様化する中にあって、保育者がいかに対応するべきかを実際の場面に即して考えるとともに、各場面に通じる原則をどうするべきかという原理的な問題として整理する必要があろう。

　数十年後の学校や園では、今以上に子どもの人間関係は多様性と広がりを見せ、その質にも予想外の変化が起きているかもしれない。その頃には、ここに示した知見が陳腐化しているかもしれない。そこで、地図や旅行記をもとにして旅をし、新たな旅行記を綴って地図を修正するように、既存の知見や理論を参考にしつつ実践を行い、その中で、自身の人間観や発達観を更新し、それを次代に伝えるという営みが実践者に求められるだろう。

★さらなる学びのためのブックガイド★

・オルダス・ハクスリー、黒原敏行訳（2013）『すばらしい新世界』光文社
　もしも人間が工場で生産・教育されたらどうなるのか。悩みもなく、すべての欲望が適う理想の世界が可能なのか。しかし、それは本当に幸福なのか。ダーウィンの進化論を支持した生物学者の孫が、最先端の医療・教育が目指す未来像に疑問を投げかけるSF小説。

・ダニエル・キイス、小尾芙佐訳（1999）『アルジャーノンに花束を』早川書房
　これは、手術で知能が操作できるということを仮想したSF小説。賢くなるほど幸せになれる、ということを暗黙の前提にした教育言説が学校で多く語られる。はたしてそうなのか。急激な知能の変化を経験した青年の心理が、フィクションなのにリアルに迫る。

・有光興記・藤澤文編（2015）『モラルの心理学－理論・研究・道徳教育の実践－』北大路書房
　モラルとは、人類を超えた超越的存在のもとでのあるべき行動を説くものなのか。それとも、あくまでも人間社会の中で、信頼関係に支えられる長期的な損得をもふまえての、個人や集団の適応のための指標なのか。心理学の知見から考えてみよう。

ネットでの出会い

　インターネットやスマートフォンの普及によって、子どもたちが親世代以上に、より遠くの、世代の異なる人にも出会いやすくなっている。従来も、文通などによって遠く離れた見知らぬ者同士がつながる機会はあったが、それが格段に拡大した。この変化によって、学び方や働き方にも大きな変化が起きている。そこに、メリットもリスクも存在する。

　ネットで検索をすれば、大した苦労もなく、さまざまな情報が検索できる。しかし、その情報が間違っていたり、世論の誘導などを意図したフェイク（虚偽）であったりする。ネット上には、便利なツールも、有益な情報も多いが、自他に危害を加える手法の情報も簡単に入手できる。また、意図せずに他人の権利を侵害する可能性も高くなっている。今まで以上に、自分や他者の身体・情報などを守る意識やスキルが必要とされている。

　ネットでの会議や情報共有をすることで、職場に通う必要性が少なくなっている業種・職種もある。長く疲れる通勤時間を削り、子育てをしながら働くという選択肢にもつながっている。また、都会への人口集中を緩和する効果も見込まれる。しかし、その分、先述したようなリスクを伴う。

　なかには非常に匿名性の高いネット環境も存在するが、多くの場合、ネットは匿名のようであっても、業者などの追跡によって誰の発信であるのかが特定可能である。それにもかかわらず、匿名であるという信念を持ち、名前や年齢などを偽って他者を攻撃したり、不適切な意図を持って他者に近づいたりする者もいる。自分がそのような行為で犯罪に荷担することも避けなければならないが、被害に遭うことも避けたい。

　最近では、ネットのみでつながる人間関係もまれではなく、そのつながりが助けや救いになったりすることも多い。しかし、人間関係は、プラスの側面だけではなく、また、良い関係が必ず持続するというものでもない。互いに傷つく可能性や、さまざまなリスクがあることを前提に、より賢い使い方を習得していきたい。

【参考文献】
西野泰代・原田恵理子・若本純子編（2018）『情報モラル教育―知っておきたい子どものネットコミュニケーションとトラブル予防―』金子書房

◆第9章ミニットペーパー
年　月　日（　）第（　）限　　学籍番号＿＿＿＿＿＿　　　氏名＿＿＿＿＿＿

本章で学んだこと、そのなかで感じたこと

理解できなかったこと、疑問点

TRYしてみよう

①自分の行動を調整する際に、他者の動作や表情を行動の可否などの手掛かりにすることを（　　　　）という。

②生後9カ月頃より（　　　　）が成立するようになると、それまで二項関係のみだったコミュニケーションが、三項関係を含むものへと質的に変化する。

③共感は、他者と類似の情動を経験する（　　　）共感と、他者の視点に立って置かれた状況にふさわしい感情を理解する（　　　）共感に分けられる。

④意図や信念などの直接観察することのできない他者の心の状態を推測する能力は（　　　　）と呼ばれ、その発達をみとるための代表的な課題として（　　　　）がある。

⑤他者の利益になることを意図して行う行動は（　　　　）と呼ばれ、生後2年目頃より見られるようになる。

⑥互いに助け合うことで両者とも利益を受けられるような関係性は（　　　）と呼ばれる。

⑦（　　　　　）は、複数の道徳的価値が両立しない（　　　　　）の場面を用いた検討から、3水準・（　　）段階からなる道徳性の発達段階論を提唱した。

⑧ギリガンは、道徳性の性差に着目し、多くの男性は公正さの道徳を発達させていくのに対し、多くの女性は（　　　）と責任の道徳を発達させていくと主張した。

⑨就学前の子どものいる園などで、遊具の取り合いなどから子ども同士のいざこざが生じた際、「自分が先に使っていた」と占有権を主張する（　　　　）がされることがある。

⑩小学校入学以降、仲良しグループ、男女別・クラス別グループなどの集団に属しているという自覚である（　　　　）が出てくる。

第10章 学級集団

◆**学びの入り口～教育現場の事例から考えてみよう！～**

事例：授業が成立しない4年A組

　ある小学校の4年A組の授業の様子です。約30人の学級ですが、日常的に4、5人が出歩いており、他の4、5人は教室内を走っています。また、10人近くが後ろを向いて話しているなど、多くの子どもたちは好き勝手に振る舞っています。椅子にきちんと座って、前を向いて話を聞こうとしている子は3、4人です。中には、机を倒し、大きな音を立てて喜んでいる子もいます。

　この学級では、9カ月間で3回担任教師が変わりました。現在の担任教師が「みんなには良い学級になれる素質がある。このままではダメだ。良い雰囲気にしていこう」と子どもたちに語りかけました。しかし、子どもたちはそもそも関係のないことをしており、教師の話を聞いていないので、無反応です。そして、ロッカーの上に座っていた学級の中心的な子が「こいつ（教師）を嫌だと思う人は手を挙げろ」と言うと、3、4人の子ども以外の全員が手を挙げました。教師はそれを見てうつむきました。

◆**ワーク：次の問いに対してあなたの考えをまとめてみよう**

・あなたが担任教師だったら、この学級にどのような働きかけをするでしょうか。

◆**ワークに対する考え方・ヒント**

　教師はこのような状態にならないために何をすることが可能だったでしょうか？　さらに何が今できるでしょうか？　担任教師や他の学級の教師、管理職の立場、どの立場からでも構いません。あなたが教師だったならば、子どもたちにどのように関わりますか。他の教師に相談しますか。また、それ以外にどこに助けを求めますか。おそらくこれをすれば必ずうまくいくという答えはありません。自由に考えてみましょう。

第10章　学級集団

> 📖 **学びのポイント**
> - 学級集団の特徴・機能・発達、学級集団の査定について学ぶ。
> - 教師の子どもへの影響力と学級経営について理解する。
> - 学級集団への適応の問題とその予防と対応について考える。
>
> 🔑 **キーワード**
> ☐ フォーマル・グループ　　☐ インフォーマル・グループ　　☐ 仲間集団
> ☐ ソシオメトリック・テスト　　☐ ゲスフー・テスト　　☐ ピグマリオン効果
> ☐ ハロー効果　　☐ ホーソン効果　　☐ PM理論　　☐ SL理論
> ☐ マッチング　　☐ ソーシャル・スキル・トレーニング
> ☐ アサーション・トレーニング

第1節　学級集団づくり

1 ── 学級における集団の特徴・機能・発達

　学級集団づくりにおいては、**学級集団**に注目するだけでなく、学級集団が内包する子どもの仲間集団についても注目する必要がある。ここでは学級集団の特徴、学級集団の発達、仲間集団の発達について論じていく。

1．学級集団の特徴

　学級集団の特徴としては、**1次集団**[★1]であり、**フォーマル・グループ**であるということが挙げられる。自然発生的に成立する仲間集団のような**インフォーマル・グループ**とは異なり、学級集団は学校側によって意図的に構成されたものである。ただし、学級集団が発達していく中で仲間集団が形成されていくことから、学級集団はフォーマル・グループでありながら、仲間集団のようなインフォーマル・グループも内包している。こうしたフォーマル・グループとインフォーマル・グループは互いに影響し合い、それぞれが子どもの発達に大きな影響を及ぼすのである。一般にインフォーマル・グループの方がフォーマル・グループよりも子どもに対する影響力があることが指摘されている。したがって、学級集団づくりをする際には、学級集団だけでなく、内包される仲間集団の影響にも注目する必要があるといえる。また、学級集団は帰属意識を持った**われわれ集団**、他の学級などの外集団と分化した**内集団**としても特徴づけられる。

★1　1次集団
1次集団とは、日常的に直接接触しており、相互に一体感や連帯感を共有可能な集団のことである。

2．学級集団の機能

学級集団では、さまざまな機能が発揮されることが期待される。田中[1]によると、学級集団には主に次の6つの機能があるとされている。

①教授−学習機能

学級では「教え」「学ぶ」という機能が中心となる。現在では**アクティブ・ラーニング**などの子どもの能動的な学びなども注目されているが、どのような学びであっても、教授−学習機能を発揮するためには、授業の方法への理解と学級集団の雰囲気や個々の子どもの理解などが重要である。

②役割取得の訓練機能

集団は、個々の成員の役割分担によって円滑に機能する。社会はさまざまな役割分担によって成り立っていることから、学級においても子どもを学級運営に参加させることが望まれる。すなわち、学級集団を一つの「社会」として構成し、子どもにさまざまな役割を担わせることが重要である。

③向社会的行動の育成機能

学習活動の多くは自らのためのものであるが、学級では、役割分担を通して他者の利益につながる行動をとることが望まれる。こうした行動は、学級における集団行動の中で形成されていく。

④集団規範の体得・利己的欲求抑制機能

学級集団が発達していくにつれて、集団独自の規範が生まれてくる。また、校則のような学校全体の規範もある。成員として、こうした規範に従うことは、利己的な欲求を抑制しなければならないことの大切さを学ぶことにつながるため重要である。一方で、規範そのものの正当性・妥当性・問題点を見抜く力をつけることも重要である。

⑤社会的欲求の充足機能

学級集団での活動を通して、他人に認められたいなどの対人的な欲求を満たすことが可能になる。また、支配や優越、攻撃などの一般に望ましくない欲求についても、さまざまな活動を通して満たしていくことがある。こうした経験も人格形成のうえでは重要であり、望ましくない欲求を充足することの是非についても学級の中で子どもたちが学んでいくのである。

⑥共感性の育成機能

学級集団において、同じ年齢層のさまざまな子どもと関わる中で、各自にさまざまな感情があることを経験していく。学級集団の仲間の痛みに共感し、喜びを分かち合う共感性を育成していくことは、学級集団の重要な機能である。

3．学級集団の発達

フォーマル・グループである学級集団の発達について、蘭[2]は、主導権が教師

から子どもへと移っていくことに注目し、**学級形成期、学級安定・変革期、学級定着期**の3つの段階を提唱している。教師は、学級集団がどの段階にあるのかをふまえて学級づくりを行っていく必要がある。

①学級形成期

この時期は教師主導による学級集団の構築が課題となる。具体的には、学校生活におけるルールや対人関係の基本的ルールの理解と確立、仲間づくりの推進、学級目標への合意形成とその役割行動の決定による組織づくりが行われる。この時期の特徴としては、学級集団づくりにおいて教師が主導権を持ち、指導を行うことが挙げられる。

②学級安定・変革期

この時期は、子どもによる積極的な学級活動が展開され、学級集団の自立化が課題となる。この時期には、子ども主導による学級目標の決定およびその実行が行われ、これにより学級規範が確立され、学級がまとまりを見せるようになる。この時期の特徴としては、主導権が教師から子どもへ移行するような指導を行うことが挙げられる。

③学級定着期

この時期は、学級解散に向けて子どもの自立性の確立が重要な課題となる。子ども個人には、学級規範や他の子どもの規範と自己の規範との比較・照合を通して、自己価値の選択の妥当性について検討させ、自立性の確立を目指す。この時期の特徴としては、学級において子どもが主導権を持ち、教師は指導ではなく援助を行うことが挙げられる。

4．仲間集団の発達

インフォーマル・グループである仲間集団の発達については、**ギャング・グループ、チャム・グループ、ピア・グループ**の3つの段階が想定されている。

①ギャング・グループ

ギャング・グループは男子において顕著であり、小学校の中学年、高学年の時期[★2]に形成される仲間集団である。同一の行動を前提として集団の一体感（凝集性）が重視されることが特徴であり、一般的なルールよりも仲間集団内のルールの方が重要になる。

②チャム・グループ

チャム・グループは女子において顕著であり、青年期前期に形成される仲間集団である。お互いの共通点や類似性を言語によって確認することが特徴であり、仲間内で秘密を共有するなど、個人の考えよりも仲間集団の一体感（凝集性）の方が重要になる。

★2
一般に、この時期をギャング・エイジと呼び、仲間の影響が強くなる時期である。

③ピア・グループ

　ピア・グループは、青年期後期以降に形成される仲間集団である。お互いの価値観や考え方を語り合うことが特徴であり、集団におけるお互いの共通点よりも相違点を尊重しつつ、自立した個人であることが重要になる。

　このように仲間集団は、同じであることを重視する集団から、互いを尊重しあう集団へと発達していくのである。こうした仲間集団の発達は、子どものさまざまな発達ともリンクしており、社会性の発達や自己形成にも影響を及ぼすのである。ただし、現代では、ギャング・グループ、チャム・グループからピア・グループに移行しない場合もあるといわれている。

2 ── 学級集団の査定

　学級集団づくりの際、子どもの友人関係や子どもの現在の状態を知るために**学級集団の査定**が欠かせない。学級集団の査定を大きく分類すると、子どもの側からの**ソシオメトリック・テスト**や**ゲスフー・テスト**などの他者評定による査定と学級集団を診断するテストなどの自己評定による査定に分けられる。また、**教師用RCRT**など、教師の側からの学級集団の査定も存在する。

1．子どもの他者評定による学級集団の査定

　子どもの他者評定による学級集団の査定としては、ソシオメトリック・テストやゲスフー・テストがよく知られている。

①*ソシオメトリック・テスト*

　ソシオメトリック・テストは、集団の成員に一定の基準から親和や排斥の感情を抱く他の成員を指名させる方法である。例えば、好きな成員、嫌いな成員などの名前を記入させることで、集団の構造を明らかにする。こうした集団の構造について、好きな成員（選択）を実線、嫌いな成員（拒否）を破線などで示した図がソシオグラムである（図10－1）。集団における親和や排斥という成員間の関係、集団の構造を測定し、改善の手がかりを探ることができる。

②*ゲスフー・テスト*

　ゲスフー・テストは、行動や性格を表す文章を与え、集団の成員の中で該当する者の氏名を報告させる方法である。例えば、さまざまな行動に関する文章を挙げ、成員の誰がその行動をするかを記入させることで、集団内の役割を明らかにする。集団内の成員がお互いをどのように捉えているのか、集団の中でどのような役割を果たしているのかの情報を得ることができる。

　こうした他者評定による学級集団の査定では、学級の仲間関係の構造を知ることができ、特に、教師が見落としがちな目立たない子どもの理解に役立つと考えられ

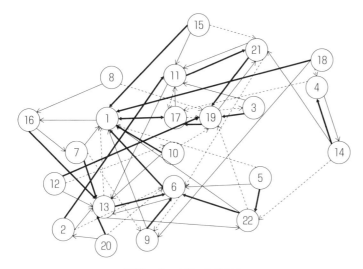

図10－1　ソシオグラム

ている。また、学級集団で顕在化している不適応を調べるのにも適している。しかし、周囲の人間から不適応であると判断されていなくとも、ある特定の児童生徒が不適応的な感情や認知を持っている場合がある。また、現在、ソシオメトリック・テストやゲスフー・テストは、教育的配慮から実施が困難になりつつある。したがって、実際に実施する場合には、子どもの仲間関係に悪影響を及ぼさないように配慮する必要がある。

2．子どもの自己評定による学級集団の査定

近年では、他者評定よりも自己評定の方が学級の中で子どもが抱く感情や認知を把握することができ、実施においても問題が生じる可能性が少ないと考えられている。

子どもの自己評定による学級集団の査定では、学級集団の状態を診断するアンケートがよく用いられている。学級集団の状態を診断するアンケートとしては、Q-Uやアセスなどが多く用いられている。

①Q-U

Q-U（Questionnaire-Utilities：楽しい学校生活を送るためのアンケート）は、学級集団の状態を診断する有料のアンケートである。承認と被侵害・不適応の2つの得点から、学級全体の得点をプロット（打点）し、学級集団の状態が査定できるとされている。

②アセス

アセス（学級全体と児童生徒個人のアセスメントソフト）は、学級集団の状態を診断する無料のアンケートである（ただし、分析用のCD-ROMは有料である）。生

活満足感、教師サポート、友人サポート、向社会スキル、非侵害的関係、学習的適応の6つの得点から、学級全体の得点をプロットし、学級集団の状態が査定できるとされている。

　こうした学級集団の状態を診断するアンケートでは、2つの得点、もしくは6つの得点のプロットなどから学級集団の状態を査定しており、ある観点から得点化しているといえる。つまり、ある見方に基づいて学級集団の状態を診断しているのであり、現実の子どもの姿を「すべて」反映しているわけではない。

　このような学級集団の状態を診断するアンケートに対しては誤解も多い。例えば、こうしたアンケートを実施すれば、学級集団の状態が分かる、さらに学級集団の問題が解決できるという誤解がある。正確には、ある見方から得点化された学級集団の状態が分かり、また、うまく活用できれば、学級集団の問題が解決できる可能性があるのであって、必ずうまくいくといった特効薬ではない。さらに、項目などに課題があることも指摘されている[3]ように、使用する際の過度な傾倒には注意が必要である。

3．教師側からの学級集団の査定

　教師側からの学級集団の査定としては、**教師用RCRT**の活用などが挙げられる。教師用RCRTは、ケリー（Kelly, G. A.）[4]が開発したRCRT（Role Construct Repertory Test）の技法を近藤[5]が応用したものであり、教師の子どもを捉える視点を把握するための方法である。この方法では、まず教師にとって対照的な意味を持つ子どもを特定させ、これらの子ども間の相違（好意・非好意など）を教師に尋ねる。この質問への答えの中に子どもを測る物差し（コンストラクト）が表れると考えられ、このコンストラクトに基づいて学級の子ども全員に対する評定を求め、その評定値をもとに因子分析を実施し、多数のコンストラクトを少数のコンストラクトに集約していく。この方法で抽出されるコンストラクト、すなわち教師の視点には、教師の価値観や子どもとの関係などが表れていると考えられる。さらに、どのような子どもと相性が良いのか、悪いのかについて教師が自身の見方を振り返ることで、子どもとの関わりを改善することができるようになる。

　このように学級集団の査定は、子どもの側からだけでなく、普段から子どもの姿を見ている教師による査定も含めて、さまざまな観点から進めていく必要がある。子どもの他者評定、自己評定による学級集団の査定と教師による学級集団の査定にはそれぞれ一長一短があり、多角的に学級集団を査定していくことが求められる。

第2節 教師の学級集団への影響

1 ── 教師の子どもへの影響力

　学級集団において、教師の子どもへの影響力は非常に大きい。特に、小学校では、教師との関係は子どもの不適応などの学級集団の適応の問題にも大きく影響する。本項では、教師の子どもへの影響力を、**ピグマリオン効果、ホーソン効果、ハロー効果**から説明していく[★3]。

1．ピグマリオン効果

　教師の期待によって学習者の成績が向上することをピグマリオン効果[★4]という。教師期待効果とも呼ばれている。ローゼンタールとヤコブソン（Rosenthal, R. & Jacobson, L.）[6]は、将来のIQの伸びを予測するテストであると教師に伝えたうえで、特に意味のないテストを子どもたちに対して行った。その後、ランダムに選ばれた数人の子どもはテストの結果から将来成績が伸びる子であるという情報を担任教師に与えた。そして、数カ月後に子どもたちのIQを測定すると、将来IQが伸びるとされた子どものIQが増加し、特に低学年ではその傾向が顕著であることが明らかになった（図10-2）。

　ピグマリオン効果は教育に携わる者にとっての心得として語られることが多いが、ピグマリオン効果に関する研究の結果には同様の結果が得られないなどの批判もある。こうしたピグマリオン効果の一番の問題は、教師からの一方向的な影響のみに焦点を当てている点である。子どもは教師の影響をただ受けるだけの存在ではない

[★3]
教師の子どもへの影響力を考える際に、ピグマリオン効果、ホーソン効果、ハロー効果の他にも、信頼性が低い情報であっても時間の経過とともに情報を信頼してしまう「スリーパー効果」や、評価を行う際に中央に評価が集まりやすくなる「中心化傾向」なども考慮する必要がある。

[★4]
ピグマリオン効果では期待によって成績が向上するが、それとは逆のネガティブな期待によって成績が悪化してしまうゴーレム効果もある。

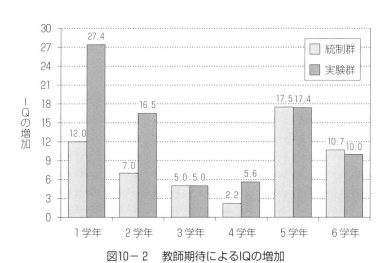

図10-2　教師期待によるIQの増加

出典：Rosenthal, R. et al. (1968) [6] をもとに作成

ため、子どもへの影響は教師との関係によって変わるものであり、どのように子どもが教師を捉えているのかも含めて、教師と子どもの相互的な関係から子どもへの影響力を考える必要がある。さらに、教師は自身の期待による関わりを意識していないという点も重要である。教師は無意識に特定の子どもに期待し、関わりが変わってしまっていることについて意識する必要がある。

2．ハロー効果

ハロー効果は、光背効果、あるいは後光効果とも呼ばれている。ある人の特定の側面について望ましい（望ましくない）と評価すると、それが事実か否かを確かめずにその人の他の側面や全体も望ましい（望ましくない）と評価してしまう現象である。例えば、ある子どもの身体的魅力が高い（見た目が良い）場合、教師がその子の性格や知能まで高く評価してしまうことなどがある。逆に、ある子どもが問題行動を起こしてしまった場合、望ましいとされる行動をとっていても、それに気づかずに全体的に否定的な評価を下してしまうことなどもある。こうした子どもに対する評価は無意識に行ってしまうため、教師は自らの評価に自覚的になり、特に否定的な評価を下しているときには、十分に気をつける必要がある。

3．ホーソン効果

ホーソン効果は、特別に扱われているという意識によって望ましい行動・結果がもたらされる現象である。これは1924年〜1932年にかけてアメリカのウェスタン・エレクトリック社のホーソン工場で行われた大規模な実験（ホーソン実験）において明らかになったとされている。ホーソン実験は、物理的環境と生産効率の関係を明らかにするために行われたが、職場の生産効率を決定するのは物理的環境ではなく、人間関係などの心理社会的環境であることが明らかとなった。このようにホーソン実験は、職場の人間関係の重要性が認められる契機となった社会心理学の有名な実験の一つであるが、職員たちは実験であるということを知っていたため、普段よりも努力したといわれている。教育においても、何か新しい特別な取り組みをすると、教師も子どもも期待に応えようとして普段以上に頑張るので教育効果があったように見えると指摘されている。ただし、新しい特別な取り組みが広く普及すると魅力は減り、教育効果も減少するという問題も存在する。

2 ── 教師の学級経営

学級経営とは、学級における教育活動の目標を最も有効に展開し実現するため、教師が総合的な計画を立案し、運営していくことである[7]。学級を担任する教師にとって、職務の中心となる活動である。本項では、教師のリーダーシップ、教師の

2つの指導性の機能、学級経営の3領域、教師と子どものマッチングの観点から論じていく。

1．学級経営における教師のリーダーシップ

教師は、学級経営に**リーダーシップ**を発揮することが求められる。リーダーシップとは、集団目標の達成に向けて、個人や集団に影響を及ぼす過程のことであり、教師はどうすれば学級集団が効率的に機能するかを常に考える必要がある。そのためには、学級集団の個々の成員の役割分担とそれに伴う責任を明確にすることが重要であり、それを行うのがリーダーである教師である。教師のリーダーシップの捉え方はさまざまあるが、ここでは**PM理論**、**SL理論**から教師のリーダーシップについて論じていく。

①*PM理論*

PM理論は、リーダーシップを集団の目標達成を重視する**P（Performance）機能（課題達成機能）**と集団の人間関係を重視する**M（Maintenance）機能（集団維持機能）**の2次元で捉えるものである[8]。この理論では、リーダーが集団に果たす2つの働きであるP機能とM機能の高低からリーダーを4つのタイプに分類する（図10-3）。4つのタイプとは、目標達成と集団内の人間関係の両方を重視するPM型、集団内の人間関係よりも目標達成を重視するPm型、目標達成よりも集団内の人間関係を重視するpM型、目標達成にも人間関係の調整にも消極的なpm型である。集団の仕事量も成員の満足度もPM型が最も高く、pm型が最も低いことが示されている。

②*SL理論*

SL理論（Situational Leadership Model）は、成員の成熟度によって有効なリーダーシップが異なるという状況対応型のリーダーシップ理論である。成員の成熟度が未熟な場合には、指示的リーダーシップ・スタイルが有効であり、成員の成熟度がやや未成熟な場合には、説得的リーダーシップ・スタイルが、成員の成熟度がや

図10-3　リーダーシップの4類型

や成熟している場合には、参加型リーダーシップ・スタイルが、成員の成熟度が成熟している場合には、委任型リーダーシップ・スタイルが有効であると考えられている。このように、SL理論では最適なリーダーシップというものは存在せず、リーダーシップは成員の成熟度によって使い分けるべきだと考えるのである。

これらの理論をふまえると、学級経営における教師のリーダーシップには、目標達成だけでなく、人間関係の調整も重視し、学級集団の成熟度によってリーダーシップを使い分けていく柔軟性が必要であるといえる。

2．学級経営における教師の2つの指導性の機能

教師の指導性とは、学級の集団過程において、子どもおよび集団そのものに及ぼす影響力である。弓削[9]は、前述のPM理論などをふまえ、教育の目的である個人の尊重と個人の資源伸長とが浮き彫りになるように、教師の指導性を養う機能とひきあげる機能と表現し、この2つの機能の「統合」の必要性について論じている。

①養う機能

養う機能とは、子どもの心情や資源に配慮し、慈しみ養う機能である。これは教師と子どもの間に心理的に対等な関係をつくり出す働きである。

②ひきあげる機能

ひきあげる機能とは、子どもを課題達成に向かわせ、技術や知識といった資源を成長させる機能である。これは教師と子どもの間に評価する立場と評価される立場の上下関係をつくり出す働きである。

教師が「養う」と「ひきあげる」の双方の機能を用いて学級経営を行うと、教師と子どもの関係において対等性と階層性という矛盾が生じることになるが、この2つの指導性機能の指導行動が相互に関連づけられて実施されると相互助長状態である「統合」に向かう可能性も生まれる。つまり、教師の児童理解とともに課題をつきつける指導行動が実施されるとき、ひきあげる機能だけでなく、養う機能も発揮されるのである。そのために教師は、子どもの特性に応じて「養う」と「ひきあげる」が両立できる指導方法のバリエーションを増やしていくことが重要である。

3．学級経営における必然的・計画的・偶発的の3つの指導領域

白松[10]は、学級経営を領域で整理し、必然的・計画的・偶発的の**3つの指導領域**を提案し、これらを理解することの重要性を唱えている。

①《学級のあたたかさを創る》必然的領域の指導

この領域の指導では、子ども一人一人の多様性を尊重し、指導することが重要となる。そして、自己と他者の人権や文化的背景を大事にする指導が求められる。この領域の指導は1年を通して一貫して求められる。

② 〈できることを増やす〉計画的領域の指導

　この領域の指導では、教室の秩序化のための条件整備を行い、学習や生活の決まりごとの習慣化、手順の見える化により教室を秩序化していくことが重要となる。そして、「管理＝服従」ではなく、「指導・援助＝信頼」の関係を目指すことが求められる。

③ 〈ともに学級を創る〉偶発的領域の指導

　この領域の指導では、偶発的なトラブルへの対応が求められ、インフォーマルな場面への働きかけが重要となる。そして、学級集団での子どもの自律的な行動・自治的な活動を目指す指導が求められる。

　こうした3つの指導領域は、「いかに子どもをコントロールするか」という学級経営観と「いかに子どもの自主的な態度を育むか」という学級経営観の対立を超えるものとして提案されている。1年を通して必然的領域の指導は変わらずに求められるのに対して、計画的領域の指導は学級開き当初は重点的に行われるものの時間の経過とともに減少していき、偶発的な領域の指導が増えていくことが想定されている。

4．学級経営における教師と子どものマッチング

　近藤[5]は、学級経営について、**教師と子どものマッチング（適合）**に注目し、特に教師の子どもを見る視点を重要視する関係論を提案している[11]。近藤の関係論では、例えば、静かであるという特性を重視する教師の学級では、多弁な子どもはミスマッチとなるため居心地が悪くなるというように、教師と子どものマッチングによって、子どもは学級の中で居心地よく感じたり、悪く感じたりすると捉える。つまり、教師が子どものどのような特性を重視しているかによって、子どもの適応は変わってくると考えるのである。

　近藤の関係論から示唆されることは、教師は学級経営を行っていく中で自らの子どもを見る視点を知ったうえで、その視点によって光が当たる子どもと当たらない子どもが生み出されることを認識する必要があるということである。さらに、学級集団に適応できない子どもは、学級集団に適応できない特性を持っているのではなく、教師の学級経営の仕方と合っていない可能性がある。したがって、教師が子どもの見方や学級経営の仕方を変えることで、子どもの状態も変化しうると考えられるのである。

第3節 学級集団への不適応予防と対応

1 ── 学級集団への不適応

　学級集団への**不適応**として、子どもの**問題行動**が挙げられる。こうした問題行動は、「**非社会的行動**」と「**反社会的行動**」とに分類される（図10－4）。非社会的行動とは「対人的・社会的な接触を避けようとする行動」であり、反社会的行動とは「規範やルールに従わず、社会や集団が迷惑を受ける行動」である。具体的には、非社会的行動とは、不登校や引きこもり、アパシー（無気力）などを指し、反社会的行動とは、暴行や恐喝、傷害といった非行、教師への反抗や授業妨害などを指す[12]。

　集団への参加といった観点から考えると、この２つの問題行動はまったく性質が異なるものである。非社会的行動は、集団への参加の拒否、あるいは集団からの撤退を意味するものであるのに対し、反社会的行動は、集団にとどまりつつ、集団の中で起こす迷惑行動である。こうした問題行動は不適応と捉えられているが、学級集団の中で見ると、反社会的行動をする子どもは居心地の良さも感じているため、ある意味適応しているとも捉えられ、一概に不適応とは決めつけられない[13]。特に反社会的行動は、集団にとどまりつつ、集団の中で起きることからも、何が集団の中にとどまらせて、支えているのか、その環境の在り方（教師の指導や学級・学校の在り方）も不適応の問題改善のために問う必要があるといえる。

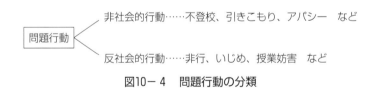

図10－4　問題行動の分類

2 ── 学級集団への不適応の予防策と誤解

　本項では、現在学級集団への不適応の予防策として、学級集団で行われている**ソーシャル・スキル・トレーニング**や**アサーション・トレーニング**を取り上げる（第12章も参照）。また、学級集団への不適応の予防策の誤解についても論じていく。

1．学級集団への不適応の予防策
①*ソーシャル・スキル・トレーニング*

　ソーシャル・スキルとは、円滑に人と関わるための技能や能力の総称である。ソー

シャル・スキル・トレーニングは、仲間との関係をうまく築けない者を対象として行われ、一般にインストラクション、モデリング、リハーサル、フィードバック、定着化から構成される[14]。当初は個別に行われてきたが、近年では、学級集団の中で実施されるようになってきている。

②アサーション・トレーニング

　アサーションとは、自己主張と訳されるが、自己のことも考えるが他者のことも配慮する人間関係の持ち方を意味する。アサーション・トレーニングは、対人場面で自分の主張を適切に伝えるためのものであり、葛藤場面における自己表現や他者との関わりを円滑にする社会的行動の獲得を目指すものである。

　近年、ソーシャル・スキル・トレーニングやアサーション・トレーニングは、多くの学級で実施され、効果を上げてきている。仲間と円滑に関わり、自分も相手も大切にする学級は、当然のことながら教師が子どもに求める学級集団の在り方でもあり、子どもの学級集団への不適応に対する予防策としても非常に意義があるものといえる。

2．学級集団への不適応の予防策に対する誤解

　ソーシャル・スキル・トレーニングやアサーション・トレーニングは学級集団への不適応の予防策としても非常に意味のあるものであるが、誤解も多い。例えば、ソーシャル・スキル・トレーニングを実施すれば今の学級集団への不適応が解決されると考えて、荒れている学級において集団でソーシャル・スキル・トレーニングを実施してもうまくいかない可能性がある。そもそも教師の指示をまったく聞かず、授業が成立していない状態で、ソーシャル・スキル・トレーニングを実施することは不可能である。この場合、予防策と対応策を取り違え、ソーシャル・スキル・トレーニングやアサーション・トレーニングを学級集団への不適応の特効薬と考えてしまったことに問題があるといえる。

　さらに、ソーシャル・スキル・トレーニング、アサーション・トレーニングともに、一回で劇的な変化を起こす特効薬ではない。当然だが、教師と子どもの日々の関わりの積み重ねの方が影響は大きいのである。これらを問題を即座に解決するものと捉えるのではなく、実施することによって教師自らの日々の子どもとの関わりを見つめ直す契機になるものと捉えるならば、対象となる子どもへの効果だけでなく、実施する教師側への効果も期待できるだろう。したがって、どのようにソーシャル・スキル・トレーニングやアサーション・トレーニングを活用し、日々の子どものとの関わりにつなげていけるかが重要となるのである。

3 ── 学級集団への不適応に対する対応策と課題

　学級崩壊やいじめなどの学級集団への不適応は予防できるにこしたことはないが、予防できずに問題が起きた場合には迅速な対応が求められる。本項では、学級集団への不適応に対して、子ども、教師、学校の観点から、どのように対応することが可能なのか、また、どのような課題があるのかについて論じていく。

1．学級集団への不適応に対する対応策

　学級崩壊やいじめなどの問題が学級集団で起きてしまった場合、その対応においては、子ども、教師、学校それぞれの観点から問題を検討することが重要となる。そして、各々の観点から問題を見ていく中で、現状をふまえた対応策を考えていくことが求められる。

①問題行動をしない子どもへの関わり

　学級崩壊やいじめなどが起きると、その中心となる問題行動をする子どもへの指導に焦点が当てられる傾向があるが、問題行動をしない子どもへの関わりも同様に重要である。学級の荒れには問題行動をしない子どもが形成する雰囲気が、また、いじめには観衆や傍観者の形成する雰囲気が関係していることから、問題行動をしない子どもにも注目し、対応策を考える必要がある[15) 16)]。

②教師のチームワーク

　学級崩壊などが起こると、荒れている学級に複数の教師を送り込むことがあるが、個々の教師の力量に委ねるのではなく、教師のチームワークによる取り組みが重要となる。すなわち、荒れている学級を複数の教師が担当する場合、個々の教師の基準で指導するのではなく、担当教師全員がチームとして共通認識を持ち、一貫した指導を協同で行う必要がある。

③情報の公開

　学級崩壊などが起こると、それを教師の指導力が欠如した恥ずかしい事態と捉え、対外的に校内の状況を隠すことがしばしばあるが、他の教師や保護者、地域と問題を共有できるように問題をオープンにすることが重要となる[17)]。当該学級のみの問題として捉えると、管理職以外の他の教師が関わりにくくなるが、問題をオープンにすることで、他の教師や保護者、地域を巻き込み、多方面からの支援を得ることが可能になる。したがって、積極的に学校の状況を公開していくなど、学校側の対応が必要である。

2．学級集団への不適応における課題

　学級崩壊やいじめなどの学級集団の問題の原因は多様であり、前述の通り、起きてしまった場合の特効薬となる対応策はないのが現状である。学級で子どもの良い

ところを伝え合うというほめ言葉のシャワーなどの関わり方が学級崩壊に効果がある、あるプログラムがいじめに効果があるといっても、その効果は教師個人の感想であり、学級によっても差があるといえる。もし仮に、特効薬となるものがあるならば、すでに学級崩壊やいじめなどの学級集団の問題は存在しないはずである。したがって、学級集団の問題解決のために特効薬を探すのではなく、個人の問題ではなく、集団の問題であることを認識したうえで、教師自らが子どもの見方や関わり方を振り返り、新たな見方や関わり方を探る方が有効である。効果的な対応策は、教師のこれまでの見方や関わりでは見えてこなかったところに眠っている可能性がある。

★さらなる学びのためのブックガイド★

・近藤邦夫（1994）『教師と子どもの関係づくり―学校の臨床心理学―』東京大学出版会
　教師の子どもを見る視点に注目して、教師と子どもの関係づくりについて論じている。教育に携わる者として読んでおきたい一冊。

・白松賢（2017）『学級経営の教科書』東洋館出版社
　学級経営の教科書という仰々しいタイトルであるが、批判的検討をしてほしいという意味での教科書であり、さまざまな学級経営のための視点が提案されている。読みごたえのある一冊。

学校・学級の荒れとダブル・スタンダード化した指導

　学校が荒れ始めると、教師は何とかそれを食い止めようとするため、指導法を見直す必要性に迫られる。こうした際に、よくとられる指導として2つのタイプが考えられる[18]。一つ目は、問題行動をする子どもを切り捨て、一般の子どもが問題行動を起こさないように管理し、引き締める指導である。具体的には、叱ることや注意することが中心となる。二つ目は、問題行動をする子どもを切り捨てるのではなく、問題行動をする子どもの良いところに注目し、受容や共感をベースにしたカウンセリング・マインドに基づいた指導である。具体的には、褒めることや励ますことが中心となる。

　しかし、いったん学校が荒れ始めると、どちらのタイプの指導にせよ、指導の基準がダブル・スタンダード化した不公平な指導となる場合が多い。前者では、同じことをしても問題行動をする子どもは叱られないが、一般の子どもは叱られることになり、後者は同じことをしても、問題行動をする子どもは褒められるが、一般の子どもは褒められないことになるからである。

　加藤・大久保[19]の研究の結果から、荒れている学校では、荒れていない学校に比べて、ダブル・スタンダード化した不公平な指導が多くとられることが明らかとなっている。そして、荒れている学校の子どもの方がダブル・スタンダード化した不公平な指導に対してより否定的に評価していることも明らかとなっている。さらに、ダブル・スタンダード化した不公平な指導は、反学校的な雰囲気の形成に関係していることも示されている。

　この結果から示唆されることは、学校や学級が荒れた際に解決に向けて求められるのは、まじめにやっている子どもが不公平な扱いを受けていないかに注意を向けることである。問題行動を起こす子どもの頑張りに共感し、それを褒める形で「受容」する指導は、問題行動を起こす子どもとの関係にとっては良いことかもしれない。しかし、他の子どもの前でやることは、他の子どもの不満を引き起こし、かえって状況を悪化させる可能性もあるということを認識しておく必要がある。また、現在奨励されているカウンセリング・マインドといった姿勢や指導法についても安易に受け入れるのではなく、いつ、どのような場面でそれを使うのかに注意する必要がある。

◆第10章ミニットペーパー
　　年　月　日（　）第（　）限　　学籍番号＿＿＿＿＿＿　　氏名＿＿＿＿＿＿

本章で学んだこと、そのなかで感じたこと

理解できなかったこと、疑問点

TRYしてみよう

①学級集団は意図的に構成された（　　　　　）・グループであり、自然発生的に成立する仲間集団のような（　　　　　）・グループとは異なる。

②仲間集団は（　　　　）・グループからチャム・グループ、ピア・グループへと発達していく。

③学級集団の査定では、子どもの側からの（　　　　　　）・テストやゲスフー・テストなどがある。

④ローゼンタールとヤコブソンによって提唱された（　　　　　　）効果は、教師期待効果ともいわれている。

⑤ある人の特定の側面について望ましいと評価すると、事実を確かめずにその人の他の側面や全体も望ましいと評価してしまう現象を（　　　　　　）という。

⑥PM理論とは、リーダーシップを課題達成機能である（　　　　）と集団維持機能の（　　　　）の2次元で捉えるものである。

⑦学級経営について、近藤邦夫は教師と子どもの相性である（　　　　　　）に注目し、教師用RCRTを活用するなど、教師の子どもを見る視点を重視している。

⑧子どもの問題行動は、不登校や引きこもりなどの（　　　　　　）と、非行や教師への反抗などの（　　　　　　）とに分類される。

⑨近年、学級集団への不適応の予防策として、（　　　　　　　）・トレーニングとアサーション・トレーニングなどが学級で実施されることが多い。

⑩学級崩壊やいじめなどが起きた際には、（　　　　　　　　）子どもへの関わりが重要となる。

第11章 困難な状況にある子どもへの支援

◆学びの入り口～教育現場の事例から考えてみよう！～

事例：発達障害があり、急に乱暴な言動が増え、登校しぶりが始まったJ君

　小学校通常学級3年生のJ君は、5歳のときにADHDの診断を受け、毎日薬を服用している男児です。しかし学級では比較的落ち着いて過ごし、仲の良い友達も数人いました。成績も悪くないので、担任は特に個別の手立てを取らずにいました。ところが、2学期の後半頃から、急に多動や衝動性が増し、乱暴な物言いや行いがしばしば見られるようになりました。いきなり大声を出す、理由もなく隣の子どもの足を蹴る、興奮した様子で教室から飛び出していく、追いかけてきた担任の顔を殴るなど、「キレて」しまうのです。

　担任や養護教諭は、当初ADHDの症状が悪化したのだろうと考えました。保護者は医師に相談し、薬の量と種類を増やしてもらいました。ところが、あまり効果がありません。保護者と面談したり、スクールソーシャルワーカーとも相談したりするうちに、次のような状況が分かってきました。かなり長い間、母親が父親から暴力（DV）を受けており、父母は夏休みの間に離婚し、母親がJ君を引き取りました。父親と別居し始めて3カ月ほど経った頃から、安全な環境になったはずなのに、非常に暴力的な言動が、家でも学校でも学童保育でも、突発的に起こるようになったのです。そのうち、J君は学校を欠席しがちになりました。母親は夕方から夜間の時間帯で働いており、J君は学校を欠席しても午後は学童保育に通っています。

◆ワーク：次の問いに対してあなたの考えをまとめてみよう

・J君が急に感情のコントロールが効かなくなったり、欠席が多くなったりする背景には、どのようなことが考えられるでしょうか。
・教師として、J君やその保護者に対してどのような支援をしたらよいでしょうか。

◆ワークに対する考え方・ヒント

　今日のわが国は、「子ども受難の時代」といわれる状況にあり、子どもには、いじめ・発達障害・虐待・家族の病気や不和・貧困など、さまざまな困難が複合して降りかかってきます。対応を検討する際には、それぞれの問題についての基礎知識を得たうえで、包括的に問題を見立てて支援を考えることが必要です。

第11章 困難な状況にある子どもへの支援

> **学びのポイント**
> - 学校で教師が行う子どもの発達支援の意義と在り方の基礎を理解する。
> - 今日の学校現場で見られる、いじめや不登校、児童虐待などの主だった子どもの危機や困難な状況に関し、理解と支援のための基礎知識を得る。
> - 教師として、常に変化し続ける社会事情に適切に対応する姿勢を身につける。
>
> **キーワード**
> □一次的・二次的・三次的援助　□カウンセリング・マインド
> □小1プロブレム　□不登校　□中1ギャップ　□いじめ
> □非行・暴力行為　□児童虐待

第1節　子どもの発達支援としての教育実践

1　教師に求められる子どもの発達支援の役割

今日の学校教育には、子どもと教師との信頼関係を土台として、子ども一人一人のニーズに応じた成長・発達を支援する役割が求められている。石隈[1]によれば、その支援は、学習面、心理・社会面、健康面を含めた多様な側面にわたり、すべての子どもに対し、3つの段階（一次的・二次的・三次的援助）にわたって行われる（図11-1）。

一次的援助は主に毎日子どもと関わる教師によって行われ、目の前にいるすべての子どもたちの学習面、心理・社会面などにおける基礎的能力（学習スキル、対人関係能力など）の発達を促す教育実践である。その目標は、子どもが日常的に心の健康を保ち、高い自己効力感や自尊感情を抱き、ポジティブな情動を経験しながら、学級集団において教師を含む多様な人々とコミュニケーションを図って信頼関係を築き、相互の学びが生まれることなどにある。この一次的援助は、危機の予防にもつながり、また実際に危機が生じたとき、そこから回復するための底力ともいうべき子ども自身の強み（自助資源）や、心の弾力性である**レジリエンス**[★1]を伸ばすことにも通じる。

二次的援助とは、意欲の低下や登校しぶり、外国につながる子ども（後述）、家庭の変化など、個別の支援ニーズが見えてきた、または大きくなる可能性のある一部の子どもたちに対して行われる。担任や教科担当の教師が早期に気づき、養護教諭やスクールカウンセラーなどと連携しながら情報を集めて問題状況を把握し、さらなる困難へと発展することを防ぐ。

ただし、子どもの問題への支援は、問題が単に「なくなる」ことを目的とするも

★1　レジリエンス
「逆境から回復・復元する心の弾力性」と定義され、ストレスフルな出来事を経験しても、ゴムボールのようにしなやかに元に戻り、くじけずに乗り越えることのできる心の力を意味する。その強さの違いは、個人差（生まれながらの特性や自己効力感の高さなど）の他、家族や周りの環境（支援・支持的な結びつきや、他者との信頼関係があるかどうかなど）によって左右される[2]。

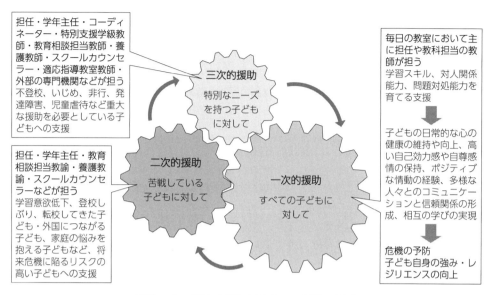

図11-1　学校で行われる3つの段階の援助

出典：石隈（1999）[1]をもとに作成

のではない。支援とは、子どもの発達に応じて、問題を自律的に乗り越えていく力を育てることである。子どもは日々変化し、未来への育ちに向かっているからこそ、新しい課題に直面する。「問題」や「危機」はそれを乗り越えることによって発達の課題をクリアしようとしている姿であり、成長の機会であると捉えたい。なお、一次的援助の箇所でも述べた予防とは、問題や危機が、子どもの力をはるかに超えて、その発達を妨害するほど重大化しないようにするために行う。

三次的援助とは、不登校やいじめ、発達障害、非行、児童虐待などの問題を抱え、大きな支援ニーズのある子どもに対して、内外の資源の連携のもとに行われる。

2 ── カウンセリング・マインドを生かす支援の在り方

教師の行う子どもの成長・発達への支援には、カウンセリングの視点を持つことが求められる。カウンセリングの視点とは、人は理解されることによって自己治癒や成長に向かうという信念のもとに、子どもの成長をじっくり待ち、今の子どものありようを評価の視点を持たずに無条件に肯定し、子どもの声（声にならない声を含む）を積極的にひたすら聴き（傾聴）、受容し、共感するというカウンセリング・マインドを持って子どもを見ることである（第12章参照）。

同時に、教師は指導するという、一見相容れない役割を担う。指導とカウンセリング・マインドの在り方に関して、鵜養・鵜養[3]は、次のように述べている。

　　反社会的な行動や自己破壊的な行動は許してはならない、というきっぱりとし

た教師としての姿勢を持ちながら、そして、そのような行動が出てきたときには、身をもってそれを阻止する行動力を持ちながら、その一方でそうせざるをえない子どもの気持ちを理解する。[3)]

弓削[4)]は、教師は「指導」と「受容し養う」という2つの矛盾する機能を併せ持つ存在であるという。これを**「ひきあげる機能」**と**「養う機能」**と呼び、この2つをうまく統合して教育実践に生かすことが求められる（第10章参照）。すなわち、教師には、指導する役割と同時に、カウンセリング・マインドを持って子どもを理解し受け止める姿勢が必要とされる。

第2節 学校における危機への支援

1 ── 小1プロブレム

　小学校に入学して間もない1年生の子どもたちが、「集団行動がとれない」「授業中座っていられない」「教師の話を聞かない」などにより、授業を中心とした正常な学級活動が成立せず、その状況が数カ月以上継続することがある。このような状態を「**小1プロブレム**」という。その要因として、家庭のしつけの不十分さ、子どもの自己コントロール力の未熟さ、学級内の発達障害のある子どもへの対応の困難、子どもの自己中心的な傾向、などの指摘もある[5)]。すなわち、「小1プロブレム」は、いわば、幼児期までの「発達の積み残し」ともいえる現象とされている。

　発達の積み残しは、それを乗り越えることによって次の発達に向かう契機でもある。また、「子どもの不適応」という個人の問題としてではなく、環境との相互作用のもとに起こっているものと見ることが重要である。具体的には、個々の子どもの発達課題、家庭環境、子どもが経験してきた幼稚園などの文化と小学校の文化の違い、園と学級において子どもに求められる独自の規範や価値観などの**行動様式**[★2 6)]のマッチングの具合、教育方法・内容、教職員の連携の在り方などを包括的に振り返って対応することが重要である。

　現在、小1プロブレムの対策の一つとして、幼稚園・保育所・認定こども園などの幼児教育と小学校教育との間で設定される**幼小接続期カリキュラム**がある。幼少接続期カリキュラムには、5歳児に対する**アプローチカリキュラム**と、小学校入学後に行われる**スタートカリキュラム**[★3]がある。前者は、例えば、生活習慣の形成、ルールを守って他者と関わる、興味・関心を広げるなどを目標とし、幼児期の遊びの中で総合的に学ぶ事柄が、小学校の教科教育などを通した学習や生活につながるように工夫される（例えば、埼玉県（2012）[8)]など）。後者は、小学校入学後に実施される、

★2　子どもに求められる行動様式
近藤[6)]によれば、学級には、独自の規範や価値観がつくられ、子どもたちには、その学級独自の「要請特性」となって、それに見合った行動をとることが求められる。それには、子どもたちの中で行われるもの（「子ども間での儀式化」）と、教師によって方向づけされるもの（「教師からの儀式化」）とがある。要請特性がそれまでの育ちの中で培われた行動様式と同じ（マッチする）場合、子どもは自分を生き生きと発揮できる居場所を見出すことができるが、合わない（ミスマッチする）子どもは、不適応になる場合がある。第10章も参照。

★3
スタートカリキュラムの実際については、国立教育政策研究所『スタートカリキュラム　スタートブック』[7)]などが参考になる。

★4
例えば、45分の授業時間を20分や15分程度のモジュール（構成要素）に分け、国語科・音楽科・算数科など、複数の教科を行う。それによって、児童がそれぞれの学習に対して、より集中して取り組むことができるようにすることをねらう。

合科目的・科目関連的なカリキュラムである。工夫の例としては、活動性のある学習や幼児期に親しんだ遊びの要素の導入、授業時間配分の工夫★4などがある。その他、幼小の教職員の交流や合同研修会の実施、校内組織の構築などが行われている。

2 ── 不登校

1．不登校の実態

不登校とは、年度内に30日以上欠席した児童生徒で、「何らかの心理的、情緒的、身体的、あるいは社会的要因・背景により、児童生徒が登校しないあるいはしたくともできない状況にあること（ただし、病気や経済的な理由によるものを除く）」と定義される。

不登校の児童生徒数は、全国の小中学生数に対し、1991（平成3）年度の0.47%から、2001（平成13）年度の1.23%まで増加の一途をたどり、その後は1.1%から1.3%程度を推移し、減少する傾向はみられない[9]。学年の上昇とともに不登校児童生徒数は増加し、特に小6から中1にかけて大幅に増大する傾向がある（図11-2）。これは、小学校から不登校が続いているケースに加え、思春期に突入する不安定な時期に環境が急激に変化することによって生じる「中1ギャップ」（後述）の現象の一つといわれる。

不登校を引き起こす要因としては、教師を対象とした調査によれば、不安や無気力、遊びや非行などの本人の心理・発達に関わるもの、友人や教師などとの人間関係や学業不振など学校に関わるもの、親子関係の問題など家庭に関わるものの3つが複雑に重なり合っている[9]。そして、その背後には社会的な要因が働いている。

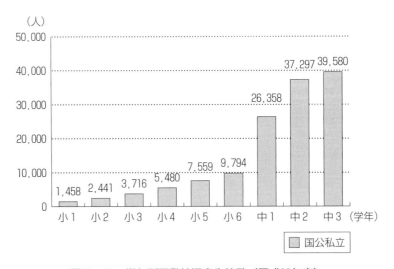

図11-2　学年別不登校児童生徒数（平成28年度）

出典：文部科学省（2018）[9]

第11章　困難な状況にある子どもへの支援

　社会的な要因とは、まず、地域社会の在り方や「三間★5の衰退・消滅」などの養育環境の変容に伴い、子育て・子育ち困難社会が拡大し、子どもの社会性の発達（社会化）がなかなか進まないことである。また、**登校規範意識**★6が薄まり、学校に行くことが絶対視されなくなったこと、**教育支援センター（適応指導教室）**や**フリースクール**などの選択肢の広がりなど、社会における学びの場としての学校の存在が相対化していることが挙げられる。

2．不登校の子どもが抱える困難な状態

　不登校の状態にある子どもが抱える困難な状況には、大きく分けて身体的要因と心理的要因とがあり、それらが分かち難く複合している。

　身体的要因とは、苦手な科目のある日は微熱が出たり、手足がしびれたりするなど、心理的ストレスが**身体化**した症状があることである。また、**起立性調節障害**★7などの身体の病気によって、心理的なストレスが生じたり増加したりする、という相互作用もある。身体症状に対しては、心理的要因が絡む（**心因性**）と思われても、身体の病気として対応することが基本である。

　心理的要因とは、主に社会性や認知発達の未熟さや脆弱さ、発達障害などの発達の偏り等によるものである。以下に主な要因を解説する。

　小学校低学年児童に見られやすい問題として**分離不安**がある。分離不安とは、アタッチメントの対象である養育者から離れることに対して大きな不安を感じる状況をいう。その背後には、養育者との不安定なアタッチメントがあることが多い。

　小学校中学年期は、本格的な教科教育への移行期に当たり、ことばを媒介とした抽象的思考を必要とする学習が急激に増し、学習内容が難化する。それによって、「**9歳の壁**」と称される、学校生活におけるつまずきが生じ、中学年期からの不登校の要因の一つとなりやすい。脇中[11]によると、抽象的な思考力の育ちには、量的・質的に豊かな会話を積み重ねること、すなわち話しことばを充実させることが重要である。

　小学校高学年から中学生にかけては、第二次性徴の始まりに伴い、生物学的な意味での思春期に入る。身体の急速な変化に戸惑い、「子ども」であった人格が壊され、「大人としての自己」の構築に向かう。養育者からの心理的な独立と依存との間で揺れ動き、家族よりも仲間関係が重要な準拠集団となっていく。そのような中で友達や集団との関係性に過敏になり、強いストレスを感じることも多くなる。そのような思春期特有の心理状態に加え、中学進学という環境の変化により、「**中1ギャップ**」の問題が生じるとされる。中1ギャップとは、学校の仕組みの変化や学習面の負荷の増大、人間関係の複雑化といった大きな環境の変化に適応できず、そのストレスが心身症という形で身体化されたり、いじめや不登校、暴力行為などとして**行動化**されたりする問題である。

★5　三間
友達と遊び相互交流するための「時間・空間・仲間」という3つの「間」のこと。

★6　登校規範意識
「学校とは行かなければならないところである」という意識のこと。

★7　起立性調節障害（Orthostatic Dysregulation：OD）
自律神経の働きが悪いため、起立時に脳血流や全身への血行が維持できなくなる病気。朝起きるときの立ちくらみ、食欲不振、全身の倦怠感などの症状が出る。夜は元気になり、寝つきも悪い。好発年齢は10〜16歳、有病率は小学生の約5％、中学生の約10％とされ、女児に多い。ODの約半数に不登校が併存し、不登校の3〜4割にODが伴う。疾病教育、非薬物・薬物療法、学校への指導、カウンセリングなどで治療する[10]。

また、不登校の背景に、**発達障害**や発達の偏りが隠れていることもある。実態は調査研究によってばらつきが多いが、宇野[12]は、医療機関を受診した不登校の子どものうち、発達障害のある子どもの割合は15〜50%だとする報告が多い、としている。杉山[13]によれば、学校の対応ではうまくいかず、医療機関の不登校外来を受診するに至る児童の大半に、何らかの発達障害が認められ、特に自閉症スペクトラム障害（ASD）（第13章参照）が多いという。発達障害の場合、周りの人々との交流につまずく、種々雑多な情報が溢れかえる教室環境に不安や苦痛を感じる、不注意などのため課題や活動をうまく遂行できずに意欲を低下させる、学習障害（LD）（第5章、第13章参照）に気づいてもらえず学習意欲をなくす、周囲から理解されずにいじめやからかいの対象となっている、などの困難が生じやすい。それぞれの子どものニーズに見合った教育的配慮を行うことが基本的な対策となる。

　以上のような身体的・心理的に困難な事態が進んだとき、子どもが最後にとることのできる問題解決の手段として、「学校に行かない」状態が現れる。不登校とは、その子なりに今それを必要としており、大人に対して援助を求めるSOSのサインや警告であるという理解がまず重要である。

3．不登校への支援

　不登校への支援の目的は「登校すること」ではなく、「登校を妨げている問題を解決すること」である。不登校という形で子どもが表現している危機の背景にある多様な支援ニーズにアプローチする、という視点が第一に重要である。そして、それらの危機や課題を乗り越えることによって、子どもがさらなる発達に向かうものと捉え、「将来の社会的自立」[14]という生涯発達に向けた支援を考えることが望ましい。幼児教育からの教育機関の連携に加え、教育委員会や教育支援センター、医療機関や各種相談機関、フリースクール、福祉機関、NPO法人などが連携し、協働して支援を行うことが求められる。また、大きなストレスを抱える保護者に対し、教師として保護者に寄り添い、共に考える姿勢を保ち続けることも重要である。

3 ── いじめ

1．「いじめ」の実態

　1980年代半ばに、子どもが学校内の人々からの暴力行為を苦にして自死に至る事件が相次いで報道され、「**いじめ**」という語が社会現象を表す「用語」「概念」として使われるようになった。いじめは、子どもを守る最前線の場であるはずの学校で起こる病理的な現象として認識されている。悲惨な事件がたびたび発生する中、2011（平成23）年の大津市での自死事件を契機として、2013（同25）年に「**いじめ防止対策推進法**」が成立・施行され、いじめの防止・対策を講じることは国家・地

第11章　困難な状況にある子どもへの支援

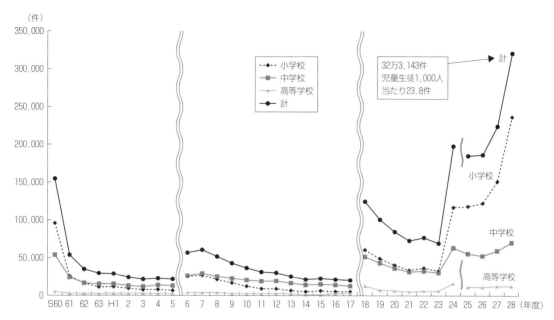

図11-3　いじめの認知（発生）件数の推移

注1：平成5年度までは公立小・中・高等学校を調査。平成6年度からは特殊教育諸学校、平成18年度からは国私立学校を含める。
 2：平成6年度および平成18年度に調査方法等を改めている。
 3：平成17年度までは発生件数、平成18年度からは認知件数。
 4：平成25年度からは高等学校に通信制課程を含める。
 5：小学校には義務教育学校前期課程、中学校には義務教育学校後期課程および中等教育学校前期課程、高等学校には中等教育学校後期課程を含む。
出典：文部科学省（2018）[9]を一部改変

方公共団体・学校などの責務であるとされた。

しかし、その後も深刻な事件は後を絶たない。さらに、発達障害などの障害のある子ども、**性的少数者**[★8]、**外国につながる子ども（多文化・多言語の子ども）**[★9]に対するいじめも問題となっている。そこで、**いじめの重大事態**[★10]が発生しているにも関わらず、しばしば適切な対応が行われないとし、2017（平成29）年に「いじめの重大事態の調査に関するガイドライン」が策定された。

図11-3は、文部科学省[9]によるいじめの実態調査の結果である。2016（平成28）年度では、全ての学校においていじめの認知件数が前年度から増え、特に、小学校において大きく増加している。

★8　性的少数者
同性愛者（Lesbian、Gay）、両性愛者（Bisexual）、心と体の性が一致しないトランスジェンダー（Transgender）、その他を指す。

2．いじめとは何か

いじめとは、いじめ防止対策推進法による定義では、「児童等に対して、当該児童等が在籍する学校に在籍している等当該児童等と一定の人的関係にある他の児童等が行う心理的又は物理的な影響を与える行為（インターネットを通じて行われるものを含む。）であって、当該行為の対象となった児童等が心身の苦痛を感じてい

★9 外国につながる子ども
帰国児童生徒、日本国籍を含む重国籍の場合、保護者の国際結婚により家庭内言語が日本語以外である場合など、多様な言語、文化、価値観、慣習などの中で育ち、日本社会において複数の言語環境で成長している子どもたちである。わが国において、日本語習得をはじめとするさまざまな適応への支援が大きな課題となっている。文部科学省によれば、全国の公立学校に通う「日本語指導を必要とする子ども」は、2016（平成28）年現在、4万3,947人（そのうち、外国籍児童生徒3万4,335人、日本国籍児童生徒9,612人）であり、その数は年々増加している[15]。

★10 いじめの重大事態
いじめの重大事態とは、「いじめにより当該学校に在籍する児童等の生命、心身又は財産に重大な被害が生じた疑いがあると認めるとき」、および「いじめにより当該学校に在籍する児童等が相当の期間学校を欠席することを余儀なくされている疑いがあると認めるとき」とされる[16]。

るものをいう」とされる（下線は筆者による）。

この定義には、過去の定義の変遷を経て、次のような意味が含まれている。被害者と加害者は恒常的に入れ替わり、強者から弱者に対する行為という大人の目から見た力の優劣では判断できない、何らかの人間関係のある中で起こる。継続性や行為の反復性は問わない。SNSなどを使った「**ネットいじめ**」を含める。個々の行為が「いじめ」に当たるか否かの判断は、事実を把握しきれなくても、被害者の訴えがあればいじめと認定する。

3．いじめへの対応

学校における支援は、いじめ防止対策推進法によって、学校ごとに具体的な基本方針を策定し、複数の教職員・心理・福祉等の専門家などの関係者により構成される「いじめの防止等の対策のための組織」を置き、定期的な調査などに取り組むよう求められている。加害が判明した場合、事情を確認し家庭や教育委員会などと連携して組織的に対応する。被害者に対しては、その訴えを受け止め、安全を確保し「あなたは悪くない」と伝えて子どもの自尊感情を守る。加害者に対しては、行為は人間として絶対に許されないことを指導しつつ、背景にある要因を探り発達の課題を乗り越える機会とする。

また、森田・清水[17]によれば、いじめは加害者と被害者の2者関係だけではなく、集団の相互作用的な「**いじめの4層構造**」[17]（図11-4）の中で起こる。「観衆」とは、はやし立てたり、面白がったりして見ている子どもたちで、いじめを積極的に是認していじめを増幅させる。その周りの「傍観者」とは、見て見ぬふりをしている子どもたちである。いじめを暗黙的に支持することによって、加害者に服従し、いじめを促進する。そのため、観衆や傍観者に対しても自分の問題として捉えさせ、教育の機会とする必要がある。

さらに、国立教育政策研究所[19]によると、家庭環境や個人的な資質とはほぼ関

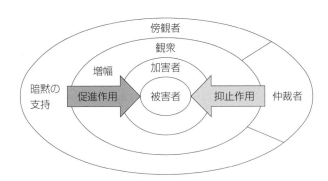

図11-4　いじめの4層構造

出典：森田（2010）[18]を一部改変

第11章　困難な状況にある子どもへの支援

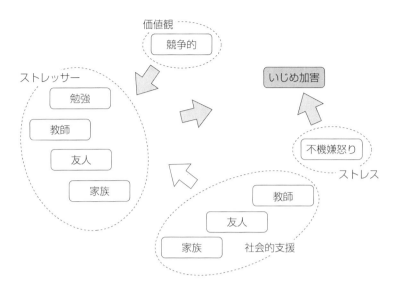

図11－5　いじめ加害に向かわせる要因間の関係モデル

注：網かけの矢印は対照となる事象を促進することを、白色の矢印は抑制するように働くことを示している。
出典：国立教育政策研究所（2010）[19]

係なく、ほとんど全ての子どもが、その時々の状況によって被害・加害の両方のいじめに巻き込まれる。同研究所によれば、子どもを加害に向かわせるハイリスク要因として、「勉強」「教師」「友人」「家族」の４つのストレッサー（第12章参照）と「競争的価値観」があり、ストレスを緩和させる社会的支援（家族・友人・教師）と相互作用する（図11－5）。すなわち、「競争的価値観」が強い学級では、「友人関係」「勉強の出来具合」「教師との関係」「家族との関係」にストレスを感じやすい。一方、「教師」「友人」「家族」からの良好な支援があれば、それぞれのストレッサーからの影響を受けにくくなる。しかし、そのような支援が不足する場合、ストレッサーの影響を強く受け、「不機嫌怒りストレス」が増大し、「いじめ加害」が引き起こされやすくなる。

　そうであれば、教師としてそれらのリスク要因に日常的に対応することが求められる。すなわち、日頃から一人一人の子どもを受け止め、勝ち負けが強調されず努力や習熟のプロセスを認め合える学級風土をつくり、「分かる授業」を提供し、競争的ではなく仲間同士で支え合って協働する力を育て、一人一人が自己有用感を感じられるように努めることなどが、基本的な予防策になるだろう。

４．ネットいじめ

　近年、インターネットやSNSなどを用いた「ネットいじめ」が急速に広がり深刻化している。その行為には、「不特定多数の者から特定の子どもに対する誹謗・中傷が絶え間なく集中的に行われる」「電話番号や画像などの個人情報が無断掲載さ

れ悪用される」「特定の子どもになりすましてネット上で不適切な書き込みをし、その子どもの社会的信用を落としめる」などがある。

次の点が対面型のいじめと異なる。①匿名性により安易に書き込めるため、子どもが簡単に加害者にも被害者にもなる。②インターネット上に一度流出した個人情報は回収・消去することが困難であり、被害者・加害者の双方に苦しみが続く。③インターネットの接続が可能な環境にあれば、場所や時間を選ばずいじめの加害・被害が起こる。④情報は短期間で不特定多数の人に広がり、被害は一気に深刻化する。⑤大人が、子どものインターネットやSNSの利用の実態を把握することが困難なため、いじめの把握と対応が難しい。

ネットいじめへの対応としては、「3．いじめへの対応」で述べた考え方が、対面型のいじめと同様、基本となるだろう。また、リアルな人間関係のなかで、さまざまな葛藤やストレスを乗り越えたり、協働や共感などの経験を積み重ねたりすることが、より一層重要となるであろう。

そのうえで、まず、低学年時から**情報モラル教育**を進めることが重要である。そのなかで、インターネット上のルールやマナー、危険回避の方法、個人情報やプライバシーの遵守、人権意識、著作権などに関し正しい知識を身につけさせる。インターネットやSNSはもはや人々の言語・社会活動において欠かせない道具であり、子どもたちがその正しいリテラシー[★11]を獲得することは、いじめの予防以前に不可欠な課題といえる。また、家庭と連携し、それぞれの家庭においてインターネットなどの利用方法について話し合い、ルールを決めることなども重要である。さらに、必要に応じて、インターネット上の掲示板の管理者やプロバイダ、警察などとの連携[★12]を図ることも考える。

4 ── 非行・暴力行為

「非行」は、少年法によって定義される行為である。①犯罪少年とは、刑罰法令に違反する行為（殺人、強盗、傷害・暴行・脅迫、詐欺、恐喝などの犯罪行為）をした14歳以上20歳未満[★13]の者、②触法少年とは、刑罰法令に触れる行為をした14歳未満の者、③虞犯(ぐはん)少年とは、家出や深夜徘徊を繰り返し家庭に寄りつかないなど一定の不良行為があり、かつ性格や環境に照らして、将来罪を犯し、または刑罰法令に触れる行為をするおそれのある20歳未満の者、とされる。また、非行には該当しないが、飲酒・喫煙・深夜徘徊・暴走行為・不良交友などで警察に補導された20歳未満の者を不良行為少年という。

2016（平成28）年の統計によれば[21]、非行少年は5,775人、不良行為少年は3万4,366人で、近年減少傾向が続いているが、刑法犯に規定する罪を犯した犯罪少年および触法少年では、小学生のみ増加傾向にある。

★11 リテラシー
ある分野に関する知識やそれを活用する能力のこと。

★12
詳しい事例や対策については、『「ネット上のいじめ」に関する対応マニュアル・事例集（学校・教員向け）』[20]などを参照されたい。

★13
2018（平成30）年6月に民法が改正され、成人年齢が20歳から18歳に引き下げられた。この改正民法は2022年4月1日に施行されるが、少年法における「少年」の定義は2018（同30）年現在、変更されていない。

第11章　困難な状況にある子どもへの支援

「暴力行為」は、かつて「校内暴力」と呼ばれていたものであり、「対教師暴力」「生徒間暴力」「対人暴力」「器物破損」に分類される。2016（平成28）年度の調査[9]では、小学校における暴力行為件数は過去最多となり、小学校のみ増加傾向★14が続き、低学年においてその増加率が高い。

これらの問題行動の背景には、本人の生物学的な要因や資質、家庭環境、学校内での人間関係や問題、幼少期からの仲間関係の希薄化やそれによる社会性発達の未熟さなどが相互作用しながら絡んでいる。第1章で解説された生態学的環境の考え方を念頭に置き、包括的に問題を見立てて支援に当たることが必要である。

★14
暴力行為の発生件数は、小学校2万2,841件（前年度1万7,078件）、中学校3万148件（前年度3万3,073件）、高等学校6,455件（前年度6,655件）。全体では、5万9,444件（前年度5万6,806件）[9]。

5 ── 児童虐待

児童虐待の防止等に関する法律（以下、児童虐待防止法）では、児童虐待★15を、**身体的虐待、性的虐待、ネグレクト**（保護の怠慢・放棄）、**心理的虐待**の4つに分類し定義しているが、児童相談所における児童虐待相談の対応件数は、毎年激増の一途をたどっている★16。なお、2004（平成16）年の児童虐待防止法の一部改正により、同居人による虐待を放置することが保護者によるネグレクトに、また、子どもの前で親が配偶者に暴力を振るう「面前ドメスティックバイオレンス（**面前DV**）」が心理的虐待に加えられた。

児童虐待防止法においては、学校や保育所などの教職員には、虐待の早期発見の努力義務があると規定されている。また、虐待の事実が必ずしも明らかでなくても主観的に児童虐待があったと思う場合には、通告義務があるとされる。全ての子どもに関与できる唯一のシステムである学校には、第1の支援として何よりも早急な発見が求められる。そして、第2の支援としては、虐待が疑われる中で在宅のまま通学・通所してくる子どもや、親からの分離後、児童養護施設などから通学・通所してくる子どもへの対応がある。特に後者の場合、教師・保育者として、虐待による心理的な影響に関する理解が不可欠となる。以下に主なものを解説する。

PTSD（**心的外傷後ストレス障害**）とは、強いショックを受けた後、次のような状態が現れる障害をいう。①「思い出したくない」という意識に反してトラウマ（心理的な外傷）となった出来事の記憶が突然フラッシュバックしてよみがえる。②記憶を呼び起こす状況や場面を回避する。③周囲の刺激に非常に過敏になり、過覚醒で注意集中ができない状態になる。特に、身体的虐待を受けた子どもには、ADHDによく似た多動・過覚醒状態が見られる。PTSDは身体的虐待、性的虐待の場合に多く見られる。また、面前でDVを目撃した子どもにも深いトラウマが残り、PTSDが生じやすい[24]。

解離とは、記憶・知覚・意識・運動などをまとめる機能が一次的に停止し、心身の統一した感覚が失われる状態をいう。具体的には、記憶や意識が飛ぶ、叱られて

★15
児童虐待は「チャイルド・マルトリートメント（child maltreatment）、もしくはマルトリートメント」とも称される。チャイルド・マルトリートメントとは、「不適切な養育や関わり」という意味で、児童虐待よりも広い概念である。学校や施設などの家庭外で行われるものも含み、虐待とまではいえない子どもの成長・発達にとって好ましくない養育態度（例えば、親の子どもに対する過保護・過干渉など）全般を含む。また、奥山[22]によれば、子どもを戦争に駆り出すことや人身売買などの重大な権利侵害もマルトリートメントとみなされる。

★16
2017（平成29）年度中に全国の児童相談所で対応した児童虐待相談件数は13万3,778件で（速報値）、心理的虐待（54.0％）、身体的虐待（24.8％）、ネグレクト（20.0％）、性的虐待（1.2％）である[23]。

いるとぼーっとなる、ささいなきっかけで大暴れする、などがある。

アタッチメント障害とは、養育者との正常なアタッチメントが形成されない障害である。そのうち**脱抑制型対人交流障害**は初対面の人にもべたべたと接触するなど広く薄い愛着を示し、**反応性アタッチメント障害**は他者に対して無関心で、他者との温かい関係を結ぶことができない。

また、虐待環境を再現・反復するかのような行動が見られる。**リミット・テスティング**とは、わざと大人を怒らせるような言動を繰り返し、「どこまでやったら虐待的な人間関係が現れるか」の限界を吟味し、自ら慣れ親しんだ環境を再現しようとする行動である。子どもが学習した虐待的な人間関係パターンに、大人を引きずり込もうとするのである。

性化行動とは、肌を露出させる、他者に過度に接近するなど、通常の行動に、「無意識のうちに性的な色彩が備わるもの」[25]である。

玉井[26]は、学校現場でできる子どもに対する支援として、次の事項を述べている。①学校は安全な場所だと伝え続ける。②感情を許容される方法で表現させる。③適切な社会的行動のスキル獲得を支援する。④自己イメージ（「自分は悪い子」）と他者イメージ（「暴力を振るう人」）を回復させる。⑤自分が変われたという自覚を持たせる。

児童虐待の発見から子どもの保護、その後の自立支援や保護者への支援には、学校や保育所などの内部連携（各部署、スクールカウンセラー、スクールソーシャルワーカーなど）および外部機関（子ども家庭支援センター、児童相談所、福祉事務所、医療機関、保健所・保健センター、警察、児童養護施設、地域住民、民生・児童委員、学童保育や児童館など）との連携が必須である。

本章では困難な状況にある子どもへの支援について学んできたが、人は生涯発達のプロセスにおいて、何かしらの問題や支援ニーズを抱える。困難な状況は、それを乗り越えることでさらなる成長につながると捉えて支援する姿勢が求められる。

★さらなる学びのためのブックガイド★

・森田洋司（2010）『いじめとは何か―教室の問題、社会の問題―』中央公論新社
　いじめ問題を考えるに際して、基本となる書籍である。

・杉山登志郎（2007）『子ども虐待という第4の発達障害』学研
　児童虐待の被害者である子どもたちに発達障害に類似する特性が見られることから、それを「第4の発達障害」と呼び、児童精神科医である著者がその病理を分かりやすく説いている。

「先生、スイハンキって何？」

　コラムタイトルにある質問は、小学5年生の子どもが、家庭科の「ご飯の炊き方」の授業の際に発したものです。その子は両親が朝から深夜まで働き詰めで、「炊飯器というものは見たことがない」といいます。朝食はほとんど食べず、夕食は弟とコンビニ弁当を買って食べ、お風呂に入るのは1週間に1、2回程度です。夜遅くまでインターネットで遊び、毎日のように遅刻します。

　昨今、豊かなはずの日本における「子どもの貧困」が、深刻な社会問題として認識されるようになってきました。さまざまな地域で、ボランティアの人々やNPO法人などが「子ども食堂」を開き、温かい手づくりの食事を提供したり、子どもの勉強を見たりしています。

　貧困には、主に開発途上国の「絶対的貧困」と、先進国にある「相対的貧困」とがあります。相対的貧困とは、国や地域の平均的な生活水準と比較して所得が著しく低く、標準的な生活様式や活動に参加できない状態をいいます。2015（平成27）年の厚生労働省の調査によると、わが国において、18歳未満の子どもの7人に1人（13.9％）が、平均的な所得の半分にも満たない所得の家庭で生活する、相対的貧困の状態★17にあります。

　貧困は、衣食住や健康状態はもちろんのこと、子どもの成長・発達に大きな影響を及ぼします。豊かではない発育環境の下で、社会・文化的な体験量の格差が蓄積されるのです。例えば、公立図書館で無償で絵本を借りることはできても、冒頭の事例のように、両親が働き詰めの場合、保護者がゆっくり読んであげることができません。小学生になると、学力に差が開くばかりでなく、学校以外でのスポーツや習い事、社会的な活動や学びの場を十分に経験できず、モデルとなる大人との接触も乏しく、社会性の発達に影響します。そして子どもの自尊感情をおとしめ、将来への展望を奪い取ります。子どもの貧困は「社会によるマルトリートメント」[22]ともいえる由々しい問題です。

　子どもが貧困状態にあるのでは、と疑われた場合、地域の関係機関と連携し、孤立しがちな家族をネットワークにつなぎ、できる範囲で家庭環境を立て直していきます。子どもに対しては、一人の教育者・大人として、応答性の高い、丁寧な関わりを心がけることが重要です。学校においては、学力保障のほか、学級内で認められる活動や人間関係づくりへの取り組みが望まれます。また、学童保育や児童館は、放課後の子どもの豊かな体験を保障し、地域の中で安心・安全に過ごせる居場所であってほしいものです。

★17
相対的貧困にある人々の割合の算出方法は各種あり、日本の場合、経済協力開発機構（OECD）の作成基準を採用している。簡単にいえば次の方法である。世帯収入から、一世帯の全員に所得があるとみなして（一つの世帯の中のすべての人は、同じ状況にあると仮定する）、子どもを含む国民一人一人の所得を試算し、順番に並べる。その順番の真ん中にいる人の、半分の額に満たない人の割合のことである。正確には、「貯蓄や不動産などの資産を考慮せず、等価可処分所得が中央値の半分（貧困線という）に満たない者の割合」で示される。等価可処分所得とは、世帯の可処分所得（収入から税金・社会保険料などを除いた、いわゆる手取り収入）を、世帯人員の平方根で割った所得のこと。ちなみに、2015（平成27）年の貧困線は122万円である[27]。

◆第11章ミニットペーパー

年　月　日（　）第（　）限　　学籍番号_____　　氏名_____

本章で学んだこと、そのなかで感じたこと

理解できなかったこと、疑問点

TRYしてみよう

①教師には、子ども一人一人の（　　　）に応じた成長・発達を支援する役割がある。

②教師による子どもの成長・発達に対する3つの援助段階のうち、日常的に子どもの健康を保ち、危機を予防するのは（　　　）援助である。

③教師には、指導する役割と、（　　　　　　　）を持って子どもを理解し受け止める役割がある。

④（　　　　　）対策の一つである幼小接続期カリキュラムには、就学前のアプローチカリキュラムと、小学校入学後のスタートカリキュラムがある。

⑤不登校を生む社会的要因のうち、子どもの社会性の発達の問題が指摘される。その背景に、他児と関わるために必要な「三間（　間・　間・　間）」の減少がある。

⑥小学校低学年児童の不登校の背景に見られやすい問題として、（　　　）がある。

⑦いじめは、集団の相互作用的な（　　　　　）の中で生じる。

⑧ネットいじめの対策の一つに、低学年時からの（　　　）教育がある。

⑨児童虐待の中で最も多い心理的虐待の中には、子どもの前で親が配偶者に暴力を振るう、（　　　）が含まれている。

⑩虐待を受けた子どもが、わざと大人を怒らせるような行動である（　　　　　　）を行うのは、慣れ親しんだ環境を再現しようとするからである。

第12章 心理臨床

◆**学びの入り口〜教育現場の事例から考えてみよう！〜**

事例：クラスの生徒が休みがちになっている

あなたが担任として受け持っている中学1年生のKさんが、この2週間のうちに4日ほど学校を休みました。登校しても一人でいることが多い状況です。入学した頃は、休み時間にはクラスの友達と一緒に楽しく過ごしていましたが、夏休み明けから孤立しているように見えます。1学期の成績は英語が赤点で、他の教科も平均点に届いていません。

欠席するときは母親から「体調不良のため欠席します」と電話がありますが、母親も仕事があるため、Kさんは一人で自宅にいるようです。あなたは、ここまでの経過から、この先Kさんが不登校になる可能性を感じています。そして、何らかの対応をするべきタイミングだと思っており、具体策を考えています。学校にはスクールカウンセラーが週1回来ており、養護教諭や教育相談係の教員もいます。

◆**ワーク：次の問いに対してあなたの考えをまとめてみよう**

1. Kさんが休みがちになっている理由には、どのような可能性が考えられるでしょうか。
2. あなたは担任として、この問題にどのように取り組みたいと思いますか。また、学校の心理支援のシステムをどのように利用できるでしょうか。

◆**ワークに対する考え方・ヒント**

ここでのポイントは、教師としてのあなたが、「Kさんの気持ちをどこまで共感することができるか」にあります。Kさんの気持ちを理解するために、Kさんとどのように接することができるかがポイントです。生徒と教師の人間的なふれあいをいかに構築するかは、2人の人柄や関係性によるので、誰にでも当てはまる「こうするべき」という正しい方法はありません。これまでに接してきた友達と自分との関係を想定して、「こういうときにはこういう関わり方が良いのでは」「こういう方法はどうだろうか」など、さまざまな可能性を考えてみてください。

> **学びのポイント**
> - ストレスや悩みを抱えたときに働く、心のメカニズムを知る。
> - 幼児期から青年期にかけて気をつけたい心の問題の特徴を理解する。
> - カウンセリングの姿勢と、傾聴の基礎技術を身につける。
> - 心理療法のさまざまな立場と特徴を理解する。
>
> **キーワード**
> ☐ストレス　☐フラストレーション　☐コンフリクト
> ☐アンビバレンス　☐適応機制　☐カウンセリング　☐ラポール
> ☐カウンセリング・マインド　☐心理療法　☐精神分析療法
> ☐クライエント中心療法　☐遊戯療法　☐行動療法
> ☐レヴィン　☐フロイト　☐ロジャーズ

第1節　ストレスと適応

1 — ストレスとは

私たちの日常生活に緊張感をもたらすものを総称してストレスといっている。緊張感のない生活はありえないので、私たちは生きている限り何らかのストレスにさらされている。適度なストレスは張りのある生活を私たちに与えるが、周囲の環境を「自分にとって脅威だ」「対処する必要がある」と感じるとき、その人の心身には緊張状態が生じる。このようなとき、ストレスを与える何らかの刺激のことを**ストレッサー**[★1]といい、ストレッサーに対応しようとするために心身に生じる反応のことを**ストレス反応**[★2]という。

ストレス反応の一例として緊張感を取り上げると、部活の大会では適度な緊張状態のある方が、緊張状態が低すぎたり高すぎたりするよりも実力を発揮しやすい。ストレッサーは適度なレベルならばある程度は必要なものだが、本人にとって過度なストレスがかかると心身に悪影響が及び、**ストレス関連疾患**[★3]を発症することがある。

2 — ストレス対処に関わる心の働き

1. フラストレーション

人間には「〜したい」という**欲求**が多く存在するが（第3章参照）、欲求は常に満たされるとは限らない。「昼食を買いに行ったが、お金が足りない」のように欲

[★1] **ストレッサー**
ストレッサーには、①物理的ストレッサー（温度や騒音など）、②化学的ストレッサー（公害物質など）、③心理社会的ストレッサー（友人関係や家庭など）がある。また、けがや病気、引っ越し、家族との死別、離婚、転職、退職などの生活上の出来事（ライフイベント）などもストレッサーとなりうる。

[★2] **ストレス反応**
ストレス反応には、①身体的反応（頭痛、腹痛、下痢、血圧上昇、発汗など）、②心理的反応（不安感、怒り、イライラ、悲しみ、落ち込みなど）、③行動的反応（集中力低下、意欲低下、不眠など）があり、相互に影響し合っている。

[★3] **ストレス関連疾患**
ストレス関連疾患には、気管支喘息、過換気（過呼吸）症候群、胃潰瘍、過敏性腸症候群、不眠症、自律神経失調症などがある。

求不満が生じる。この例のように、欲求が満たされない状態を**フラストレーション**★4という。私たちの積極的な生活の根源にはフラストレーションが常にあり、これが活発な行動を呼び起こす。

欲求をすぐに満たせないとき、人間はさまざまな行動をとる。例えば昼食を買うために貯金を引き出しに行く、友達からお金を借りるなどの回り道の行動をする。あるいは、欲しいお弁当の代わりに、手持ちの金額で買えるお弁当を手に入れたり、買うのを諦めて手近にあるもので空腹をしのいだりする。ときには友達の食べ物を奪う、誰かに八つ当たりするなどの行動に出る場合もありえる。欲求不満の状況にどのくらい耐えられるかを**欲求不満耐性**（**フラストレーション耐性**）と呼び、これには個人の性格や幼少時からの生育環境、経験によるところが大きいといわれている。

★4　フラストレーション
欲求の充足を妨げる障害には、外的なもの（対人的要因、社会制度、文化的慣習、経済的要因など）と内的なもの（他者への配慮、規範意識など）がある。

2．コンフリクト

人は輻輳した欲求の中で生活している。「教師になりたい。でもスポーツ選手にもなりたい」「勉強はしたくない。でも試験で悪い点は取りたくない」というように、互いに相容れない性質の欲求を同時に持つために、なかなか行動を起こせないことがある。この状態を**コンフリクト**（conflict：葛藤）といい、私たちの行動に豊かなバリエーションを与えることになる。**レヴィン**（Lewin, K.）は、ある対象や状況がその人を引きつけよう（接近）とする場合にはプラスの誘発性★5が生じており、逆に人を引き離そう（回避）とする場合にはマイナスの誘発性が生じているとし、3つの葛藤タイプに分けて説明した（図12－1）。

接近-接近型は、「教師になりたいが、スポーツ選手も魅力だ」「おいしい食事をごちそうになるか、友達と遊びに出かけるか」のように、同時に相反する方向にプラスの誘発性を持つ対象があり、一方を選ばなくてはならないものである。**回避-回避型**は、「宿泊学習は不安だが、友達と別行動はしたくない」「学校でいじめられ、家でも叱られる」のように、本人にとってはどちらも好ましくなく、マイナスの誘発性を持つ対象の間に置かれている状況である★6。**接近-回避型**は、プラスとマイナスの誘発性を同時に持ち合わせているもので、「親に愛着はあるが恨みもある」「偏差値の高い進学校へ入学したいが、受験勉強はしたくない」などで、そこでは相反する感情（**アンビバレンス**）が生じることになる。

★5
レヴィンは、人がある対象へ接近したいと思うか否かは誘発性によるものだと考えた。

★6
このとき、プラスの誘発性を持つ対象が周囲にあると、マイナスの誘発性を持つ対象のどちらをも選ばずに、プラスの誘発性を持つ対象へ逃避する。逃避できない場合は、強い不安やうつ状態を呈するなど、心理的に不適応な状況へ陥ることもある。

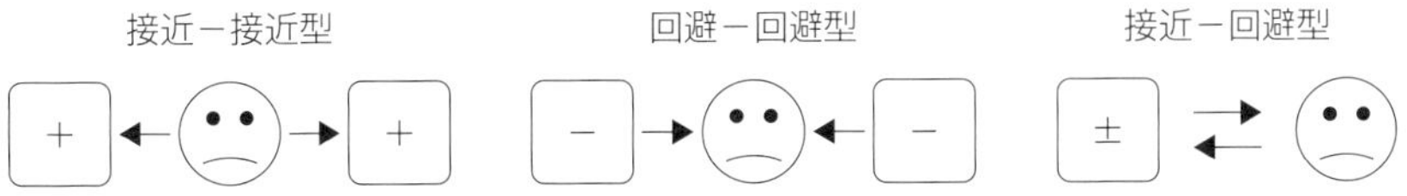

接近－接近型	回避－回避型	接近－回避型
＋ ← ☹ → ＋	－ → ☹ ← －	± ⇄ ☹

図12－1　コンフリクトのタイプ

出典：Lewin（1935）1）をもとに作成

3．適応機制

日常生活の中でフラストレーションやコンフリクトは誰にでも生じうるが、欲求が満たされる、欲求に代わる満足を得る、フラストレーションやコンフリクトに伴うストレスに耐えられるなどすれば適応できる。しかし、私たちが求めるものをもし獲得できないとしても、私たちは自分を守るシステムを持っており、自分をだましてあたかも問題がないかのように振る舞うことができる。つまり、緊張状態が長引く、心理的負荷がかかるなどしてストレスに耐えられなくなると、心の安定化を図ろうとする心理的操作が無意識的に働くのである。この働きにはさまざまな種類があり、総称して**適応機制**（防衛機制）[★7]という（表12−1）。

★7　適応機制
適応機制は、個人に適応をもたらすことを目的として用いられるが、過剰に働いたり不適切な働きをしたり、特定の適応機制に頼りすぎたりすると、病理的な状態に陥ることがある。

表12−1　代表的な適応機制

合理化	嫌な考えや苦痛な状況を、もっともらしい理由で正当化する
置き換え	ある対象へ向けられた感情や衝動を、他の無害な対象へと置き換える
投射（投影）	相手への感情や欲求を、人のせいにする
反動形成	受け入れ難い欲求や衝動を防ぐために、本心と反対の言動をとる
同一化	尊敬する人物の特徴を自分のものとして獲得し、自己価値観を増す
補償	劣等感や弱点を、他の方向で補う
昇華	欲求や感情を、社会的に有用な目標へ置き換える
退行	早期の発達段階へ戻り、現実の困難さや責任から退く
逃避	不安を感じさせる状況への直面を避け、病気や空想などに逃げ込む
抑圧	受け入れがたい不安や苦痛、不快な感情を意識から締め出す
攻撃	破壊的な行動や反抗的な態度によって欲求不満を解消する

3 ── ライフサイクルとストレッサー

人は、誕生から死に至るライフサイクルのなかで、さまざまな問題に出会い、多くのストレッサーに直面する。ストレッサーには、その時々のライフサイクルに特有のものもあれば、生涯を通して比較的共通のものもある。ライフサイクルに特有のものとしては、次節に記述するように、例えば乳幼児期においては、親や保育者などの周りの大人との関係形成や、排泄・食事・着替えなどの基本的な生活習慣の自立の問題がある。学童期後期から青年期にかけては、第2次性徴による心身の変化や、それに伴って生じやすい精神的な不安定化、仲間関係におけるフラストレーションの問題などがある。比較的共通するストレッサーとしては、家庭環境の変化（家族の誕生や疾病・死亡、親の失職や転職、転居など）、入園・進学・卒業などのライフイベントやそれに伴う学校や人間関係などの環境の変化などが挙げられる。

幼いほど身近な生活環境の影響を強く受けやすく、年齢が進むにつれてストレッサーは多様になる。ストレッサーへの感じ方は人によって異なる。また、同じスト

レッサーのように見えても、その時々の年齢や発達段階、取り巻く環境によっても異なるため、「子ども一人一人がどう感じているか」を個別に捉えることが大切である。

今日の社会においては、誰もがストレスやフラストレーションにさらされる状況を避けては通れない。保護者や教師は、児童生徒がこのような状況を適応的に解決する方法を考える力を育み、より良い適応を目指すための知識や技術を持つことができるように関わることが大切である。

第2節　幼児期・児童期・青年期における心の問題

1 ── 心の問題とその原因

心の問題の原因にはさまざまなものが考えられるが、素因・心因・身体因[★8]に分けて捉えられることが多い。素因のある人は、大きな心因や身体因がなくても精神的不調に陥る可能性があり、さほど素因がない人でも大きな心因や身体因があると精神的不調になりやすくなる。精神疾患はまれな病ではなく、思春期から青年期にかけては発生頻度が高まりやすい時期であることから、教師は児童生徒と関わるうえで、心の問題に関する知識を持つことが望ましい。

★8　素因・心因・身体因
素因とは、その人自身の遺伝的・生物学的な精神疾患へのなりやすさ（虚弱性）のことである。心因とは、心に影響を与える社会的な環境要因のことで、ストレスやショックな出来事に代表される。身体因（外因）とは、身体疾患・外傷・脳の損傷・疲労・ホルモンの影響によるもので、アルコールや薬物など中毒性のものも含まれる。

2 ── 幼児期に見られやすい心の問題

幼児期の最も重要な発達課題は、保護者をはじめとする身近な大人とのアタッチメントの獲得である。子どもは周囲の環境に敏感で影響を受けやすい。そのため、生育環境に何らかの問題があったり、環境が大きく変わったりすると心が不安定になり、それが症状となって現われる[★9]。また、基本的な生活習慣の自立も重要な課題であり、いわゆるしつけをめぐって、親子間の葛藤が問題を引き起こすこともある。さらに、幼児期は身近な大人や友達との関わりを通して社会性が芽生える時期でもある。保育園や幼稚園などの集団生活になじむことが難しい場合には、泣く、保護者から離れられない、友達に乱暴する、落ち着きがない、指示が入らない、話が聞けない、友達と遊べない、活動に参加できない、欠席が目立つなどの状態がみられる。

★9
生活面や行動面に現れる問題には、分離不安、食事（食欲不振・偏食）、排泄（頻尿・夜尿症）、睡眠（夜驚）、言葉（吃音）、習癖（指しゃぶり・爪かみ）、チックなどがある。

3 ── 児童期から青年期に見られやすい心の問題

児童期には学校教育によって知的な学習が進み、仲間関係が育まれる時期である。

学校は集団行動を求められる場面が多いため、勉強についていけない、授業中にじっとしていられない、友達関係でトラブルが起きるなどの悩みや問題が生じることがある（第5章、第11章、第13章参照）。

思春期・青年期は、第2次性徴に伴って心と体の成長にアンバランスが生じやすく、心が不安定になりやすい。子どもから大人へと脱皮し、「自分らしさ」を見つめる時期に当たることから、家庭では親からの心理的独立と依存との間で揺れ動く。仲間関係の重要性がさらに増す反面、過度な同調傾向へと陥りやすくなったり、「他者からどう見られているか」ということに過敏になりやすかったりする。近年では「誰かとつながりたい」「誰かに認められたい」「直接の対人関係は不安だがインターネットは安心」などの理由から、中高生のインターネット依存が急増している。インターネットやオンラインゲーム、SNSの使い過ぎは日常生活に支障をきたし、学業面・精神面・身体面などへの悪影響が起こりやすい。

問題の現れ方は、大きく3つ（身体面・行動面・心理面）に分かれる。

身体面に現れる問題には、心理的な問題が頭痛・めまい・腹痛・自律神経失調症などの形で身体化した**心身症**がある。行動面に現れる場合は、心理的な問題が行動化されたものと捉えられる。このうち、子どもが対人的・社会的な接触を避けようとする行動のことを**非社会的行動**★10という。学校や社会に迷惑はかけないが、子ども本人が日常生活へ支障をきたしたり、不利な状況に陥ったりしやすい。非社会的行動は、本人の要因（健康面、性格面など）と環境の要因（友人関係、家庭、学校など）が作用して生じる。一方、社会生活のルールを無視するような行動のことを**反社会的行動**★11という。学校や社会に迷惑をかけ、集団生活を乱しやすいタイプである。また、習癖として現れる場合、抜毛・爪かみ・偏食・拒食・過食・自傷行為★12などが見られ、思春期・青年期の女性に特に多く発症するものに**摂食障害**★13がある。心理面に現れる問題は、精神症状として捉えることができ、抑うつ・不安・緊張・怒り・幻聴などが該当する。このうち、本人が不安や恐怖を強く自覚し、日常生活に支障をきたすものに**不安症**がある。不安を覚える対象によって、全般不安症・分離不安症・広場恐怖症・パニック症・社交不安症などさまざまなタイプがある。深刻な精神疾患には**うつ病、統合失調症**などがあり、これらは本人が病的な状態にあることを自覚しづらいことから、できるだけ早期に医療機関や心理相談機関での治療を始める必要がある（表12-2）。

児童生徒にはさまざまな個性や個人差があり、ときには「心の問題」を抱えている子どももいる。学校は成長・発達の場であり、教師の主な役割は児童生徒一人一人が持っている能力や長所を引き出して伸ばすことであるが、適応に課題を抱える子どもに対しては、「成長・発達を促す」側面と「心の問題を理解し対応する」側面のバランスを取る必要がある。

★10 非社会的行動
学業不振・緘黙・いじめ・不登校、ひきこもりなどが該当する。緘黙は、正常な言語能力を持ちながらも心理的な原因によって話せない症状を呈するものである。生活の全場面で話せない全緘黙と、特定の状況でのみ話せない場面緘黙があり、一般的に後者の方が多い。

★11 反社会的行動
怠学・けんか・いじめ・反抗をはじめ、暴力・盗み・家出・虚言・殺人などが該当する。反社会的行動の原因は、本人の性格の問題のみではなく、背景に学習障害、不安、家庭不和などが存在する場合もある。

★12 自傷行為
自傷行為は、身体を刃物で切る、身体を殴る、頭を壁にぶつける、手などを文房具などで傷つけるなど、自分の身体を自ら傷つけることをいう。自傷行為のうち手首を切るリストカットの経験者の多くは、「切ると気持ちが落ち着く」「スーッとする」などと語る。リストカットのきっかけとなる出来事は対人葛藤が多く、「理解してもらえなかった」「裏切られたと思った」という人もいれば「よく覚えていない」という人もいる。いずれにしても、身体を傷つけることで心の痛みを紛らわせているのだが、これは「心の痛みを身体の痛みに置き換えて、心の痛みを感じないようにしている」と言い換えることもできる。

表12-2 主な精神疾患とその特徴

パニック症	動悸や発汗、息苦しさ、めまいなどの**パニック発作**が突然現れる。「またパニック発作が起きるのでは」と不安になり（**予期不安**）、パニック発作が起こりそうな場面や状況を避ける（**回避行動**）。	
社交不安症	他者がいる場面や、他者との交流がある場面に対して、過剰に不安や恐怖を感じ、そのような場面を避けようとする。	
強迫症	「鍵を閉め忘れていないか」など、本人も気にし過ぎでばかげていると思う考えが繰り返し浮かび（**強迫観念**）、「施錠を何度も、何分も確認する」など、強迫観念に伴う行為をなかなかやめることができない（**強迫行為**）。	
うつ病	抑うつ気分、興味や喜びの喪失を中心に、眠れない、疲れが取れない、集中できないなどの症状が毎日長時間現れ、自殺を考える場合もある。治療には服薬と休養が必要である。	
統合失調症	聞こえるはずのない音が聞こえる（**幻聴**）、見えるはずのないものが見える（**幻視**）、明らかに非現実で歪んだ信念を持ち、他者に指摘されても訂正できない（**妄想**）、感情表現が平板になる、意欲が低下するなどの症状が現れる。治療には服薬が必要である。	

★13 摂食障害
食のコントロールが難しくなり、食べ過ぎ（過食）の状況が頻繁に見られるものを神経性過食症という。一方、身体疾患がないのに食べ物を受けつけず（拒食）、極度に痩せていくものを神経性やせ症という。摂食障害では拒食と過食を繰り返すケースが多い。自己評価の基準が体型や体重となり、痩せ過ぎであることを認めようとしないボディイメージの歪みが特徴である。

4 ── 心の問題を見つけるためのサイン

　心の問題は、なるべく早期に発見して対処することが望ましい。早く気づいて適切な対処が施せれば、問題の深刻化を防げる可能性が高い。学校は児童生徒が長時間を過ごす場であり、子どもの様子や変化をキャッチしやすい。表12-3に、児童生徒の気になるサインを示した。大切なことは、児童生徒と接していて「あれ？」と感じたその感覚を放置しないことである。気になるサインは、声にならない心のメッセージである。多忙な中でも「助けて」と訴えている児童生徒のサインをキャッチして、対応できるようにしたい。

★14 チック
本人の意思とは関係なく突然、まばたきや咳払い、発声などを繰り返す症状が一定期間続く状態をいう。児童期から青年期に現れ、成人になる頃までに自然に消えることが多い。

★15 PTSD
PTSD（Post Traumatic Stress Disorder：心的外傷後ストレス障害）は、事故・虐待・犯罪・災害・戦争などの過酷な体験が心的外傷（トラウマ）となり、不安・不眠・抑うつ感・過度の緊張などが生じるものである。ふとした拍子にトラウマの体験や記憶を思い出して不安定になったり（再体験症状）、トラウマとなった出来事を思い出す状況を避けようとしたりする（回避）（第11章も参照）。

★16 躁状態
うつ（鬱）と反対の状態で、自分の置かれている状態にそぐわないほど気分が高揚し、多弁になったり、過活動となったりする状態である。躁状態とうつ状態を周期的に繰り返す精神疾患もあり、これを双極性障害（躁うつ病）という。

★17 ラポール
カウンセラーとクライエントの間に形成される信頼関係のことである。クライエントは日常生活で関わっている人たちには話せない悩みを抱えており、カウンセラーに対してもラポールがなければネガティブな感情やつらい体験を安心して表現することはできない。カウンセラーごとに心理療法の流派や技法に違いはあっても、心理療法を進めるために欠かせない共通要素がラポールである。

表12-3　児童生徒の気になるサイン

出席状況	出席回数	（月別、学期別、前年度などの状況から、不登校予備軍に留意する）
	遅刻・早退の回数の変化	（登校しぶりの可能性を考える）
	保健室へ行く回数が多い	（教室に居場所がない、何かに困っている可能性がある）
	休む理由	（単なる病欠なのか、不適応のサインなのかを見極める）
	休みがちな日の規則性	（時間、曜日、休み明け、行事前後などのパターンを確認する）
学習状況	学習が遅れている	（発達障害、精神疾患、家庭環境、対人関係の問題の可能性を考える）
	宿題をしてこない、忘れる	（学習意欲の低下、発達障害、精神疾患の可能性を考える）
	成績の変化	（特に成績が急に下がった場合は、何らかの問題状況の可能性を考える）
	気になる作品を描く	（本人らしさが表されたものという観点でメッセージを考える）
本人の様子	身体の不調を訴える	（身体的疾患の有無を確認、心身症やうつの可能性も考える）
	いつも眠そうにしている	（睡眠障害やうつ、家庭環境の影響を考える）
	食べない／食べ過ぎる	（摂食障害、精神疾患、発達障害、虐待の可能性を考える）
	よくけがをする	（虐待、発達障害、自殺の前兆の可能性を考える）
	気になる表情	（精神疾患、発達障害、虐待、チック★14の可能性を考える）
	服装や身なり	（生活習慣、虐待、発達障害、精神疾患の可能性を考える）
集団生活	指示が通らない	（発達障害、精神疾患、反抗・非行の可能性を考える）
	落ち着きがない	（発達障害、PTSD★15、躁状態★16の可能性を考える）
	やる気がない	（怠学傾向、失敗体験の積み重ね、発達障害、精神疾患の可能性を考える）
	ルールを守らない	（発達障害、反抗・非行、家庭環境の影響を考える）

出典：五十嵐・杉本（2012）[2]をもとに作成

第3節　カウンセリング

1 ── カウンセラーの姿勢

　カウンセリングとは、問題解決や自己成長を求める人（クライエント）に対して、カウンセラーが主に言語的コミュニケーションと人間関係を通して心理的に援助していく営みである。子どもの成長・発達を援助する役割を担う教師にとって、カウンセリングの視点を持つことは大切である。

　クライエント（来談者）とカウンセラーとの関係において最も重要なことは、**ラポール★17**の形成だとされている。カウンセリングはクライエントとカウンセラーの素朴な存在感のふれあいをその中心に持っており、意図的に2人ができるだけ接近し、直接ふれあわないだけの距離を保つことで成り立っている。そして、カウンセラーがクライエントに関心を持ち、語られる話に丁寧に耳を傾けて理解しようとし、敬意を払い真摯に向き合うプロセスを通して、クライエントはカウンセラーを信頼できる相手だと感じたり、好感を持てたりするようになる。

カウンセラーがクライエントの話を聴くときに大切にすることは、クライエントの話を丁寧かつ積極的に耳を傾けて聴く（**傾聴**）ことと、相手の立場に立って「もし私があなただったら、こう思うのではないだろうか」と想像しながら聴く（**共感的理解**）ことである。カウンセラーが穏やかに関心を示しながら、クライエントを優しく受け止めることによって、クライエントは自分の悩みを安心して表現することができる。

学校においても、教育相談のように人間同士の関わり合いが大きな役割を果たす局面で、相手の気持ちを大切にし、相手の立場に立ちながら感じたり考えたりし、相手の存在をありのまま肯定的に受け入れようとする姿勢はとても大切であり、このような姿勢や考え方を**カウンセリング・マインド**[18]という。安心して表現できる時間・場所で語りを進めていくことは、自己理解を深め、問題解決のヒントを見出すことへとつながる。

2 ── カウンセリングの立場

カウンセリングの立場は、大きく2種類に分かれる。1つ目は、クライエントに関する客観的なデータや情報を集めてクライエントの状態を把握し、クライエントが抱えている問題を解決するために必要な指導・助言を行う立場で、**指示的カウンセリング**という。2つ目は、「人は、自分の問題を自分自身で解決する力を備えている」という人間観に基づき、クライエント自身がカウンセリングのプロセスを展開して洞察していけるように関わろうとする立場で、**非指示的カウンセリング**[19]という。今日では、後者の立場を取るカウンセリングが主流となっている。

3 ── 傾聴の基本的技法

ここでは、学校での教師による教育相談を念頭に置き、傾聴の基本的技法を紹介する。

1．かかわり行動

表情、アイコンタクト、声の調子、身体の向きや姿勢、態度、ジェスチャーなどの非言語的コミュニケーションを効果的に使って、肯定的・受容的に傾聴する姿勢を示す[20]。「目は口ほどに物を言う」という例えもあるように、「相手に対して言葉でどのように伝えるか」よりも大切なものである。

2．質問技法

カウンセリングは問いかけることによって成立する。人に対して自分の内面を開

[18] **カウンセリング・マインド**
わが国の教育界で1980年代頃から盛んに強調されるようになった標語で、和製英語の一つである。その基本的な精神は、ロジャーズ（Rogers, C. R.）が提唱した治療論や人間観に基づいている。

[19] **非指示的カウンセリング**
非指示的カウンセリングの提唱者はロジャーズであり、のちにクライエント中心療法へと発展した。

[20] アイコンタクトやジェスチャーなどには、文化による捉え方の違いがあるため、クライエントになじみのある文化で用いられている適切な関わり方を意識するとよい。

示する作業は、不安の起こりにくい状況でなされる必要がある。質問のタイプは2種類あり、1つ目は「あなたは中学2年生ですか？」「出席番号は何番ですか？」のように、「はい／いいえ」や限定的な答えが得られるような質問であり、こうした質問を**閉ざされた質問**（Closed-Question）という。2つ目は「困っていることを教えてもらえますか？」「その点をもう少し話してもらえますか？」など、答える側にとって表現の自由度が高い質問であり、このような質問を**開かれた質問**（Open-Question）という。それぞれ長所・短所があるため、状況に応じて使い分けることが大切である[★21]。

3．最小限の励まし・言い換え・感情の反映・要約

言葉による応答技法である。**最小限の励まし**は、クライエントが語り続けるのを促す（励ます）ために、うなずきや、クライエントの話のキーワードの伝え返しをするものである。**言い換え**は、クライエントの語りの大切なフレーズをカウンセラー自身の言葉で短く言い換えるものである[★22]。**感情の反映**は、最小限の励ましや言い換えと似ているが、「寂しかったのですね」「うれしさと、戸惑いがあるのでしょうか」など、クライエントの感情に焦点を当てる。**要約**は、長時間かけて語られてきた内容を要約することである[★23]。

4．その他

座る位置や角度、距離によって話しやすさが変わるほか、クライエントの話への応答のタイミングや間の取り方は、面接全体の雰囲気をつくる。また、カウンセリングでは、沈黙[★24]が生じる場面も多い。それまでの語りの経過をふまえて、その場での沈黙の意味を考え、対応するとよい。

第4節　心理療法と心理相談機関

1 ── 心理療法とは

心理療法とは、心の問題から生じる心身の症状を改善するために用いられる治療方法である。主に心理学の知見に基づいて開発されてきたが、それぞれの心理療法を提唱した医師・心理学者たちの臨床経験や人間観が反映されている側面も大きい。教職志望者は、心理療法の専門家を志すわけではないので詳細を学ぶ必要はないが、子どもの不適応や問題行動を治療するために用いられる代表的な心理療法と、その支援を受けられる場所に関する基礎知識を理解しておくことはとても重要である。

[★21] 事実関係を確認したい場合は、閉ざされた質問が有効である。ただし使い続けると尋問のようになり、話の主導権をカウンセラーが握ることになるので、クライエントは「伝えたいことを十分話せない」「話をきちんと聞いてくれない」と感じることが多い。開かれた質問は、自分の経験や思いを自由に語ってもらうのに適している。ただし、対人緊張の強い人や、話すことが苦手な人の場合は戸惑うこともあり、閉ざされた質問を使いながら語りやすい雰囲気をつくっていくとよい。

[★22] 最小限の励ましと言い換えを用いると、クライエントが「話をちゃんと聴いてくれている」「話し続けても大丈夫だ」と感じることができる。また、クライエントの語りの大事な部分が整理されていく効果もある。カウンセラーがクライエントの話を正確に聴くことができているか確かめるために、質問技法と組み合わせて用いることもある。

[★23] 要約は、話題を整理して次のテーマへ移るときや、面談終了時に「今日はこういう内容を話しましたね」という確認、また、「前回はこういう話をしましたね」と面談の連続性を持たせたりするために用いる。

[★24] 沈黙には「話すことが思いつかない」「伝える言葉を選んでいる」「感情が溢れすぎて表現できない」「相手に話したくない」など、さまざまな意味が想定される。

2 ── 代表的な心理療法

1．精神分析療法

精神分析とは、**フロイト**（Freud, S.）によって発見された人間の心を研究する方法である[3]。彼は患者の治療過程から、人の心の中には自分でも気がつかない**無意識**の層があると提唱した。例えば、生徒が寝坊して試験に遅刻したとしよう。本人は意識的には「うっかり」と思っているが、無意識的には「試験を受けたくない」という理由があったのかもしれない。精神分析療法では、問題行動や症状をこのような視点で捉え、原因となる無意識的な理由を探り、受け入れられるようにしていくことを目標とする。また、フロイトは人の心を一つの心的装置として捉え、心の構造や働きを説明した。彼は、人の心には**エス**（イド）・**自我**・**超自我**の領域があるとした（第1章・第7章も参照）。自我は、心を安定させようとする機能を持っている。不安や葛藤をうまく処理して心のバランスを保とうとするときに働くのが適応機制であるとした（第1節参照）。

2．クライエント中心療法（来談者中心療法）

ロジャーズ（Rogers, C. R.）が提唱したアプローチである。彼は、クライエントには自己理解・自己概念・自発的行動などを変化させていく資質があり、それは心理臨床家が成長促進的な態度（**無条件の肯定的配慮**[★25]、**共感的理解**[★26]、**自己一致**[★27]）でクライエントと対話するときに発現すると説明した。また、カウンセリングにおいてクライエントに建設的なパーソナリティ変化が起こるためには、図12－2の条件がしばらくの期間存在することが必要であるとした。

図12－2　建設的なパーソナリティ変化が起こるための6条件

出典：Rogers（1957）[4]をもとに作成

3．遊戯療法（プレイセラピー：play therapy）

主に子どもを対象として、遊戯療法室（プレイルーム）[★28]で遊びを通して行われる心理療法である。子どもの心理療法に「遊び」を用いる理由は、発達的に言語表現が十分でないことや、遊びそのものが子どもにとって治療的価値を持つことに

★25　無条件の肯定的配慮
カウンセラーが、クライエントの経験を評価から離れて温かく無条件に受け入れる態度のことで、自己受容の促進につながるものである。

★26　共感的理解
ロジャーズは、共感的理解について「クライエントの私的な世界をあたかも自分自身のものであるかのように感じとり、しかも"あたかも……のように（as if）"という性質を失わないこと」[4]と定義した。

★27　自己一致
自己概念と有機体的経験の一致のことを指す。クライエントは自分が経験していることと自己概念とのずれが大きいために苦しんでいる。カウンセラーは、クライエントを目の前にして感じていることや経験していることを歪めずに、自己一致した態度で受容的・共感的に接触し続けることで、クライエントは次第に自己一致の状態へと向かっていくとした。

★28
遊戯療法においては、決められた時間、安全な空間で、プレイルーム内のさまざまなおもちゃを使い、いくつかの約束事（故意に物を壊さない、許容水準を超える暴力は許さない、プレイルームの物を持ち帰らないなど）による枠組みの中で、子どもに自由と守りの場を保障する。

表12-4 アクスラインの8原則

1	子どもと温かい親密な関係を形成する（ラポールの形成）
2	子どもをありのままの存在として受け入れる（あるがままの受容）
3	子どもが自分の気持ちをしっかり、自由に表現することができるように、おおらかな気持ちで付き合う（許容的な雰囲気）
4	子どもが表現している気持ちを認知し、子どもが自分の行動の洞察を得るようなやり方で、その気持ちを反射する（適切な情緒的反射）
5	子どもが自分で自分の問題を解決し得るその能力に深い尊敬を持つ（子どもに自信と責任を持たせる）
6	子どもの行動や会話を指導しようとしない。子どもが先導する（非指示的な態度）
7	治療は緩慢な過程であり、治療者からこの関係をやめてはならない（ゆっくりと構える）
8	治療が現実の世界に根を下ろし、子どもにその関係における自分の責任を気づかせるのに必要なだけの制限を設ける（必要な制限は与える）

出典：Axline（1972）[5]をもとに作成

基づいている。遊戯療法に訪れる子どもは何らかの症状や問題を抱えており、親がそれを修正しようと来談するところから始まる。子どもに現れている症状や問題は、心のSOSに起因するものである。子どもにとって遊びは基本的に楽しく魅力的な活動だが、遊戯療法は子どもが抱えている問題の背景にある怒りや悲しみなどを、症状とは異なる表現で表すことができる治療的機能を持った心理療法といえる。遊戯療法を行う際に重視される原則が**アクスラインの8原則**（表12-4）である。

4．箱庭療法

箱庭療法は、ローエンフェルト（Lowenfeld, M.）が子どものための心理療法として考え、その後、彼女の教えを受けたカルフ（Kalff, D.）がユングの分析心理学の教えを導入して、成人にも効果のある治療法として発展させたものである。治療者に見守られながら、砂の入った箱にミニチュアのおもちゃを置いて自由に作品をつくる★29。言葉に表されにくい内的世界を表現し、自己治癒力を引き出すことにつながるとされる技法である。

5．行動療法

行動主義心理学の学習理論（第4章参照）に基づいて開発された心理療法の総称が**行動療法**であり、さまざまな技法が含まれている。それぞれの技法の共通点は、「不適切な行動は学習の結果である」と捉え、対象を目に見える行動のみとし、不適切な行動の修正を治療目標としている点である。

★29
木箱の内寸は縦57×横72×高さ7cmで、砂を掘った時に水が出てくる感じを出すために内側が青く塗ってある。人、動物、建物、乗り物、橋、木、石、怪獣など、さまざまな種類のミニチュアが用意されている。なお、日本へ導入したのは河合隼雄である。

ウォルピ（Wolpe, J.）が開発した系統的脱感作法では、まず不安や恐怖の対象を弱いものから強いものへと順に記した不安階層表をつくる（表12-5）。次に不安を打ち消すための弛緩法を練習し、弱い不安から順番に弛緩法によって不安を抑制していく。バンデューラ（Bandura, A.）によるモデリング（第4章参照）は、他者の行動をモデルにして好ましい行動を身につけさせていく技法である。

表12-5　不安階層表の例

項目	点数
教室で過ごす	100
誰もいない教室で過ごす	80
保健室で過ごす	70
学校の昇降口に入る	60
校門の前まで行く	50
通学路を一人で歩く	30
通学路を母親と歩く	15
玄関の外に出る	5

6．認知行動療法

認知行動療法とは、行動療法と、情報処理理論に基づく認知療法[30]のそれぞれの長所を組み合わせてつくられた心理療法の総称である。うつ病をはじめとする精神疾患において効果が認められ、わが国においても心理療法の中で唯一、医療保険点数化されているアプローチ方法であり、積極的に導入が進められている。子どもに対しても、抑うつの低減や予防、不登校などに用いられている。

7．自律訓練法

心身を安定させるためのセルフコントロール法による心身弛緩法である[31]。もともとは催眠の研究から始まっており、「両腕が重たい」「お腹が温かい」など、一定の言語公式を段階的に繰り返していくうちに身体の力が抜けて、気持ちが落ち着いた状態になっていく。本人が主体的に取り組むことができるのが利点で、心理・医学の領域に限らずさまざまな方面で活用されている。

8．森田療法

わが国で森田正馬によって開発された心理療法である。「こうあるべき」というとらわれから脱却し、「あるがまま」になることを原理として、個室での臥床や作業療法を行う。入院療法の形を取ることが多い。

9．エンカウンター・グループ

エンカウンター・グループは集団心理療法の一つである。そのとき、その場に集まった人々が相互の関わり合いを通して他者と出会い、自分とも出会う体験をするものである。自己理解や他者理解を通して、より良い人間関係づくりや、問題解決力などの育成を目指す。手法は、非構成的エンカウンター・グループ[32]と構成的グループ・エンカウンター（後述参照）に分かれる。

★30　認知療法
アメリカの精神科医であるベック（Beck, A. T.）がうつ病の患者への治療のために開発した。患者が持つ認知の歪みや癖を修正する手法を特徴とし、その後、うつ病以外のさまざまな症状へ応用されるようになった。

★31　自律訓練法
ドイツの精神科医であるシュルツ（Schultz, J. H.）が開発した技法である。

★32　非構成的エンカウンター・グループ
クライエント中心療法を提唱したロジャーズが開発した。課題や目的は設定せずに、参加者同士がその場で感じたことを本音で話し合う。進行役はファシリテーターが担当し、訓練された専門家が行う。

10. 心理劇（サイコドラマ）

ドラマの形式を用いた集団心理療法である[33]。参加者が演者、監督、補助自我[34]、観客などの役割を担い、演じている最中の「今、ここ」(here and now) での体験に焦点を当てることを大切にする。そして、葛藤的な状況のドラマを題材にして、さまざまな役割を演じることによってカタルシス[35]や自己洞察が行われ、葛藤状況を克服していくことを学んでいく。

11. ロール・プレイング（役割演技）

心理劇から発展した**ロール・プレイング**は、具体的な場面やテーマを想定し、複数の人が役割を即興的に演じて、疑似体験する方法である。自分と違う立場の人を演じることは、演じた人物の視点からある問題のことを考え、表現することを促すので、普段は「自分」の視点でしか考えてこなかった事柄への新たな気づきが得られる。学校でも用いられており、いじめ予防を目的に具体的場面を疑似体験するなど、さまざまな試みが行われている。

12. 学校での心理教育に応用できる技法

児童生徒への心理教育を目的として、心理学の知見に基づく技法を活用する教育現場が増えている。開発的教育相談[36]や予防的教育相談[37]を目的として、児童生徒の成長や状況に合わせて取り入れたり、学級経営に活用したりできる。導入にあたっては各技法の専門書を読んで、考え方や実施法を理解したうえで行う。

構成的グループ・エンカウンター[38]は、國分康孝が提唱した教育技法である。考え方や目的の基盤はエンカウンター・グループにあるが、ゲシュタルト療法[39]や精神分析理論をはじめとする複数のカウンセリング理論から技法を取り入れていることが特徴で、学校や職場での活用しやすいスタイルが工夫されている（図12-3）。

ソーシャル・スキル・トレーニング(SST)[40]は、さまざまな社会的技能をトレーニングによって育てる技法である。児童生徒を対象としたSSTでは、あいさつ・感謝の表し方や、仲間への誘い方など、現在児童生徒に不足しているスキルを選んで行い、相手や場面が異なってもそのスキルを行えるか確認していく（第10章も参照）。

アサーション・トレーニングは、対人場面で自分が伝えたいことを、自己嫌悪に陥ることや相手を傷つけることなく主張するためのトレーニングである。アサーティブとは「自分も相手も大切にした自己表現」[6)]のことである。誘いの断り方や、依頼しにくい用件の頼み方などの葛藤場面を想定して、ロールプレイを行うことができる（第10章も参照）。

ストレス・マネジメントは、ストレスの仕組みを知り、出来事の捉え方や対処法を身につけるための手法である。自分が抱えているストレスを知る、ストレスを感

★33 心理劇
モレノ (Moreno, J. L.) によって開発された。筋書きのない即興劇であり、教室でもどこでも舞台にして行うことができる。

★34 補助自我
参加者の補助や、助監督になる役割である。サイコドラマでは、監督は主役と一緒に必要な場面をつくり、主役にとって重要なドラマ的状況をつくっていく。この際、補助自我は主役が役割を演じやすいように自発性を引き出したり、助けたりする。また、監督がドラマの進め方に迷っているときの相談相手や、監督が見落とした参加者の動きの指摘も担う。

★35 カタルシス
心にわだかまっていた感情が解放され、浄化されることを指す。演劇は、一般的に観客がカタルシスを経験する効果があることが古くより知られているが、サイコドラマはこの効果を積極的に生かそうとするもので、舞台という仮の世界でドラマを十分に表現することを通してカタルシスが得られる。

★36 開発的教育相談
すべての児童生徒を対象として、学校生活への適応とともに人格的な成長を促すような発達促進的な教育相談のことである。道徳や総合的な学習の時間などでの重点的な取り組みに加えて、学校生活のあらゆる場面で必要に応じての取り組みが可能である。

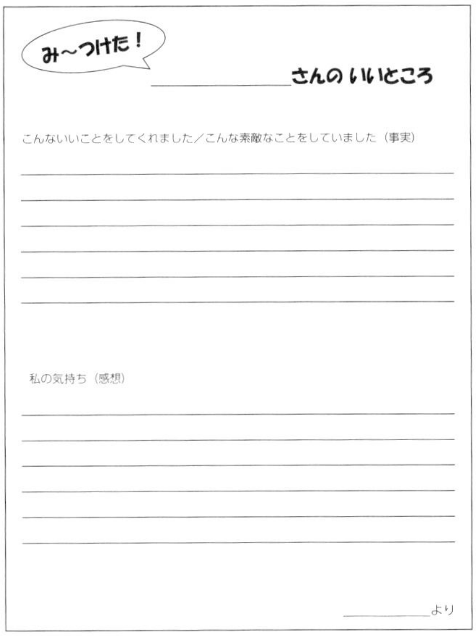
みーつけた！
＿＿＿＿＿＿さんの いいところ
こんないいことをしてくれました／こんな素敵なことをしていました（事実）
私の気持ち（感想）
＿＿＿＿＿＿より

図12－３　学校における構成的グループ・エンカウンターの実践例

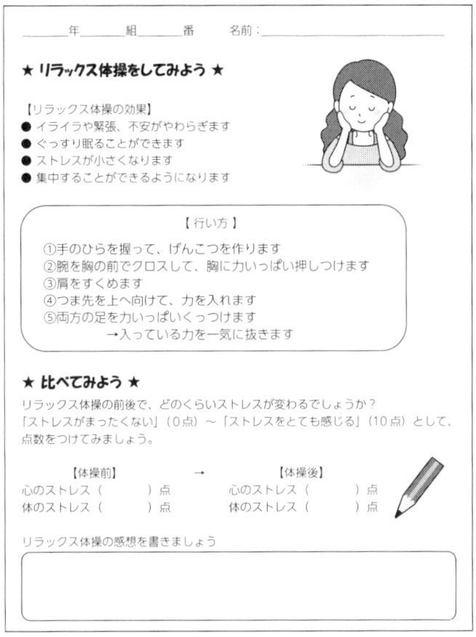
＿＿年＿＿組＿＿番　名前：＿＿＿＿＿＿

★ リラックス体操をしてみよう ★

【リラックス体操の効果】
- イライラや緊張、不安がやわらぎます
- ぐっすり眠ることができます
- ストレスが小さくなります
- 集中することができるようになります

【行い方】
①手のひらを握って、げんこつを作ります
②腕を胸の前でクロスして、胸に力いっぱい押しつけます
③肩をすくめます
④つま先を上へ向けて、力を入れます
⑤両方の足を力いっぱいくっつけます
→入っている力を一気に抜きます

★ 比べてみよう ★
リラックス体操の前後で、どのくらいストレスが変わるでしょうか？
「ストレスがまったくない」（0点）～「ストレスをとても感じる」（10点）として、点数をつけてみましょう。

【体操前】　→　【体操後】
心のストレス（　　）点　心のストレス（　　）点
体のストレス（　　）点　体のストレス（　　）点

リラックス体操の感想を書きましょう

図12－４　学校におけるストレス・マネジメントの実践例

じるときの心身の反応を知る、ストレスに対処する方法を知るなど、段階的にテーマを設定し、学級全体に対して行うことによって、すべての児童生徒に対する予防的・開発的な援助をすることができる（図12－４）。

3 ― 心の専門家や外部機関との連携

連携とは、学校だけでは対応しきれない児童生徒の問題行動に対して、関係者や関係機関（表12－６）と協力し合い、問題解決のために相互支援をすることである[7)]。校内の教育相談体制を基盤に、スクールカウンセラーやスクールソーシャルワーカーを活用したり、状況によっては外部の専門機関と連携したりする。連携にあたっては、「学校でできること」と「学校でできないこと」を考えて、学校でできない点について外部機関で可能な援助をしてもらい、児童生徒の問題解決に向けて協力し合いながら支援していくことが大切である。

★37　予防的教育相談
学習のつまずき、友達関係、欠席傾向など、表面上は大きな問題にはなっていないものの、ストレスが高い状態にある児童生徒に前もって働きかけ、問題を未然に防ぐ教育相談のことである。未然防止のためのサインに気づくには、日頃から児童生徒の特性や変化をよく見て理解することが大切である。

★38　構成的グループ・エンカウンター
「エンカウンター」とは出会いを意味する。「構成」とは、グループのリーダー（進行役）が、グループに合わせたエクササイズを組み合わせたプログラムをつくり、小グループの人数を設定し、実施時間の枠の中で行うことを指す。ふれあいと自己発見を促進するような心理教育的な体験学習のエクササイズ（課題）を行い、エクササイズ実施後には参加者同士がお互いに気づいたことを自己開示し、分かち合うシェアリング（振り返り）を行うことを大切にする。

★39　ゲシュタルト療法
パールズ（Perls, F. S.）が創始した心理療法である。ゲシュタルトとは、「形」「全体」「統合」などを意味するドイツ語である。パールズは、多くの人々は自身のほんの一部しか意識しておらず、全体の自己というものに目が届いていないことに気づいた。そこで、「今、ここ」で経験していることを無視せずに取り上げて、すべてを自分のものとして一個の全体として統合された状態を目指すことがよいとした。

★40 ソーシャル・スキル・トレーニング
一般的に、①教示、②モデリング、③リハーサル、④フィードバック、⑤般化の手順で行われる。もともとは、患者の社会復帰を目的として医療分野で行われることが多かったが、近年では教育分野にも適用されている。

表12-6 専門機関の例

領域	主な場所と内容
教育	学校内の相談室、教育相談センター、教育支援センター、発達障害者支援センターなど。発達、学習、生活面などの問題への援助を行う。本人との面接、保護者面接、教師への専門的な技術に関する指導・助言、他機関連携などを行う。
医療・保健	病院、クリニック、精神保健福祉センター、保健所、保健センターなど。心の問題、病気やけがなどの患者への援助として、心理検査、心理療法、デイケアなどを実施している。保健センターでは乳幼児健康診査や発達相談も行っている。
福祉	児童相談所、児童発達支援センター、児童自立支援施設、児童養護施設、児童家庭支援センターなど。子どもの心身の発達、非行、障害児・者などに対して援助する。
司法・矯正	家庭裁判所、少年鑑別所、保護観察所、少年院、警察署など。社会的処遇を決める際の心理面のテストや調査、矯正へ向けての面接などを行う。
労働・産業	企業内相談室、ハローワーク、障害者職業センターなど。職業生活に必要な労働者への面接、職場内へのコンサルテーションなどの援助を行う。
その他	子育て支援、高齢者支援、犯罪被害者支援、災害時の被災者向けの相談、電話相談、メール相談など、対象者や相談方法にはさまざまなものがある。

★さらなる学びのためのブックガイド★

・黒田祐二編（2014）『実践につながる教育相談』北樹出版
　子どもの理解と関わり方、不適応の理解と支援方法、アセスメントとカウンセリングについて、学校での実践をふまえて解説されている。

・藤田哲也監修・串崎真志編（2016）『絶対役立つ臨床心理学』ミネルヴァ書房
　精神医学的な症状や、主要な心理療法の説明が分かりやすく書かれており、新しい研究動向も交えながら解説されている。

・佐治守夫・岡村達也・保坂亨（2007）『カウンセリングを学ぶ―理論・体験・実習―第2版』東京大学出版会
　カウンセリングを学びたい人が、カウンセリングの理論学習、体験学習、実習の3つのステップで分かりやすく自己学習することができる書籍である。

反抗期の心のメカニズム

　中学1年生から3年生くらいまでの間、多くの生徒が何を聞いても「うるさい！」と、こんなふうに親に盾を突きます。親は困り果てて、先生に相談しますが、多少なりとも生徒たちにそういう傾向がみられるので、この時期は反抗期と呼ばれています。反抗期は高校生くらいで卒業するのが一般的ですが、ときにはこじれてしまうために、きちんとした対応が必要な場合もあります。

　ここでは反抗期のメカニズムをピアジェ（Piaget, J.）の理論に沿って理解し、合理的な対応方法を検討しましょう。ピアジェの理論は、生まれたばかりの乳児が自分と社会とをきちんと認識し、大人になるまでの発達の経過を4段階に分けて説明し、抽象的概念を理解できる「形式的操作期」を大人への入り口としました（第2章参照）。子どもの論理は純粋で単純なので、矛盾だらけの世界を生き抜いてきた大人の論理をうのみにできずに盾突きます。一方、大人も昔は子どもでしたから、子ども時代を確実に思い起こせれば、反抗期の子どもへの接し方をそれほど悩まずにすみそうですが、残念ながら大半の大人は忘れてしまっており、自分の中で絡まった抽象概念をうまく説明できません。子どもから「大人の理屈がなぜ正しいのか！」と追及されると、「うるさい！」とはねつけたくなるわけで、実はほとんどお互いさまなのです。

　このようなとき、カウンセラーは質問の技法を工夫しながら使います（「質問技法」の項を参照）。「なぜ？」という問いは、大人も子どももうまく答えられずに戸惑います。そこで、「はい／いいえ」や「3つのうちどれか」などの質問に構成し直します。〈今日、学校は楽しかった？〉「いいえ！」〈楽しくなかったのは授業？ 友達のこと？ 先生？ それとも他のこと？〉「友達のこと！」〈けんかしたのかな？〉「いいえ！」〈じゃあ、いじわるされた？〉「そう！」〈そうだったの、それはつらかったね。何があったのか教えてもらえる？〉「あのね…」と、このような具合です。

　思春期は、心身の急激な変化に不安や戸惑いを覚える時期です。子どもたちは「家での自分」「学校での自分」「1人でいるときの自分」を使い分けて、それぞれの場で葛藤が少なくなるように過ごそうとします。脳の発達の視点から見ると、ネガティブな感情へ敏感になる一方で、感情を抑えて冷静にやりとりする機能は遅れて発達するために、周りとのトラブルも起こりやすくなります。このような時期にいる彼らにとって安心できる相手は、他者と比べたり評価したりせず、ただ自分と一緒にいてくれる人です。先ほどの子どもとカウンセラーのやりとりには、子どもへの評価は含まれません。そして、子どもの置かれた状況を理解していくと、気持ちを察するヒントを得やすくなります。このようなやりとりを積み重ねて、子どもが「大人が自分の気持ちを受け入れた」と感じられれば、子どもの気持ちは少し柔らかくなるのです。

◆第12章ミニットペーパー

年　月　日（　）第（　）限　　学籍番号＿＿＿＿＿＿＿　　氏名＿＿＿＿＿＿＿

本章で学んだこと、そのなかで感じたこと

理解できなかったこと、疑問点

TRYしてみよう

① 「練習に参加したくないが、大会で負けたくない」は、（　　　　）型のコンフリクトである。

② 好きな人にわざと冷たくするなど、本当の感情や欲望の表出を防ぐ適応機制を（　　　　）という。

③ 自分に受け入れがたい状況について、本当の原因は自分にあるのに、他の理由を持ち出して自分を正当化する適応機制を（　　　）という。

④ （　　　　　　　　）とは、自分の生命の危険など、過去の過酷な体験がトラウマとなり、不安や不眠、疲労などの症状が現われるものである。

⑤ （　　　）とは、クライエントとカウンセラーとの間につくられる信頼関係のことである。

⑥ クライエントの自発的な力によって問題解決や成長を促すカウンセリングの立場を（　　　　　）という。

⑦ （　　　）が提唱した精神分析療法は、抑圧された無意識の内容を意識化することによって症状の消失を目指す心理療法である。

⑧ （　　　　）は、クライエントは自ら解決し成長する力を持っており、それを援助することが大切だとするクライエント中心療法を提唱した。

⑨ （　　　）は、言語表現が十分ではない子どもを対象とし、遊びを主な表現手段として治療関係をつくり上げていくものである。

⑩ （　　　）では、学習理論に基づいて不適切行動を適切行動へと修正する。

第13章 特別支援教育

◆学びの入り口〜教育現場の事例から考えてみよう！〜

事例：他人との距離感がつかめず、適切な対応ができないASDのL君

　L君は中学校1年の男児でASD（自閉スペクトラム症／自閉症スペクトラム障害）の診断を受けており、こだわりが強く他人の表情や気持ちの理解が難しい面があります。また、会話を簡潔にまとめることが苦手で、しばしば堅苦しくまわりくどい表現になり、本人も意図するところが伝わらない苛立ちから強い口調になることでトラブルにつながり、周囲に敬遠されることがたびたびあります。

　鉄道に詳しいL君はある日、同じ班のXさん（女子）から夏休みに祖父母のところに行く経路について質問を受けました。それがうれしい体験だったらしく、本人なりに説明しようとしましたが、行き方のみ簡潔に示せばよいものを、こだわりから車両形式などうんちくを長々と語り出しました。Xさんは質問した立場上、困った表情をしながらも我慢して聞いていましたが、だんだんとL君は声が大きくなり、顔や体をXさんに近づけたことなどで嫌がられ、「もういいよ」と言われてしまいました。その後もXさんに頻繁につきまとってしまったことで、Xさんが担任に訴える結果となりました。担任がL君に「相手に分かりやすく話すこと」「他人の嫌がることをしないこと」などを説諭したところ、「親切心から丁寧に説明しようとしただけで、悪いことはしていない、何で怒られねばならないのだ！」と逆ギレしてしまいました。

◆ワーク：次の問いに対してあなたの考えをまとめてみよう

・L君の不適応行動（不適切な対応）を改善するために、担任や級友はどのような対応を心がけるとよいでしょうか。

◆ワークに対する考え方・ヒント

　ASDの特性として、他者認知・自己認知ともに課題があり、場の空気を読むことが苦手です。また、想像力の欠如から適切な行動の具体的なイメージを持つことも困難です。さらに本ケースは異性との対人距離という思春期特有の問題も絡んでいます。L君が適切な言動をとれるように、担任は「分かりやすく話す」「嫌なとをしない」という漠然とした表現でなく、本人が具体的なイメージを持てることばで対処法を伝えましょう。Xさんに対しては、L君とのコミュニケーションにおける特徴を説明し、できるだけ否定せず、「こうしてほしい」と要望を分かりやすく伝えることが有効だとアドバイスしていきましょう。

> **学びのポイント**
> - 特別支援教育の体制(特殊教育から特別支援教育へ、現在の教育体制、インクルーシブ教育システムと今後の課題)について理解する。
> - 身体障害児(視覚、聴覚、肢体不自由、病弱・身体虚弱)の特性と支援に関して学ぶ。
> - 知的障害児の特性と支援に関して学ぶ。
> - 発達障害児(LD・ADHD・ASD・DCD)の特性と支援について学ぶ。
>
> **キーワード**
> ☐特別支援教育　☐障害特性　☐心理的支援
> ☐インクルーシブ教育システム　☐合理的配慮　☐障害理解
> ☐身体障害児　☐知的障害児　☐発達障害児(LD・ADHD・ASD・DCD)

第1節　特殊教育から特別支援教育へ

1 ── はじめに

　2007(平成19)年4月、文部科学省初等中等教育局長通知「特別支援教育の推進について(通知)」(文科初等第125号)により、幼稚園・小学校・中学校・高等学校を含む、すべての学校において「**特別支援教育**」が実施されることになり、これまでの特殊教育は「特別支援教育」に移行した。その通知の中で、特別支援教育の理念は「障害のある幼児児童生徒の自立や社会参加に向けた主体的な取組を支援するという視点に立ち、幼児児童生徒一人一人の教育的ニーズを把握し、その持てる力を高め、生活や学習上の困難を改善又は克服するため、適切な指導及び必要な支援を行うものである」と示されている。また特別支援教育は、これまでの特殊教育の対象となる障害だけでなく、知的な遅れを伴わない通常の学級に在籍するLD(学習障害/限局性学習症)、ADHD(注意欠陥多動性障害/注意欠如・多動症)、高機能自閉症などの発達障害を含め、特別な支援を必要とする者に対しても適切な指導・支援を行うように、支援を受ける対象者を拡大したことに大きな特徴がある。2012(同24)年、文部科学省が行った小中学校の実態調査において、「学習面または行動面で著しい困難を示す児童生徒の割合」は6.5%であった。この割合は小学校7.7%、中学校4.0%の平均値で、小学校1年生の割合は9.8%と高い割合を示している。社会的な適応力を高めるためには、早期からの適切な支援、継続した一貫性のある支援が求められることは明らかである。これからの教育が目指すべき姿は、多様な子どもたちが互いに人格と個性を尊重して、認め合い支え合って生きる「共生社会」の形成といえる。

2 ── 特別支援教育で始まった取り組み

　通常の学級に在籍する特別な支援を必要とする子どもたちに、学習や生活上の困難を克服するための支援を実践するには、学校長を中心に全校的な体制を整えたうえでの組織的な対応が必要になった。各学校においては、主に次のような事項の整備が求められている。

　①校内委員会の設置
　②特別支援教育コーディネーター★1の指名
　③個別の教育支援計画、個別指導計画の作成
　④専門家チームの派遣、巡回相談★2の利用
　⑤交流および共同学習の推進
　⑥特別支援学校のセンター的機能の充実

　上記のような学校における基礎的な支援体制は、小・中学校では整備が進んできているが、高等教育や大学などの義務教育以外の学校における理解推進や体制整備は十分とはいえない。そのため文部科学省は、高等学校における通級★3による指導の制度化など、高等学校における特別支援教育の充実に向けて施策を進めている。

3 ── インクルーシブ教育システムと合理的配慮

　2014（平成26）年1月、日本は国連の「障害者の権利に関する条約」（以下、障害者権利条約）を批准し、2016（同28）年4月から「障害を理由とする差別の解消の推進に関する法律」（障害者差別解消法）が施行された。障害者権利条約第24条「教育」の条文には、「障害のある者とない者が共に学ぶ仕組みをつくること」（インクルーシブ教育システム）、「個人に必要な『合理的配慮』を与えること」が示されている。すなわち、インクルーシブ教育システムとは、障害のある者とない者ができる限り共に学ぶシステムの構築である。そのためには、それぞれの子どもたちが授業の内容が分かり、学習活動に参加している実感・達成感を持ちながら、充実した時間を過ごしつつ、生きる力を身につけることができる環境を整備する必要がある。この環境の整備を障害者権利条約では「基礎的環境整備」と示している。基礎的環境整備とは、①ネットワークの形成・連続性のある多様な学びの場の活用、②専門性のある指導体制の確保、③個別の教育支援計画や個別の指導計画の作成などによる指導、④教材の確保、⑤施設・設備の整備、⑥専門性のある教員、支援員などの人的配置、⑦個に応じた指導や学びの場の設定などによる特別な指導、⑧交流および共同学習の推進などである。こうした条件が整って初めて合理的配慮が提供できる。合理的配慮とは「障害のある子どもが、他の子どもと平等に『教育を受ける権利』を享有・行使することを確保するために、学校の設置者及び学校が必要かつ適

★1　特別支援教育コーディネーター
特別支援教育コーディネーターとは、各学校における特別支援教育推進のため、主に校内委員会、校内研修の企画・運営、関係諸機関・学校との連絡・調整、保護者からの相談窓口などの役割を担う。

★2　巡回相談
第8章コラムp.162参照。

★3　通級
通級とは、通常の学級に在籍している障害のある児童生徒に対して、一部の授業を一人一人のニーズに応じて特別支援学級や特別支援教室で行う指導形態をいう。なお、2018（平成30）年度から高等学校においても通級による指導が可能になった。指導内容は、障害のある児童生徒が自立と社会参加を目指し、障害による学習上または生活上の困難を主体的に改善・克服するための指導（特別支援学校の自立活動に相当）である。実施形態は、自校通級、他校通級があり、それぞれのメリットや学校・地域の実態をふまえて選択できる。

当な変更・調整を行うことであり、障害のある子どもに対し、その状況に応じて、学校教育を受ける場合に個別に必要とされるものであり、学校の設置者及び学校に対して、体制面、財政面において、均衡を失した又は過度の負担を課さないもの」と障害者権利条約の定義に照らし、「特別支援教育の在り方に関する特別委員会報告」で定義された。合理的配慮は、今必要とされている「なくてはならない配慮」は何か、「優先すべき配慮」は何かなど、十分検討して「合意形成」を図ったうえで、提供する必要がある。

4 ── 個別の教育支援計画と個別指導計画

個別の教育支援計画は、障害のある幼児・児童生徒の一人一人のニーズを正確に把握し、教育の視点から適切に対応していくという考えのもと、本人・保護者が中心となり学校・福祉・医療・労働などの関係機関・関係部局と連携しながら、長期的な視点で乳幼児期から学校卒業後までを通じて一貫して的確な支援を行うことを目的として作成される計画である。

個別指導計画とは、個別の教育支援計画を達成するために必要な指導を計画的に行うために、指導目標や指導内容・方法を盛り込んだ指導計画のことで、単元や学期、学年ごとに作成されるものである。個別指導計画を作成する際の前提として、児童生徒の実態把握が必要であり、そのためには、心理・発達検査などを用いたフォーマル・アセスメントや児童生徒との関わりを通じた行動観察などに基づくインフォーマル・アセスメントが必要となる（第8章参照）。また、上記2つの計画を作成するための基本として、障害特性の理解と合理的配慮に基づく支援に関する知識を習得しておく必要がある。次節より、それらの内容に関し概説していく。

第2節　身体障害児の特性と支援

1 ── 視覚障害について

1．視覚障害の定義と特性

視覚障害は、未熟児網膜症や白内障などの視覚の疾患に伴って、眼鏡などによる矯正では回復しない永続的な視覚機能（視力・視野など）の低下があり、活動や社会生活上に制約のある状態となる障害である。障害程度により、盲と弱視に大別される。**盲**は、両眼の矯正視力が0〜0.05未満で、主に視覚以外の感覚により日常生活を送り、点字による学習が中心となる。**弱視**は、矯正視力0.05〜0.3未満で、拡大鏡などの支援ツールを使うことで墨字学習（通常の文字による学習）ができ、通

常の日常生活が可能である。視覚障害児は、学校教育法施行令第22条の3にある就学基準を参考に、障害程度に応じて、特別支援学校（視覚障害）、弱視学級、弱視通級指導学級などで学ぶことになる。

視覚は一見して外界（物の形や色、その場の状況など）を捉える感覚であることから、視覚障害の特性として、一度に入手できる情報量と情報入手にかかる時間が挙げられ、その結果として、①周囲の状況理解や目的地への移動が困難、②文字の読み書き、図形や絵の読み取り・表現の困難、③衣服の着脱、買い物などの日常生活面の困難がある。初期発達における視覚障害の影響としては、視覚的模倣ができないため、手指の巧緻運動や日常生活動作の獲得に遅れを示し、また、言葉に対応する概念や空間概念の形成にも困難が認められる。

2．視覚障害児に対する合理的配慮

視覚障害教育における自立活動[★4]の指導の内容は、盲児では触覚の活用・点字のレディネス[★5]・歩行指導・日常生活動作の獲得、弱視児では視知覚能力の向上・弱視レンズの使用などが挙げられる。視覚情報は特別に意識をしなくても自分の視野に入ってくるが、触覚は自ら指先を能動的・探索的に動かさなければ、情報を得ることができないため、積極的にかつ上手に手指を動かして触る方法、すなわち「触察」の能力を十分に指導する必要がある。

弱視児の見えにくさを補う方法として、弱視レンズ、拡大読書器、拡大コピーや拡大教材による視対象の拡大がある。弱視レンズには机上学習などで活用する近用レンズと、板書などを見るときに使う遠用レンズがある。弱視教育では、保有する視覚を活用する指導を系統的に行うと同時に、教科学習では見やすい工夫をして最適な学習環境を準備するという視点が重要である。具体的には照明の確保とコントロール、見やすい学用品の選定も大切であり、市販品から適切なものを選び、必要に応じ個々に工夫する必要がある。

2 ── 聴覚障害について

1．聴覚障害の定義と特性

聴覚障害とは、聞こえの能力に障害がある状態をいう。耳（外耳、中耳、内耳）、聴神経、脳のいずれかに器質的または機能的な問題があり、結果として聞こえない、あるいは聞こえにくいという症状を呈する。聴覚障害は聞こえの程度により、平均聴力損失が90ｄｂ（デシベル）以上（近くの大声が十分に聞き取れない状態）の**聾（重度難聴）**と20db以上の**難聴**（程度により高度、中度、軽度）に分かれる。また障害部位により、音のエネルギーが内耳の感覚細胞を刺激するまでの部分で聞こえにくい状態となる**伝音難聴**（補聴器が有効）、内耳から脳の第一次聴覚野に至る神経系の障害

★4　自立活動
特別支援学校学習指導要領に示された指導領域で、幼児・児童生徒の障害に由来する種々の困難を改善・克服し、社会によりよく適応していくための資質を伸ばす指導の必要性を重視して、各教科、道徳、特別活動とは別に、特別の指導領域として設けられたもの。「健康の保持」「心理的な安定」「人間関係の形成」「環境の把握」「身体の動き」「コミュニケーション」の6領域からなる。

★5　レディネス
レディネスとは、あることをするときの準備ができている状態のことをいう。ここでは点字を学習するうえでの準備のことを表している。

であり、音としては聞こえていても内容が分からない**感音難聴**（人工内耳が有効）、障害が両方にわたる混合難聴に大別される。

　音が聞こえない、または聞こえにくいという状態は、話し言葉の聞き取りと言葉を話すことを困難にするが、話し言葉によるコミュニケーションの制約は言語能力や言語を基盤とした認知面の発達に悪影響を及ぼし、話し言葉が土台となって培われる読み書きの能力の遅れにもつながっていく。

　また、通常学級などでコミュニケーションや音声情報の伝達に関して特別な配慮がない環境に置かれた聴覚障害児の中には、学習面の問題のみならず人間関係にも齟齬が生じ、心理的ストレスを抱える場合も少なからずある。

　聴覚障害児は障害程度に応じ、特別支援学校（聴覚障害）、難聴特別支援学級、難聴通級指導学級などで学ぶことになる。聴覚障害児に対する学校教育は、音声言語を手段とする口話教育が中心であり、手話は補助的にしか用いない。具体的には、会話をする相手の口形から言葉を読み取る読話、発語・聴能訓練となる。教育訓練は、学校の他に、児童発達支援センター、医療機関、障害児療育センターなどで行われている。早期に障害が発見され適切な教育が施されれば、社会自立に足る諸能力を身につけることが十分に可能で、近年は高等教育機関への進学者数も増加している。

2．聴覚障害児に対する合理的配慮

　「1．聴覚障害の定義と特性」で述べたように、聴覚障害は音や音声が聞きにくい障害であることにより、話すことや読み書きの習得の困難さを生み出し、発達の遅れが生じる。さらにコミュニケーション障害による情報不足、それに伴う誤解や偏りによる対人関係のトラブルなどの心理的問題を引き起こしやすい。

　合理的配慮に関わる課題としては、①補聴器のフィッティングや人工内耳装用への対応、②指導におけるコミュニケーション方法の工夫、③聴覚障害に対する教師側の適切な理解と配慮などが挙げられる。①に関しては、学校と医療機関との連携、②に関しては、口話教育から手話、筆談、情報機器などを並行活用するトータルコミュニケーション教育への転換、③に関しては、コミュニケーション支援に関する適切な知識や聴覚障害児が積極的に社会参加するための機会提供と周囲の理解の促進などが重要になる。インクルーシブ教育が普及する中、通常学級で学ぶ聴覚障害児は増加傾向にある。これらの児童生徒に対しては、補聴援助システムの利用やノートテイク（要約筆記）[6]などによる情報保障が必要となる。情報保障の方法や体制は、対象となる児童生徒の実態に即し判断されるが、この際に在籍校が特別支援学校（聴覚障害）に相談をすることが有効である。

★6　ノートテイク
聴覚障害児・者への情報保障手段の一つで、話されている内容を要約し、文字として伝えること。従事者をノートテイカーと呼ぶ。

3 ── 肢体不自由（運動障害）について

1．肢体不自由の定義と特性

肢体不自由は、発生原因のいかんを問わず、四肢体幹に永続的な障害がある状態をいう。肢体不自由は、医学的には**運動障害**と呼称される。18歳未満の肢体不自由児に占める割合は、脳性麻痺が多く、18歳以降では脳血管障害後遺症が多い。肢体不自由児は、上肢、下肢および体幹の運動・動作の障害のため、起立、歩行、階段昇降、腰掛、物の持ち運び、書写、食事、衣服着脱、整容、用便など、日常生活や学習上の運動・動作の全部または一部に困難がある。運動遂行に滞りが見られる部位やその程度、あるいは併せ有する障害の有無や種類・程度により、肢体不自由児の状態像は多様であり、運動面に関する若干の配慮を必要とするだけで通常学級で学ぶ児童生徒もいれば、特別支援学校（肢体不自由）や肢体不自由特別支援学級で学ぶ児童生徒、継続的な医療的ケアが必要で、自力での移動が困難な超重症児もいる。

2．肢体不自由児に対する合理的配慮

運動・動作の困難は、姿勢保持の工夫と補助的手段の活用により軽減される。具体的には、座位姿勢安定のための椅子、作業能力向上のための机、移動のための杖、歩行器、車いす、持ちやすいように握りを太くしたり、ベルトを取りつけたスプーンや鉛筆、食器やノートを机上に固定する器具、着脱しやすいようにボタンやファスナーを用いて着やすくデザインされた衣服などが挙げられる。

脳性まひおよびその他の重度重複障害の場合は、コミュニケーション面の困難も抱えており、言語コミュニケーションができなかったり、できる場合も話し言葉が不明瞭であったり、一語を発するのに時間がかかったりする。配慮としては、やりとりの中で対象児の発音の特徴やタイミングを理解していくこと、さらに微妙な表情の変化や身体の動きなどの読み取りが大切である。

近年のテクノロジーの進歩を背景として、音声補助装置（VOCAなどのコミュニケーションエイド）などを用いる環境が整ってきている。車いすによる移動支援でも自力移動が困難な場合は、さまざまなテクノロジーを利用したり、関わり方の工夫によって本人の意思に基づいた移動行動を実現することが大切である。

最後に通常学級で肢体不自由児を受け入れる場合、スロープによる段差解消、障害者向けの広いトイレの設置、教室における広いスペースの確保などの基礎的環境整備が不可欠である。また、こうしたハード面だけでなく、授業参加を図るうえで、運動が制限される状況から、特に体育、音楽（器楽）、図工など身体を使う科目での授業参加をどのように工夫するかも問われる。

4 — 病弱・身体虚弱について

1．病弱・身体虚弱の定義と特性

病弱とは、疾病が長期にわたる、または長期にわたる見込みのもので、その間、医療または生活規制が必要なものを指す。生活規制とは、健康状態の維持、回復を図るために運動、日常の諸行動（歩行、入浴、読書、学習など）および食事の質や量について、病状や健康状態に応じて配慮することを意味する。

身体虚弱とは、先天的または後天的な原因により身体諸機能の異常を示したり、疾病に対する抵抗力が低下し、またはこれらの状態が起こりやすいため、継続して生活規制を必要とする状態をいう。そのため、長期にわたり健康な者と同じ教育を行う場合は、何らかの配慮が必要となる。

病弱・身体虚弱のある児童生徒は、障害程度に係る必要に応じ、特別支援学校（病弱）、病弱・身体虚弱特別支援学級、訪問教育といった多様な場で教育を受ける。また、特別支援学校や特別支援学級は、分教室、院内学級という形で、病院内に設置されている場合もある。教育課程は、基本的には通常の教育に準じながらも、疾病による身体機能障害の防止および生活の充実のために、医療・生活規制の基準を多く含み、病気の自己管理への支援が自立活動としての重要項目となる。

2．病弱・身体虚弱児に対する合理的配慮

病弱・身体虚弱児は、入院により家族と離れることによる分離不安、治療に伴う苦痛体験やその過程で生じる情緒不安、生活規制により遊び時間などが制限されることでストレスがたまりやすく、それらが退行行動、睡眠障害、頭痛や腹痛などの身体症状として現れることがある。実際、院内学級に通う児童のストレス調査[1]でも、入院して嫌だったこととして、「外で遊べない（62.9%）」「友達と遊べない（56.1%）」「家族と離れる（53.1%）」が上位にあがっている。さらにこれに加え、学齢期以降は長期欠席に伴う学習の遅れや、病気の予後を含む将来への不安が伴うことで、ときに自暴自棄になり、保護者や治療者に反発し、治療拒否にまで発展することもある。また、個人差はあるが、社会的つながりの希薄さや生活経験不足による社会性の未発達が見られることもある。

合理的配慮として、病院内においては保護者との面会を容易にする面会時間の自由化や面会室の確保、カウンセリング体制の充実、近隣の学校との交流教育の推進による同年代の子どもたちとのつながりや仲間意識が持てるような環境を整備することなどが望まれる。また、直接的な接触が難しい場合もあることから、テレビ会議システムを使った授業参加、校内外においてさまざまな体験が得られるような学習の場の設定やICT活用による体験活動の工夫なども併せて考慮すべきである。

第13章　特別支援教育

第3節　知的障害児の特性と支援

1．知的障害の定義と特性

　米国知的・発達障害協会（AAIDD）[2]では、「**知的障害**は、知的機能と**適応行動**（概念的、社会的および実用的な適応スキルによって表される）の双方の明らかな制約によって特徴づけられる能力障害である。この能力は18歳までに生じる」と定義している。知的障害の程度による分類は、主として知能検査の結果により得られた知能指数（IQ）の水準によって分類される。DSM-5では、知的障害を知能指数の程度により以下のように区分している。知能指数は知能の高低を示す尺度であり、同年齢集団の中での相対的な位置を表す（第6章参照）。

軽度：IQ50〜55からおよそ70	中等度：IQ35〜40から50〜55
重度：IQ20〜25から35〜40	最重度：IQ20〜25以下

　AAIDDの定義を参考にし、文部科学省[3]は、「知的障害とは、一般に、同年齢の子供と比べて、『認知や言語などにかかわる知的機能』が著しく劣り、『他人との意思の交換、日常生活や社会生活、安全、仕事、余暇利用などについての適応能力』も不十分であるので、特別な支援や配慮が必要な状態」と定義している。

　知的障害の分類は、原因が生じた時期により、出生前に原因が生じたと考えられる先天性と、出生時ないし出生後早期に原因が生じたと考えられる後天性に分けられる。また、原因の特定ができるかどうかにより、**病理型**と**生理型**に分けられる。病理型とは、一定の疾患が明らかで、その結果として脳に何らかの障害が生じたと考えられるものであり、病的遺伝子（フェニールケトン尿症、ローレンス・ムーン・ビードル症候群、結節性硬化症など）、染色体異常（ダウン症候群、ウィリアムズ症候群、プラダー・ウィリー症候群、クラインフェルター症候群など）、胎児期の感染（先天性風疹症候群、妊娠中毒症など）、外傷（出生前後の頭部損傷、低酸素症など）等がこれに当たる。生理型は、現在の医学の水準では特異な病理的原因を特定できないもので、障害程度は軽い者が多い。知的障害の多くは生理型である。

　また、知的障害児者が必要とする社会的支援の程度は、①断続的な支援：必要に応じて提供される支援、②限定的な支援：一定期間、継続的に提供される支援、③広範囲な支援：いくつかの環境で、日常的・継続的に提供される支援、④広汎な支援：常時、高い強度で、あらゆる環境で提供される支援に分類される[2]。就学も障害程度により、特別支援学校（知的障害）、知的障害特別支援学級などの他、通級併用で通常学級で学ぶ児童生徒もいる。

2．知的障害児に対する合理的配慮

　知的障害といっても前述の通り、その症状は原因や程度、生育環境などにより千差万別である。障害程度により言葉が出ない者もいれば、簡単な会話でのコミュニケーションができる者もいる。生理型は知的障害のみで障害程度も比較的軽度であることが多いのに対し、病理型は障害程度が重度であるだけでなく、重複障害や合併症を抱えている場合も多い。

　したがって、配慮や支援も障害程度により違いがあるが、大半を占める中等度〜軽度の知的障害児・者について主に述べると、一般に実技的な課題や生活技能はこなせるものの、言語を用いた抽象的な概念の操作である推理、判断、思考を要する課題で遅れが目立ち、本人も苦手意識を持つことが多い。また、知的障害児の学習上の特性として、学習によって得た知識や技能が断片的になりやすく、実際の生活に応用されにくいことや生活経験が不足しがちであることから、抽象的な内容より実際的・具体的な内容の指導が効果的とされている。具体的には、児童生徒のレベルに合わせ具体的・視覚的、単純明快に説明すること、視覚的構造化を図ること、抽象的表現は避け具体的な言葉で説明しながら、ゆっくりやってみせ（モデリング）、ときには手をとったりし（フィジカルガイダンス）、本人にやらせてみて理解したかどうかを確認すること、ピクトグラム（絵カード）やICT教材の有効活用、実態把握に基づいたスモールステップ型の指導などが挙げられる。

　コミュニケーションにおいて配慮すべき重要事項として、「分からない」「教えてください」といった言葉を気軽に言えるようにすることによる**黙従反応**の防止がある。黙従反応とは、ジグラー（Zigler, E.）が知的障害の人格発達に関する特徴（**外的指向性**）について述べた理論用語で、周囲の促しや問いかけに対し、自分の意思（例：「〜したくない」「〜が分からない」など）を明確に伝えず、何でもうなずくことを指す。その背景には、自分の考えや意見を言うと怒られるという生育経験から来る恐れや予期不安があり、「分からない」が言えない（図13−1）。このことは

生得的なものではない、今までの人生経験の中で、不適切な防衛機制（逃避）の結果として形成されたもの（特に中等度〜軽度の知的障害児・者）

自分の意見を言う→知的障害の影響で言語表現が下手、ときに間違えもある

⬇

「お前はうるさいな！　何も分かってないから黙ってろ！」と周囲に言われ続ける
→自信喪失、叱責への恐怖

⬇

自分の意見を言わない＝怒られない
判断基準を他者に委ねる（外的指向性）→何でも「はい」とうなずく（黙従反応）

図13−1　知的障害児・者の外的指向性と黙従反応

出典：Zigler（1999）：田中（2000）

学校や就労先で質問ができず、固まってしまうといった行動につながり、特に中等度〜軽度の知的障害児・者の社会適応上の課題となっている。

第4節 発達障害児の特性と支援

1 ── 発達障害の定義と分類

発達障害は種々の関連する障害の総称であり、統一された定義は現時点では存在しない。日本の教育・福祉分野における同定義は、発達障害者支援法に準拠しており、「自閉症、アスペルガー症候群その他の広汎性発達障害、学習障害、注意欠陥多動性障害その他これに類する脳機能の障害であってその症状が通常低年齢において発現するもの」としている。

同法はDSM-Ⅳの診断基準を参考としているが、その後、2013年にDSM-5への改訂があったため、2018（平成30）年現在、医学的診断と教育・福祉領域における定義の用語不一致が起きている。したがって、本項では最新のDSM-5を基本としつつ、現行の教育関連法規における定義も補足的に入れていくことにする。

発達障害は、特別支援教育が始まった2007（平成19）年から公式な教育対象となったものであり、それ以前は対象に含まれていなかった。就学形態は、情緒障害特別支援学級あるいは通常学級に在籍しながら情緒障害通級指導学級に通う場合が多い。

一見すると障害がないように見えるため、周囲からの要求度が高くなり、できない場合には本人の努力不足とされたり、トラブル時にはその原因が本人の性格や保護者のしつけの悪さにあると解釈されるなど、誤解を受けることがある。次項において、代表的な発達障害について記述するが、中枢神経系の機能障害であるため、これらはしばしば個人内で重複する場合も多い。

2 ── LDについて

1．LDの定義と特性

LD（**学習障害**：Learning Disabilities）は文部科学省の定義では、「基本的には全般的な知的発達に遅れはないが、聞く、話す、読む、書く、計算する又は推論する能力のうち特定のものの習得と使用に著しい困難を示す様々な状態を指すものである。その原因として、中枢神経系に何らかの機能障害があると推定されるが、視覚障害、聴覚障害、知的障害、情緒障害などの障害や、環境的な要因が直接の原因となるものではない」とされている（第5章参照）。その結果、同学年に比して著しい学習遂行の遅れが生じる。

DSM-5による医学的定義では「限局性学習症／限局性学習障害（Specific Learning Disorder）」といい、文章や文字を読むことが困難（**読字障害：ディスレクシア**）、文字を書くことが困難（**書字障害：ディスグラフィア**）、加減などの簡単な計算が困難（**計算障害：ディスカリキュア**）などのいずれか、あるいは複数の特徴を示す。また、上記3つの主要特徴に加え、聞いた情報を正確に捉えられないといった聴覚理解の問題、ワーキングメモリの問題、粗大・微細運動技能の不全などの協調運動障害を併せ持つ場合も多い（DCDの項目参照）。原因としては、脳の視空間認知をつかさどる箇所に問題があることで、上下、左右、前後が混乱し文字が重なって見えたり、他の刺激に影響される結果、文字などを正しく認識できないと考えられるが、詳細は判明していない。

2．LD児に対する合理的配慮

　まず学習支援としては、学習障害児の動機づけを高め、「できた」「分かった」という成功体験を持たせ、分かりやすいフィードバックを心がけるなどの一般的指導を工夫することが重要である。また、検査によるフォーマル・アセスメント（WISC-Ⅳ、LDI-Rなど）や行動観察・提出物の分析によるインフォーマル・アセスメントに基づき、つまずき原因に合わせた指導・教材の工夫を行うなど、個々の認知特性に応じた指導も大切である。具体例として、「簡単な予習や授業前の準備確認で授業の見通しをつけ、前時・本時の学習内容も確認する」「ICT活用を含め情報を視覚化、具体化する」「板書の工夫（1時間1面にまとめる、マグネットを用いて学んでいる箇所を分かりやすく示す、板書と一致させたワークシートの工夫など）」「教科書のカスタマイズ（読みやすいように文節を／で区切る、読みの際に必要な部分のみ見えるようにしたスリット（切れ目）を用いる）」などがある。さらに、読み書きの問題や不器用さなどから、さまざまな挫折を繰り返すことで自己肯定感が低くなるなど、二次的障害も起こしやすいので、自信や意欲を持たせ、自己評価を高める対応が不可欠となる。

3 ── ADHDについて

1．ADHDの定義と特性

　ADHD（Attention Deficit Hyperactivity Disorder）は、DSM-5では「注意欠如・多動性／注意欠如・多動性障害」とされ、「①**不注意**症状及び／または②**多動・衝動性**症状が診断基準の9項目中6項目以上該当し、6か月以上持続して、様々な場面で不適応状態に至るもの」とされる。文部科学省[3]の定義では、発達障害者支援法にならって「注意欠陥多動性障害」とされ、「おおよそ、身の回りの特定のものに意識を集中させる脳の働きである注意力に様々な問題があり、又は、衝動的で落

ち着きのない行動により、生活上、様々な困難に直面している状態」としている。病因はいまだ確定していないが、発症病態には複数の経路での脳機能障害が想定され、特に前頭前野での実行機能系システムの機能不全（**実行機能の障害**）のため、上記の症状をきたすという考えが有力である。実行機能は目標に向け思考や行動を意識的にコントロールする能力であり、目標を達成する方略をプランニングし、それに従い行動し確認し、うまくいかない場合は修正していく力である。実行機能の問題は情動制御の弱さとも関連し、いわゆるキレやすく、分かっていても止まらないという衝動性や感情コントロールの困難さとして現れる。

ADHDのタイプとしては、多動・衝動傾向はあるが、注意力のトラブルが少ない多動性－衝動性優勢型、逆に不注意傾向が高く忘れ物などが多いが、多動や衝動性は目立たない不注意優勢型、両方が該当する混合型に分かれる。また、二次障害として、失敗経験の繰り返しによる自己肯定感の低下が反抗に結びつき、他者特に目上の人物に対する反抗や敵対が6カ月以上持続する反抗挑戦性障害や、他者の権利を侵害し攻撃や破壊行為、嘘や盗みなどルール軽視を伴う素行障害につながるケースもある。

2．ADHD児に対する合理的配慮

ADHD児に対しては、「1．ADHDの定義と特性」に述べた問題行動面への支援が鍵となる。中枢神経刺激剤やノルアドレナリン再取り込み阻害剤を使用した**薬物療法**に、**ソーシャル・スキル・トレーニング（SST）**、**トークンエコノミー**★7、**アンガーマネジメント**★8などの行動心理療法（コラム参照）を併せて行うことが行動改善に有効である。

また環境調整としては、余計な刺激を遮断し集中できる環境をつくる、声をかけやすい座席にする、刺激の多い座席は避ける、机の上のものを最小限にする、集中できる時間を配慮する（集中が切れそうな場合、適度な範囲でのブレイクを入れるなど）等が有効である。個別対応の基本として、ADHD児には実行機能の障害があることから、「どうするべきか分からないのではなく、分かっているのにその通りにできないこと」を理解し、できないことを叱責して「～はダメ（禁止）」を強調する対応よりも、本人の気持ちを受け取りながら、「～するとうまくいく（促進）」という方向性を示すことが大切である。

4 ── ASDについて

1．ASDの定義と特性

ASDは、以前の診断基準DSM-Ⅳでは、自閉性障害、アスペルガー障害、小児崩壊性障害、特定不能の広汎性発達障害の4つの独立した下位診断カテゴリーから構

★7　トークンエコノミー
トークンエコノミーは、適切な行動についてポイント（トークン）を与え、貯まると特典（報酬）と交換する方法。目標が明確化され、しかもすぐに直接報酬にならないことで、効果の継続性や定着が得やすい。欧米の教育ではよく用いるが、報酬の利用を良しとしない日本の教育環境では採り入れにくい面もある。

★8　アンガーマネジメント
アンガーマネジメントとは、衝動的な怒りの感情やいらだちをうまくコントロールするための心理教育プログラムで、コラムで紹介しているイライラのコーピングもその一つ。

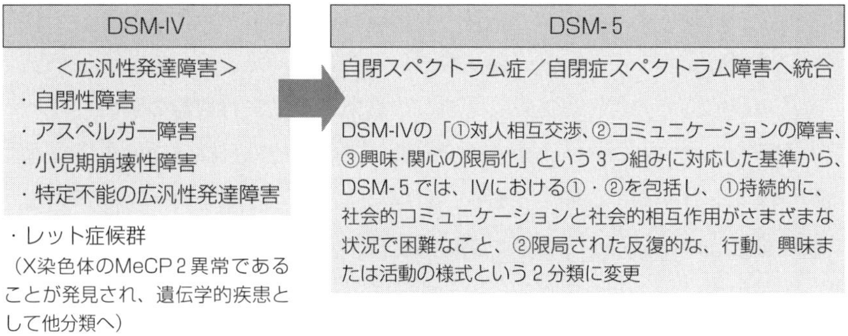

DSM-IV	DSM-5
＜広汎性発達障害＞ ・自閉性障害 ・アスペルガー障害 ・小児期崩壊性障害 ・特定不能の広汎性発達障害 ・レット症候群 （X染色体のMeCP2異常であることが発見され、遺伝学的疾患として他分類へ）	自閉スペクトラム症／自閉症スペクトラム障害へ統合 DSM-IVの「①対人相互交渉、②コミュニケーションの障害、③興味・関心の限局化」という3つ組みに対応した基準から、DSM-5では、IVにおける①・②を包括し、①持続的に、社会的コミュニケーションと社会的相互作用がさまざまな状況で困難なこと、②限局された反復的な、行動、興味または活動の様式という2分類に変更

図13-2　DSM-IVからDSM-5への診断基準の変化

成され、広汎性発達障害（PDD：Pervasive Developmental Disorders）と呼ばれていた。しかし、DSM-5では下位診断がなくなり、従来の自閉性障害（知的障害を伴う自閉症）やアスペルガー障害は、全て自閉スペクトラム症／自閉症スペクトラム障害（ASD：Autism Spectrum Disorder）に含まれるようになった（図13-2）。ただし、支援の必要程度により、レベル1（支援を要する）、レベル2（多くの支援を要する）、レベル3（極めて強力な支援を要する）という重症度区分ができ、自閉性障害はレベル2・3に、アスペルガー障害はレベル1に属すると考えられる。

また、ASDの中心的特性に関しても、DSM-IVの3つの特性[★9]から対人関係の障害とコミュニケーション障害が統合され、①**社会的コミュニケーション及び相互関係における持続的障害**、②**限定された反復する様式の行動、興味、活動**の2領域にまとめられ、②の下位項目として、ASD児に臨床上よく観察される知覚過敏性、鈍感性などの知覚異常が追加された。

具体的内容としては、①は「相手にどう伝えたらいいのか分からない」「不必要なこと、不適切なことをしゃべってしまう」「場の空気や相手の感情が読めない」「自分の興味や関心のあることを一方的に話す」など、②は「決まり切った動作、物の操作、話し方を反復的に繰り返す」「同一性の保持や決まり切った儀式的な言い回しややり方にこだわる」「興味を持った事柄に異常に強い関心を示す」「感覚刺激に対する過剰あるいは過少な反応や特定の感覚刺激に異常に関心を示す」ことなどが挙げられる。この結果として、対人関係トラブルやこだわりで切り替えができないことによる学習・作業面での問題などが生じる。発達的には、「早期から相手の表情に注意が向きにくく、表情から感情が読み取れない」「視線が合わない」「共感的・情動的に関われない」「模倣行為ができない」などの言語発達面の特徴が認められ、話せるようになっても、特に知的障害を伴うASD児（自閉性障害）の場合、会話が一方的で、オウム返しに言葉を返したり、CMのフレーズなどを文脈と関係なく発語する**エコラリア**（**反響言語**）が見られる。

★9
社会性の障害（自分の気持ちや相手の気持ちの理解が難しい、自分の気持ちを伝えられない）、コミュニケーションの障害（周囲の人物に情緒的やりとりを感じさせない独特の会話や視点）、興味の範囲の著しい限定（自分ルールにはまりやすく、他者の意見を聞くことが難しい）という特性。

2．ASD児に対する合理的配慮

ASD児は、その特性から状況理解や見通しをつけることが苦手であるため、**構造化**による支援が有効である。構造化とは、どこで何をするかなどの指示やルールを具体的に目で確認できるようにイラストや写真で示す、見て分かりやすい教材を工夫するなどの環境整備をすることであり、代表的なものとしてTEACCHプログラム[★10]がある。また、通常学級に在籍する知的障害のないASD児（DSM-Ⅳではアスペルガー障害）の場合、「話し手・聞き手の役割交代ができず一方的に話す」「話題がステレオタイプで、文脈と関係ない好きなことを何度もしつこく話す」「こだわりから突き詰めて質問し、あいまいな終わり方を許さず、くどい」「場の空気が読めず、言うべきでないことを口走る」など、語用論的な障害が顕著であることから、しばしば対人トラブルを起こす。

こうした対人コミュニケーション面の支援として、場面理解や社会的マナー・ルールに係る基本パターン学習が必要で、そのために吹き出し部分に場面に適したセリフを書き込むコミック会話、基本的なマナーや対人ルールが小話になっているソーシャル・ストーリーなどの教材（図13-3）、**ソーシャル・スキル・トレーニング（SST）**（コラム参照）などが有効である。

★10 TEACCHプログラム
1960年代にアメリカ・ノースカロライナ大学のエリック・ショプラー（Schopler, E.）により開発された自閉症者のための包括的支援プログラム。自閉症の特性理解に立ち、取り巻く環境を整えること（構造化）で、対象児・者の苦手な部分をカバーし、社会適応を図ることを目的とする。注意すべきこととして、あらかじめつくり込んだ構造化に当てはめてはならず、児童生徒の実態をアセスメントにより把握し、それに合わせ構造化の手法を工夫する必要がある。

図13-3　コミック会話とソーシャル・ストーリーの例
出典：キャロル・グレイ（2005）[5) 6)]をもとに作成

5 ── DCDについて

1．DCDの定義と特性

DCD（Developmental Coordination Disorder）は、DSM-5では「発達性協調運動症／発達性協調運動障害」とされ、近年新たに注目されている発達障害で、知的能力障害、視覚障害および運動に影響を与える神経疾患（例：脳性麻痺、筋ジストロフィー、変性疾患）がないにも関わらず、協調運動技能の獲得や遂行が、生活年齢や技能の学習および使用の機会に応じて期待されるものよりも明らかに劣り、不

器用（例：物を落とす、紐が結べない、壁にぶつかる）、運動技能（例：物をつかむ、はさみや刃物を使う、文字を書く、自転車に乗る、スポーツに参加する）の遂行における遅さと不正確さを示す障害である。運動技能の欠如は重篤で、生活年齢にふさわしい日常生活活動（例：自己管理、自己保全）を著明および持続的に妨げ、学業または学校での生産性、就労前および就労後の活動、余暇、および遊びに悪影響を与える。LD、ADHD、アスペルガー障害の中には、DCDを重複する者も多い。

2．DCD児に対する合理的配慮

　不器用や運動技能の遅さ・不正確さを、過保護などの影響による経験不足と勘違いしたり、努力不足や怠けと解釈したりして、叱咤激励し厳しい練習を課す教員も多い。しかし、DCDは「1．DCDの定義と特性」で述べた通り、練習不足によるものではないので、いくら反復練習してもできないという悪循環に陥り、自信喪失やコンプレックスにつながる。特に小学校では、着替えに時間がかかる、変わった靴の履き方をしてしまう、紐が結べず工作ができないことなどが、からかいやいじめにつながったり、集団競技（例：大縄跳び）において、自分がうまくできないことでクラスの足を引っ張るという思いから不安になり、不登校につながるケースもある。

　指導としては、認知特性に適合した教育によりLD児の学習が向上するように、DCD児も適切な運動リハビリテーションを受けることで、運動機能は一定程度改善する。具体的には、運動発達検査であるMABC-2（現在、日本版を標準化中）や日常生活での行動観察によるアセスメントに基づき、つまずき要因を把握し、そこに合わせた指導や教具教材の工夫が必要となる。

　また、環境調整面からの対象児への配慮として、苦手な運動競技への参加（特に集団競技）を強要しない、本人に合ったレベルの運動課題および生活面での不器用さを補える用具や治具を準備することなどが必要である。

★さらなる学びのためのブックガイド★

- 東京都日野市公立小中学校全教師・教育委員会、小貫悟（2010）『通常学級での特別支援教育のスタンダード―自己チェックとユニバーサルデザイン環境の作り方―』東京書籍

  通常学級で利用できるユニバーサルデザイン事例が多数、写真やイラストつきで分かりやすく示された実践書。教師が自己チェックできるリストもついている。

- 国立特別支援教育研究所（2015）『特別支援教育の基礎・基本（新訂版）―共生社会の形成に向けたインクルーシブ教育システムの構築―』ジアース教育新社

  特別支援学校教員専門性向上事業の一環として、特別支援教育の基礎理論、各障害種別の幼児・児童生徒の心理・病理・指導法・教育課程をまとめた資料集。

- 日本発達障害学会監修（2016）『キーワードで読む発達障害研究と実践のための医学診断/福祉サービス/特別支援教育/就労支援―福祉・労働制度・脳科学的アプローチ―』福村出版

  発達障害研究の用語やトピックに関し、医療・福祉・教育・就労の分野に分け、網羅している書籍。用語辞典としても利用できる。

- 吉田武男監修、小林秀之・米田宏樹・安藤隆男編（2018）『特別支援教育―共生社会の実現に向けて―』ミネルヴァ書房

  特別支援教育を取り巻く歴史や理念・制度をふまえ、教育的ニーズのある児童生徒の指導や支援および医療・労働・福祉との連携を解説した書籍。

通常学級で利用できるソーシャルスキル訓練の勧め

　ソーシャルスキルは、日常生活で円滑な人間関係を結び、かつ自らの目標を達成するのに必要とされる学習可能なスキルで、発達過程で他者との関わりを通じて学びますが、発達障害児の場合、その障害特性から自然な形では十分に習得できません。その結果、集団場面での不適応、友人関係の不成立が生じやすく、自信喪失、孤立感、意欲低下につながり、長期化して引きこもりや非行に発展することもあります。そこで、ソーシャル・スキル・トレーニング（SST）を通じ、未学習あるいは誤学習しているスキルの基本を安心できる環境のもとで学ぶ必要が出てきます。

　指導の基本としては、発達段階に合った課題設定にする、自己効力感の向上に結びつく成功体験を与える、目標として意識しやすい、現在行えるレパートリーをなるべく利用できることなどの考慮が大切です。また、SSTに関しては、般化（訓練場面で身につけたスキルが日常生活で発揮できるか）の問題や、どこまで学ばせるべきで、どこからを、周囲の理解も含む環境調整で対応すべきかなどの課題もあります。

　SSTの手法として、ロールプレイを用いる基本的な技法の他に、小集団ゲームを通じ行うもの（ゲームリハーサル）、振り返りと自己調整を使う方法（コーピング）などがあります。中でも、コーピングは通常学級で実施しやすいのでお勧めです。コーピングにはいくつかやり方がありますが、本コラムではシートを使った「イライラしないためのコーピング」の事例を紹介します。

　まず、児童が落ち着いたときに、イライラし怒ること自体は感情なので悪くない点を伝え、問題は怒ったときに不適切な対応をしてしまうことであると理解させたうえで、普段やっている解消法を聞きます。その方法の利点・欠点を答えさせた後に条件を加え、なるべく多く該当するものを考えてもらいます。例えば、「イライラで手を出しそうになったら、目をつぶって1、2、3と数え深呼吸する」は、多くの条件を満たす良い方法ですが、これを教員が当初から教えてはダメなのです。方法を示唆するのではなく、子ども自身に考えさせることが、スキルの定着には大切なのです。

　通常学級で行う際には個別形式だけでなく、「×がなくなるための条件」の数が多くなるように班に分かれて話し合い、ポイント数を競う「コーピング合戦」といった形での集団形式でも実施できます。

〈イライラをなくそうシート〉

1. あなたはイライラしたとき、どんなことでスッキリしていますか？
   寝る→○：休める　×：そのまま寝てしまうかも…
   机を蹴飛ばす→○：一瞬スカッと　×：壊れる、ケガをするかも…

2. ×がなくなるための条件
   ・どこでもできるか・いつでもできるか・自分だけでできるか
   ・人の目を気にしないですむか・人に嫌な思いをさせないか
   ・すぐにできるか・道具がいらないか・危なくないか

3. 上の条件に多く当てはまるやり方を探そう！

◆第13章ミニットペーパー

年　月　日（　）第（　）限　　学籍番号＿＿＿＿＿＿　　氏名＿＿＿＿＿＿

本章で学んだこと、そのなかで感じたこと

理解できなかったこと、疑問点

TRYしてみよう

①障害のある子どもが、他の子どもと平等に教育を受ける権利を享有・行使することを確保するために、学校の設置者および学校が必要かつ適当な変更・調整を行うことを（　　　　　）という。

②視覚障害は障害程度により、主に視覚以外の感覚により日常生活を送り、点字による学習が中心となる盲と、拡大鏡など支援ツールを使うことで墨字学習（通常の文字による学習）ができる（　　）に分かれる。

③音のエネルギーが内耳の感覚細胞を刺激するまでの部分で聞こえにくい状態となる（　　　　）では、補聴器の使用が効果的である。

④18歳未満の肢体不自由児に占める割合は、（　　　　）が多い。

⑤病弱とは、疾病が長期にわたる、または長期にわたる見込みのもので、その間、医療または（　　　　）が必要なものを指す。

⑥知的障害は、知的機能と（　　　　）の双方の明らかな制約によって特徴づけられる能力障害である。

⑦LDは、基本的には全般的な知的発達に遅れはないが、聞く、話す、読む、書く、（　　　　）または推論する能力のうち特定のものの習得と使用に著しい困難を示す。

⑧ADHDは、①不注意症状及び／または②多動・衝動性症状が診断基準の9項目中6項目以上該当し、（　　）カ月以上持続して、さまざまな場面で不適応状態に至るものとされる。

⑨ASD児は状況理解や見通しをつけることが苦手なため、どこで何をするかなどの指示やルールを具体的に目で確認できるようにイラストや写真で示す（　　　　　）による支援が有効である。

⑩知的能力障害、視覚障害および運動に影響を与える神経疾患がないにも関わらず、協調運動技能の獲得や遂行が明らかに劣り、不器用、運動技能の遂行における遅さと不正確さを示す障害は、（　　　　　　　）である。

序章

【引用文献】

1）G. R. ファンデンボス監修、繁桝算男・四本裕子監訳（2013）『APA心理学大辞典』培風館
2）牛島義友・阪本一郎・波多野完治・依田新監修（1969）『教育心理学新辞典』金子書房
3）日本教育心理学会編（2003）『教育心理学ハンドブック』有斐閣
4）細谷俊夫・奥田真丈・河野重男・今野喜清編（1990）『新教育学大事典』第一法規出版
5）藤永保編（1981）『新版 心理学事典』平凡社
6）Herbart, J. F. (1806) *Allgemeine Pädagogik aus dem Zweck der Erziehung abgeleitet*. Göttingen.（三枝孝弘訳（1960）『一般教育学（世界教育学選集13）』明治図書出版）
7）Herbart, J. F. (1816) *Lehrbuch zur Psychologie*. Königsberg und Leipzig.
8）Golton, F. (1869). *Hereditary Genius*. London: Macmillan.
9）James, W. (1899) *Talks to Teachers on Psychology: and to Students on Some of Life's Ideals*, Dover Publications 2001.（大坪重明訳（1960）『心理学について—教師と学生に語る（ウィリアム・ジェイムズ著作集1）—』日本教文社）
10）稲垣末松（1908-1909）『モイマン氏実験教育学講義（上編・下編）』開発社
11）Hall, G. S. (1893) *The contents of children's minds on entering school*. New York and Chicago: E. L. Kellogg & co.
12）Hall, G. S. (1904) *Adolescence: its psychology and its relations to physiology, anthropology, sociology, sex, crime, religion and education*. New York: Appleton.
13）Thorndike, E. L. (1913-1914) *Educational Psychology*. New York: Teachers College, Columbia University.（安藤文郎・田原博愛訳（1932）『教育心理学』培風館）

【参考文献】

・梅本堯夫・大山正編（1994）『心理学史への招待—現代心理学の背景—』サイエンス社
・大芦治（2016）『心理学史』ナカニシヤ出版
・日本教育心理学会編（2003）『教育心理学ハンドブック』有斐閣
・松原岳行（2017）「近代のヨーロッパの教育思想の展開—ペスタロッチ・ヘルバルトを中心に—」伊藤良高・冨江英俊編『教育の理念と思想のフロンティア』晃洋書房

第1章

【引用文献】

1）Baltes, P. B. (1987). Theoretical propositions of life-span development psychology: On the dynamics between growth and decline. *Developmental Psychology*, *23*, 611-626.（東洋・柏木惠子・高橋惠子編・監訳（1993）『生涯発達の心理学1』新曜社）
2）林安紀子（1999）「声の知覚の発達」桐谷滋編『ことばの獲得』ミネルヴァ書房
3）山内光哉編（1989）『発達心理学（上）』ナカニシヤ出版
4）斎藤耕二（1990）「発達課題と社会化」斎藤耕二・菊地章夫編『社会化の心理学ハンドブック』川島書店
5）新井邦二郎編（1997）『図でわかる発達心理学』福村出版
6）Jensen, A. R. (1969). How much can we boost IQ and scholastic achievement? *Harvard Educational review*, *39*, 1-123.（東洋「知的行動とその発達」桂広介・波多野完治・依田新監修（1969）『児童心理学講座4 認識と思考』金子書房）
7）Bronfenbrenner, U. (1979). *The ecology of human development*. Cambridge, MA;

Harvard University Press.（磯貝芳郎・福富護訳（1996）『人間発達の生態学―発達心理学への挑戦―』川島書店）

8）Bronfenbrenner, U. (1994). *Ecological models of human development. T.Husen&T. N.Postlethwaite (Eds.), International encyclopedia of education (2nd ed.,Vol 3. pp.1643-1647)*. Oxford, UK: Pergamon/Elsevier Science.

9）前田重治（1985）『図説臨床精神分析学』誠信書房

10）藤永保（1982）『発達の心理学』岩波書店

11）Erikson, E. (1959). *Identity and the life cycle*. International Universities Press.（小此木啓吾訳編（1973）『自我同一性―アイデンティティとライフ・サイクル―』誠信書房）

12）Erikson, E. (1982). *The life cycle completed*. Norton.（村瀬孝雄・近藤邦夫訳（1989）『ライフサイクル、その完結』みすず書房）

13）Bowlby, J. (1969). *Attachment and loss. Vol.1, Attachment*. Hogarth.（黒田実郎・大羽蓁・岡田洋子・黒田聖一訳（1991）『母子関係の理論1：愛着行動』岩崎学術出版社）

14）遠藤利彦（2005）「アタッチメント理論の基本的枠組み」数井みゆき・遠藤利彦編『アタッチメント―生涯にわたる絆―』ミネルヴァ書房

15）Harlow, H. F., & Mears, C. (1979). The Human Model. V. H. Winston & Sons, *Division of Scripta* Technica, Inc,.（梶田正巳・酒井亮爾・中野靖彦訳（1985）『ヒューマン・モデル―サルの学習と愛情―』黎明書房）

16）遠藤利彦（1995）「人の中への誕生と成長―親子関係から仲間関係へ―」無藤隆・久保ゆかり・遠藤利彦『発達心理学』岩波書店

17）繁多進（1987）『愛着の発達―母と子の心の結びつき―』大日本図書　1987年

18）遠藤利彦・田中亜希子（2005）「アタッチメントの個人差とそれを規定する諸要因」数井みゆき・遠藤利彦編『アタッチメント―生涯にわたる絆―』ミネルヴァ書房

19）Adolf Portmann (1951). *Biologische Fragmente zu einer Lehre vom Menschen*. Verlag Benno Schwabe & Co., Basel.（高木正孝訳（1961）『人間はどこまで動物か―新しい人間像のために―』岩波書店

第2章

【引用文献】

1）ピアジェ, J、中垣啓訳（2007）『ピアジェに学ぶ認知発達の科学』北大路書房

2）村田孝次（1990）『児童発達心理学』培風館

3）Hatano, G., Siegler, R. S., Richards, D. D., Inagaki, K., Stavy, R., & Wax, N. (1993).The development of biological knowledge：A multi-national study. *Cognitive Development, 8*, 47-62.

4）布施光代・郷式徹・平沼博将（2006）「幼児における生物と生命に対する認識の発達」『心理科学』26巻1号　心理科学研究会　56-66.

5）内田伸子・臼井博・藤崎春代（1991）『乳幼児の心理学』有斐閣

6）Carey, S., & Spelke, E. (1994). Domain-specific knowledge and Conceptual change. In L.A. Hirschfeld & S.A. Gelman (Eds.) *Mapping the mind：Domain specificity in cognition and culture*. New York：Cambridge University Press. 169-200.

7）稲垣佳世子・波多野誼余夫監訳（2005）『子どもの概念発達と変化―素朴生物学をめぐって―』共立出版　p.108.

8）Carey, S. (1985). *Conceptual change in childhood*. Cambridge, MA：MIT Press.（ケアリー, S、小島康次・小林好和訳（1994）『子どもは小さな科学者か―J.ピアジェ理論の再考―』ミネルヴァ書房）

9）Baillargeon, R., Spelke, E. S., & Wasserman, S. (1985). Object permanence in 5-month-old infants. *Cognition, 20*, 191-208.

10) Baillargeon, R. (1986). Representing the existence and location of hidden objects: Object permanence in 6-and 8 month-old infants. *Cognition, 23*, 21-41.
11) Kaiser, M. K., McCloskey, M., & Profit, D. R. (1986). Development of intuitive theories of motion : Curvilinear motion in the absence of external forces. *Developmental Psychology, 22*, 67-71.
12) 小林春美・佐々木正人編（1997）『子どもたちの言語獲得』大修館書店
13) 櫻井茂男・大川一郎編（2010）『しっかり学べる発達心理学（改訂版）』福村出版
14) 岡本夏木（1985）『ことばと発達』岩波書店
15) ヴィゴツキー, L. S.、柴田義松訳（2001）『新訳版　思考と言語』新読書社
16) 櫻井茂男監修、黒田祐二編（2012）『実践につながる教育心理学』北樹出版
17) 森口佑介（2014）『おさなごころを科学する―進化する乳幼児観―』新曜社
18) 湯澤正通・湯澤美紀編（2014）『ワーキングメモリと教育』北大路書房
19) 苧阪満里子（2002）『脳のメモ帳　ワーキングメモリ』新曜社
20) 湯澤美紀・河村暁・湯澤正通編（2013）『ワーキングメモリと特別な支援―一人ひとりの学習のニーズに応える―』北大路書房
21) 柴田義松（2006）『ヴィゴツキー入門』子どもの未来社

【参考文献】
・ヴィゴツキー, L. S.、土井捷三・神谷栄司訳（2003）『「発達の最近接領域」の理論―教授・学習過程における子どもの発達―』三学出版

第3章

【引用文献】
1) 桜井茂男編（2004）『たのしく学べる最新教育心理学―教職にかかわるすべての人に―』図書文化
2) 伊藤崇達編（2010）『やる気を育む心理学（改訂版）』北樹出版
3) 柏崎秀子編（2010）『発達・学習の心理学』北樹出版
4) Deci, E. L., & Ryan, R. M. (1985). *Intrinsic motivation and self-determination in human behavior*. New York : Plenum
5) Ryan R. M. & Deci, E. L. (2000). Self-determination theory and the facilitation of intrinsic motivation, social development, and well-being. *American Psychologist, 55*, 68-78.
6) 市川伸一（2004）『学ぶ意欲とスキルを育てる―いま求められる学力向上策―』小学館
7) Bandura, A. (1977). *Social learning theory*. New Jersey : Prentice Hall.
8) Atkinson, J. W. (1964). *An introduction to motivation*. Princeton, New Jersey : Van Nostrand.
9) Winer, B. (1972). *Theories of motivation : From mechanism to cognition*. Chicago : Markham.
10) Winer, B. (1979). A theory of motivation for some classroom experiences. *Journal of Educational Psychology, 71*, 3-25.
11) 中谷素之編（2007）『学ぶ意欲を育てる人間関係づくり―動機づけの教育心理学―』金子書房
12) 櫻井茂男（2009）『自ら学ぶ意欲の心理学―キャリア発達の視点を加えて―』有斐閣
13) 鹿毛雅治（2013）『学習意欲の理論―動機づけの教育心理学―』金子書房
14) Dweck, C. S. (1986). Motivational process affecting learning. *American Psychologist, 41*, 1040-1048.

15) Ames, C. & Archer, J. (1987). Mother's belief about the role of ability and effort in school learning. *Journal of Educational Psychology*, *79*, 409-414.
16) Elliot, A. J. & McGregor, H. A. (2001). A 2 × 2 achievement goal framework. *Journal of Personality and Social Psychology*, *80*, 501-519.
17) Ames, C. & Archer, J. (1988). Achievement goals in the classroom, student's learning strategies and motivation processes. *Journal of Educational Psychology*, *80*, 260-267.
18) Csikszentmihalyi, M. (1990). *Fiow:The psychology of optimal experience*. New York:Harper and Row.
19) 今村浩明・浅川希洋志編（2003）『フロー理論の展開』世界思想社
20) Seligman, M. E. P. (1975). *Helplessness : On depression, development, and death*. San Francisco：Freeman.

【参考文献】
・Deci, E. L. (1971). Effects of externally mediated reward on intrinsic motivation. *Journal of Personality and Social Psychology*, *18*, 105-115.
・上淵寿編（2008）『感情と動機づけの発達心理学』ナカニシヤ出版

第4章

【引用文献】
1) Pavlov, I. P. (1927). *Conditioned reflexes: An investigation of the physiological activity of the cerebral cortex.* New York: Oxford University Press.（川村浩訳（1975）『大脳半球の働きについて―条件反射学―（上・下）』岩波書店）
2) Watson, J. B. (1930). *Behaviorism* (Revised edition). Chicago: The University of Chicago Press.
3) Watson, J. B., & Rayner, R. (1920). Conditioned emotional reactions. *Journal of Experimental Psychology*, *3*, 1-14.
4) Thorndike, E. L. (1898). Animal intelligence: An experimental study of the associative processes in animals. *Psychological Review, Monograph Supplements*, No. 8.
5) Skinner, B. F. (1938). *The behavior of organisms*. New York: Appleton-Century-Crofts.
6) Tolman, E. C., & Honzik, C. H. (1930). Introduction and removal of reward and maze performance in rats. *University of California Publications in Psychology*, *4*, 257-275.
7) Köhler, W. (1917). *Intelligenzprüfungen an menschenaffen*. Berlin: Springer.（宮孝一訳（1962）『類人猿の知恵試験』岩波書店）
8) Atkinson, R. C., & Shiffrin, R. M. (1968). Human memory: A proposed system and its control processes. In K. W. Spence & J. T. Spence (Eds.), *The Psychology of Learning and Motivation: Advances in research and theory (Vol. 2, pp. 89-195)*. New York: Academic Press.
9) Sperling, G. (1960). The information available in brief visual presentations. *Psychological Monographs*, *74*, 1-29.
10) Darwin, C. J., Turvey, M. T., & Crowder, R. G. (1972). An auditory analogue of the Sperling partial report procedure: Evidence for brief auditory storage. *Cognitive Psychology*, *3*, 255-267.
11) Miller, G. A. (1956). The magical number seven, plus or minus two: Some limits on our capacity for processing information. *Psychological Review, 63*, 81-97.
12) Baddeley, A. D., & Hitch, G. (1974). Working memory. In G. H. Bower (Ed.), *The psychology of learning and motivation*, Vol. 8. London：Academic Press.

13) Baddeley, A. D. (2000). The episodic buffer: A new component of Working Memory? *Trends in Cognitive Science, 4*, 417-423.
14) Tulving, E. (1972). Episodic and semantic memory. In E. Tulving & W. Donaldson (Eds.) *Organization of memory*. New York: Academic Press (pp. 381-403).
15) Collins, A. M., & Loftus, E. F. (1975). A spreading activation theory of semantic processing. *Psychological Review, 82*, 407-428.
16) Craik, F. I. M., & Lockhart, R. S. (1972), Levels of processing: A framework for memory research. *Journal or Verbal Learning and verbal Behavior, 11*, 671-684.
17) 櫻井茂男監修、黒田裕二編（2012）『実践につながる教育心理学』北樹出版
18) 板倉聖宜・渡辺慶二（1974）『仮説実験授業記録集成4 ものとその重さ』国土社
19) Bandura, A., Ross, D., & Ross, S. A. (1963). Imitation of film-mediated aggressive models. *Journal of Abnormal and Social Psychology, 66*, 3-11.
20) 西村純一・井森澄江編（2006）『教育心理学エッセンシャルズ』ナカニシヤ出版
21) 新井邦二郎・濱口佳和・佐藤純（2009）『教育心理学―学校での子どもの成長をめざして―』培風館
22) 上坂保仁（2017）「アメリカの教育思想―デューイの経験主義を中心に―」伊藤良高・冨江英俊編『教育の理念と思想のフロンティア』晃洋書房
23) Lave, J., & Wenger, E. (1991). *Situated learning: Legitimate peripheral participation.* New York: Cambridge University Press.（佐伯胖訳、福島真人解説（1993）『状況に埋め込まれた学習―正統的周辺参加―』産業図書）

【参考文献】
・Aronson, E., & Bridgeman, D. (1979). Jigsaw groups and the desegregated classroom: In pursuit of common goals. *Personality and Social Psychology Bulletin, 5*, 438-446.
・Ausubel, D. P. (1960). The use of advance organizers in the learning and retention of meaningful verbal material. *Journal of Educational Psychology, 51*, 267-272.
・Bandura, A. (1977). *Social learning theory*. Englewood Cliffs. NJ: Prentice-Hall.
・Barrows, H. S., & Tamblyn, R. (1980). *Problem-based learning: An approach to medical education*. New York: Springer.
・Blumenfeld, P. C., Soloway, E., Marx, R. W., Krajcik, J. S., Guzdial, M., & Palincsar, A. (1991). Motivating project-based learning: Sustaining the doing, supporting the learning. *Educational Psychologist, 26*, 369-398.
・Bower, G. H., Clark, M. C., Lesgold, A. M., & Winzenz, D. (1969). Hierarchical retrieval schemes in recall of categorized word lists. *Journal of Verbal Learning and Verbal Behavior, 8*, 323-343.
・Bruner, J. S. (1961). The act of discovery. *Harvard Educational Review, 31*, 21-32.
・Craik, F. I. M., & Watkins, M. J. (1973). The role of rehearsal in short-term memory. *Journal of Verbal Learning and Verbal Behavior, 12*, 599-607.
・Cronback, L. J. (1957). The two disciplines of scientific psychology. *American Psychologist, 12*, 671-684.
・Dewey, J. (1959). *Dewey on education*. New York: Teachers College Press.
・Eysenck, M. W., & Keane, M. T. (2010). *Cognitive psychology: A student's handbook*, 6 th ed. Hove and New York: Psychology Press.
・Hmelo-Silver, C. E., & Barrows, H. S. (2006). *Goals and strategies of a problem-based learning facilitator. Interdisciplinary Journal of Problem-based Learning, 1*, 21-39.
・Hmelo-Silver, C. E., & Barrows, H. S. (2008). Facilitating collaborative knowledge building. *Cognition and Instruction, 26*, 48-94.

- Krajcik, J. S., Blumenfeld, P. C., Marx, R. W., & Soloway, E. (1994). A collaborative model for helping middle grade science teachers learn project-based instruction. *The Elementary School Journal, 94*(5), 483-497.
- Neisser, U. (1967). *Cognitive Psychology*. Englewood Cliffs: Prentice-Hall.
- 大芦治（2016）『心理学史』ナカニシヤ出版
- Palincsar, A. S., & Brown, A. L. (1984). Reciprocal teaching of comprehension-fostering and comprehension-monitoring activities. *Cognition and Instruction, 1*, 117-175.
- Pecore, J. L. (2015). From Kilpatrick's project method to project-based learning. *International Handbook of Progressive Education*, 155-171.
- 三宮真智子（2008）『メタ認知―学習力を支える高次認知機能―』北大路書房
- Schank, R. C., & Abelson, R. P. (1977). *Scripts, Plans, goals, and understanding: An inquiry into human knowledge structures*. Hillsdale, NJ: Lawrence Erlbaum Associates.
- 塩田芳久（1979）『学習と指導の心理学』黎明書房
- Skinner, B. F. (1950). Are theories of learning necessary? *Psychological Review, 57*, 193-216.
- Skinner, B. F. (1967). B. F. Skinner (an autobiography). In E. G. Boring & G. Lindzey (Eds.), *A history of psychology in autobiography*. (Vol.5, pp.387-413). New York: Appleton-Century-Crofts.
- Stahl, G., Koschmann, T., & Suthers, D. (2006). Computer-supported collaborative learning: An historical perspective. In R. K. Sawyer (Ed.), *Cambridge handbook of the learning sciences* (pp.409-426). Cambridge, UK: Cambridge University Press.
- Tolman, E. C. (1932). *Purposive behavior in animals and men*. New York: Naiburg.
- 梅本尭夫・大山正編（1994）『心理学史への招待―現代心理学の背景―』サイエンス社
- Watson, J. B. (1913). Psychology as the behaviorist view it. *Psychological Review, 20*, 158-177.
- Woodward, A. E., Bjork, R. A., & Jongeward, R. H. Jr. (1973). Recall and recognition as a function of primary rehearsal. *Journal of Verbal Learning and Verbal Behavior, 12*, 608-617.
- Zimmerman, B. J. (1989). A social cognitive view of self-regulated academic learning. *Journal of Educational Psychology, 81*, 329-339.

第5章

【引用文献】

1）学習障害及びこれに類似する学習上の困難を有する児童生徒の指導方法に関する調査研究協力者会議（1999）「学習障害児に対する指導について（報告）」
http://www.mext.go.jp/a_menu/shotou/tokubetu/material/002.htm

2）文部科学省（2002）「通常の学級に在籍する特別な教育的支援を必要とする児童生徒に関する全国実態調査」
http://www.mext.go.jp/b_menu/shingi/chousa/shotou/054/shiryo/attach/1361231.htm

3）Bruck, M. (1986) The primary characteristics of dyslexic children. *Canadian Journal of Public Health, 77*, 59-64.

4）Katusic, S. K., Colligan, R. C., Barbaresi, W. J., Schaid, D. J., Jacobsen, S. J. (2001) Incidence of reading disability in a population-based birth cohort, 1976-1982, Rochester, Minn. *Mayo Clinic Proceedings, 76*, 1081-1092.

5）Faglioni, P., Gatti, B., Paganoni, A. M., & Robutti, A. (1969) A psychometric evaluation of developmental dyslexia in Italian children. *Cortex, 5*, 15-26.

6) Farrag, A. F., el-Behary, A. A., & Kandil, M. R. (1988) Prevalence of specific reading disability in Egypt. *Lancet, 8* , 837-839.
7) Roongpraiwan, R., Ruangdaraganon, N., Visudhiphan, P., & Santikul, K. (2002) Prevalence and clinical characteristics of dyslexia in primary school students. *Journal of the Medical Association of Thailand, 85* (Suppl 4), S1097-1103.
8) 宇野彰（1999）「小学生の学習の様子に関する予備的調査研究―東京近郊40万人都市での調査―」『日本LD学会第 8 回大会発表論文集』96-97.
9) Snowling, M. J. (2000) *Dyslexia*. Oxford: Blackwell.
10) 石井加代子（2004）「読み書きのみの学習困難（ディスレキシア）への対応策」『科学技術動向』045　科学技術動向研究センター　13-25.
11) Coltheart, M., Rastle,K., Perry, C., Langdon, R., & Ziegler, J. (2001). DRC: A dual route cascaded model of visual word recognition and reading aloud. *Psychological Review, 108*, 204-256.
12) Perry, C., Ziegler, J. C., & Zorzi, M. (2007). Nested incremental modeling in the development of computational theories: The CDP+ model of reading aloud. *Psychological Review, 114*, 273-315.
13) Ziegler, J. C., Castel, C., Pech-Georgel, C., George, F., Alario, F. X., & Perry, C. (2008). Developmental dyslexia and the Dual Route Model of reading: Simulating individual differences and subtypes. *Cognition, 107*, 151-178.
14) 大石敬子（2008）「学習障害」石田宏代・大石敬子編『言語聴覚士のための言語発達障害学』医歯薬出版
15) Paulesu, E., Demonet, J. F., Fazio, F., McCrory, E., Chanoine, V., Brunswick, N., Cappa, S. F., Cossu, G., Habib, M., Frith, C. D., & Frith U. (2001). Dyslexia: Cultural diversity and biological unity. *Science, 291*, 2165-2167.
16) Temple, E., Deutsch, G. K., Poldrack, R. A., Miller, S. L., Tallal, P., Merzenich, M. M., & Gabrieli, J. D. (2003). Neural deficits in children with dyslexia ameliorated by behavioral remediation: Evidence from functional MRI. *Proceedings of the National Academy of Sciences of the United States of America, 100*, 2860-2865.
17) Galaburda, A. M., Sherman, G. F., Rosen, G. D., Aboitiz, F., & Geschwind, N. (1985). Developmental dyslexia: Four consecutive patients with cortical anomalies. *Annals of Neurology, 18*, 222-233.
18) Grigorenko, E. L. (2003). The first candidate gene for dyslexia: Turning the page of a new chapter of research. *Proceedings of the National Academy of Science of the United States of America, 100*, 11190-11192.
19) 富永由紀子（2009）「学習につまずきをかかえる子どもへの具体的な指導方法」『実践に生きる特別支援教育』明星大学出版会
20) 服部美佳子（2002）「平仮名の読みに著しい困難を示す児童への指導に関する事例研究」『教育心理学研究』50巻 4 号　日本教育心理学会　476-486.
21) Sugimoto, A., & Enomoto, T. (2011) *Training in visual skills improves a dyslexic Philippine child's ability in reading and writing Japanese Kanji- characters*. Paper presented at the 7 th International Conference on Cognitive Science.
22) 宇野彰・春原則子・金子真人・後藤多可志・粟屋徳子・狐塚順子（2015）「発達性読み書き障害児を対象としたバイパス法を用いた仮名訓練―障害構造に即した訓練方法と効果および適応に関する症例シリーズ研究―」『音声言語医学』56巻 2 号　日本音声言語医学会　171-179.
23) ジョン・ホルト、吉田章宏監訳（1981）『子ども達はどうつまずくか』評論社
24) 三宮真智子（2008）「メタ認知研究の背景と意義」『メタ認知−学習力を支える高次認

知機能』北大路書房

25）Flavell, J. H. (1987) Speculations about the nature and development of metacognition. In F. E. Weinert & R. H. Kluwe (Eds.), *Metacognition, Motivation, and Understanding*. Hillsdale, NJ: Lawrence Erlbaum Associates.

26）Schraw, G. (2001) Promoting general metacognitive awareness. In H. Hartman (Ed.), *Metacognition in Learning and Instruction: Theory, Research and Practice*. Dordrecht: Kluwer Academic Publishers.

27）Bransford, J. D., & Johnson, M. K. (1972). Contextual prerequisites for understanding: Some investigations of comprehension and recall. *Journal of Verbal Learning and Verbal Behavior, 11*, 717-726.

28）Gathercole, S. E., & Alloway, T. P. (2008). *Working memory and learning: A practical guide for teachers*. London: Sage.（湯澤正通・湯澤美紀訳（2009）『ワーキングメモリと学習指導—教師のための実践ガイド—』北大路書房）

29）湯澤美紀・河村暁・湯澤正通編（2013）『ワーキングメモリと特別な支援——人ひとりのニーズに応える—』北大路書房

30）Wydell, T. N., & Butterworth, B. (1999). A case study of an English-Japanese bilingual with monolingual dyslexia. *Cognition, 70*, 273-305.

31）ワイデルタエコ, N.（2008）「日本語における読み書き障害と文字列から音韻列変換時の粒の大きさと透明性の仮説」マーガレット・J・スノウリング著、加藤醇子・宇野彰監訳、紅葉誠一訳『ディスレクシア：読み書きのLD—親と専門家のためのガイド—』東京書籍

第6章

【引用文献】

1）Cohen, R. J., Sweredlik, M. E., and Struman, E. D. (2015). *Psychological Testing and Assessment*. McGraw Hill Education Private Limited.

2）Guilford, J. P.（1967）. *The Nature of Human Intelligence*. McGraw Hill INC.

3）大六一志（2016）「CHC（Cattell-Horn-Carroll）理論と知能検査・認知検査—検査結果解釈のために必要な知能理論の知識—」『LD研究』25巻2号　日本LD学会　209-215.

4）Nolen-Hoeksema, S., Fredrickson, B. L. et al. (2009). *Atokinson & Hilkgard's Introduction to Psychology*. WADSWORTH.

5）Sternberg, R. J. (1997). *Thinking Styles*. Cambridge University Press.（松村暢隆・比留間太白訳（2000）『思考スタイル—能力を生かすもの—』新曜社）

6）Kaufman, A. S., Lichtenberger, E. O. (2006). *Assessing Adolescent and Adult Intelligence*. John Wiley & Sons, INC.

7）Finke, R. A., Ward, T. B. & Smith, S. M. (1992). *Creative cognition: Theory, research, and applications*. Cambridge, MA: The MIT Press.（小橋康章訳（1999）『創造的認知—実験で探るクリエイティブな発想のメカニズム—』森北出版）

8）植村研一（2017）『高次脳機能がよくわかる 脳のしくみとそのみかた』医学書院 p.108.

9）Speece, D. L., Case, L. P., & Molloy, D. E. (2003). Responsiveness to general education instruction as the first gate to learning disabilities identification. *Learning Disabilities Research & Practice, 18*, 147-156.

10）海津亜希子・田沼実畝・平木こゆみ・伊藤由美・Vaughn, S.（2008）「通常の学級における多層指導モデル（MIM）の効果—小学1年生に対する特殊音節表記の読み書きの指導を通じて—」『教育心理学研究』56巻4号　534-547.

11) アラン・バドリー、井関龍太・齊藤智・川崎恵里子訳『ワーキングメモリ―思考と行為の心理学的基盤―』誠信書房
12) Sala, G. & Gobet, F. (2017). Working memory training in typically developing children: A Meta-analysis of the available evidence. *Developmental Psychology, 53*(4), 671-685.

【参考文献】
・村上宣寛（2007）『IQってホントは何なんだ？―知能をめぐる神話と真実』日経BP社

第7章

【引用文献】
1) 伊坂裕子（2013）「類型論と特性論」二宮克美・浮谷秀一・堀毛一也・安藤寿康・藤田主一・小塩真司・渡邊芳之編『パーソナリティ心理学ハンドブック』福村出版　p.44、p.48.
2) Allport, G. W., & Odbert, H. S. (1936). Trait-names : A psycho-lexical study. *Psychological Monographs, 47*（1）, No.211.
3) 小塩真司（2010）『はじめて学ぶパーソナリティ心理学―個性をめぐる冒険―』ミネルヴァ書房
4) 小塩真司（2014）『Progress & Application パーソナリティ心理学』サイエンス社
5) 下仲順子・中里克治・権藤恭之・高山緑（1998）「日本版NEO-PI-Rの作成とその因子的妥当性の検討」『性格心理学研究』6巻2号　日本性格心理学会　138-147.
6) 小塩真司・阿部晋吾・カトローニ・ピノ（2012）「日本語版Ten Item Personality Inventory（TIPI-J）作成の試み」『パーソナリティ研究』21巻1号　日本パーソナリティ心理学会　40-52.
7) レヴィン, K.、外林大作・松村康平訳（1942）『トポロギー心理学の原理』　生活社
8) 溝上慎一（2008）『自己形成の心理学―他者の森をかけ抜けて自己になる―』世界思想社
9) 溝上慎一（2010）『現代青年期の心理学―適応から自己形成の時代へ―』有斐閣
10) ジェームズ, W.、今田寛訳（1992）『心理学（上）』岩波書店
11) 榎本博明（2013）「自己」藤永保監修『最新心理学事典』平凡社　p.273.
12) エリクソン, E. H.、西平直・中島由恵訳（2011）『アイデンティティとライフサイクル』誠信書房
13) 大野久（2010）「アイデンティティ・親密性・世代性：青年期から成人期へ」岡本祐子編『成人発達臨床心理学ハンドブック―個と関係性からライフサイクルを見る―』ナカニシヤ出版　p.64.
14) マーシャ, J. E.、鑪幹八郎・宮下一博・岡本祐子訳（1988）「「アイデンティティ・ステイタス」の開発と確定」『アイデンティティ研究の展望Ⅴ-1』ナカニシヤ出版
15) 岡本祐子（1994）『成人期における自我同一性の発達過程とその要因に関する研究』風間書房
16) 都筑学（2005）「小学校から中学校にかけての子どもの「自己」の形成」『心理科学』25巻2号　心理科学研究会　1-10.
17) 髙坂康雅（2010）「青年期の友人関係における被異質視不安と異質拒否傾向―青年期における変化と友人関係満足度との関連―」『教育心理学研究』58巻3号　日本教育心理学会　338-347.
18) 加藤弘通・太田正義・松下真実子・三井由里（2013）「中学生の自尊心を低下させる要因についての研究―批判的思考の発達との関連から―」『静岡大学教育学部研究報告（人文・社会・自然科学篇）』63号　静岡大学　135-143.

19）都筑学（2008）『小学校から中学校への学校移行と時間的展望―縦断的調査にもとづく検討―』ナカニシヤ出版
20）Rosenberg, M. (1965). *Society and the adolescent self-image*. Princeton university press.
21）Schmitt, D. P., & Allik, J. (2005). Simultaneous administration of the Rosenberg Self-Esteem Scale in 53 nations: exploring the universal and culture-specific features of global self-esteem. *Journal of personality and social psychology, 89* (4), 623-642.
22）小塩真司・岡田涼・茂垣まどか・並川努・脇田貴文（2014）「自尊感情平均値に及ぼす年齢と調査年の影響―Rosenbergの自尊感情尺度日本語版のメタ分析―」『教育心理学研究』62巻 4 号　日本教育心理学会　273-282.
23）岡田涼・小塩真司・茂垣まどか・脇田貴文・並川努（2015）「日本人における自尊感情の性差に関するメタ分析」『パーソナリティ研究』24巻 1 号　日本パーソナリティ心理学会　49-60.
24）箕浦有希久・成田健一（2017）「 2 項目自尊感情尺度を用いた自尊感情の変動性の測定」『感情心理学研究』24巻Supplement号　日本感情心理学会　ps48.
25）小塩真司（2001）「自己愛傾向が自己像の不安定性、自尊感情のレベルおよび変動性に及ぼす影響」『性格心理学研究』10巻 1 号　日本性格心理学会　35-44.
26）小塩真司（2004）『自己愛の青年心理学』ナカニシヤ出版
27）ギャバード, G. O.、舘哲朗監訳（1997）『精神力動的精神医学―その臨床実践［DSM-IV版］―③臨床篇：Ⅱ軸障害』岩崎学術出版社
28）速水敏彦（2012）「仮想的有能感とは何か」速水敏彦編『仮想的有能感の心理学―他人を見下す若者を検証する―』北大路書房　p. 6 .
29）牛島義友・阪本一郎・中野佐三・波多野完治・依田新監修（1969）『教育心理学新辞典』金子書房
30）落合良行・佐藤有耕（1995）「高校生の生活感情を規定する心理的要因の分析」『青年心理学研究』7 号　日本青年心理学会　 1 -14.
31）落合良行（1989）『青年期における孤独感の構造』風間書房
32）落合良行（1994）「青年期における生活感情リストの作成」『筑波大学心理学研究』16号　筑波大学心理学系　119-127.
33）佐藤有耕（2006）「個性と社会性の発達」海保博之監修、鹿毛雅治編『教育心理学』朝倉書店
34）佐藤有耕（2016）「青年期の自己嫌悪感」『心理学ワールド』74号　日本心理学会　17-20.

【参考文献】
・Soto, C. J., John, O. P., Gosling, S. D., & Potter, J. (2011). Age differences in personality traits from 10 to 65: Big Five domains and facets in a large cross-sectional sample. *Journal of personality and social psychology, 100* (2), 330-348.

第 8 章

【引用文献】
1 ）西本絹子（2018）「アセスメント」西本絹子・古屋喜美代・常田秀子『子どもの臨床発達心理学―未来への育ちにつなげる理論と支援―』萌文書林
2 ）黒岩誠・野口和也編（2008）『みるみるわかる心理アセスメント―学ぶ・使う・活かす―』明星大学出版
3 ）村上宣寛・村上千恵子（2008）『改訂 臨床心理学アセスメントハンドブック』北大路書房

4）日本臨床MMPI研究会監修、野呂浩史・荒川和歌子・井手正吾編（2011）『わかりやすいMMPI活用ハンドブック―施行から臨床応用まで―』金剛出版
5）藤岡淳子（2004）『包括システムによるロールシャッハ臨床―エクスナーの実践的応用―』誠信書房
6）橋本泰子・大木桃代編（1999）『臨床現場のための心理検査入門』OMS出版
7）三宅芳雄・三宅なほみ（2014）『新訂 教育心理学概論』放送大学教育振興会
8）梶田叡一（2010）『教育評価［第2版補訂2版］』有斐閣

第9章

【引用文献】

1）U.ブロンフェンブレンナー、磯貝芳郎・福富護訳（1996）『人間発達の生態学―発達心理学への挑戦―』川島書店
2）Johnson, M. H., Dziurawiec, S., Ellis, H., & Morton, J. (1991). Newborns' preferential tracking of face-like stimuli and its subsequent decline. *Cognition, 40*, 1-19.
3）Score, J. F., Emde, R. N., Campos, J. & Klinnert, M. D. (1985). Maternal emotional singnaling: Its effect on the visual cliff behavior of 1-year-olds. *Developmental Psychology, 21*, 195-200.
4）Gibson, E. J., & Walk, R. D.(1960). The "Visual Cliff". *Scientific American, 202*, 64-71
5）マイケル・トマセロ、大堀壽夫・中澤恒子・西村義樹・本多啓訳（2006）『心とことばの起源を探る―文化と認知―』勁草書房
6）Meltzoff, A. N., & Moore, M. K. (1977). Imitation of facial and manual gestures by human neonates. *Science, 198*, 75-78.
7）明和政子（2018）「模倣」日本発達心理学会編『発達科学ハンドブック第9巻 社会的認知の発達科学』新曜社 126-139.
8）Meltzoff, A. N. (1995). Understanding the intentions of others: Re-enactment of intended acts by 18-month-old children. *Developmental Psychology, 31*, 838-850.
9）Frith, U., Morton, J., & Leslie, A. M. (1991). The cognitive basis of a biological disorder: Autism. *Trends in Cognitive Science, 14*, 110-118.
10）Baillargeon, R., Scott, R. M., & He, Z. (2010). False-belief understanding in infants. *Trends in Cognitive Science, 14*, 110-118.
11）Perner, J., & Wimmer, H. (1985). "John thinks that Mary thinks that…" Attribution of second-order beliefs by 5- to 10-years-old children. *Journal of Experimental Child Psychology, 39*, 437-471.
12）Warneken, F., & Tomasello, M. (2006). Altruistic helping in human infants and young chimpanzees. *Science, 311*, 1301-1303.
13）M. L. ホフマン、菊池章夫・二宮克美訳（2001）『共感と道徳性の発達心理学―思いやりと正義とのかかわりで―』川島書店
14）マイケル・トマセロ、橋彌和秀訳（2013）『ヒトはなぜ協力するのか』勁草書房
15）長谷川寿一監修、笠井清登・藤井直敬・福田正人・長谷川眞理子編（2015）『思春期学』東京大学出版会
16）Perner, J., & Lang, B. (1999). Development of theory of mind and executive control. *Trends in Cognitive Sciences, 3*, 337-344.
17）Hamlin, J. K., Wynn, K., & Bloom, P. (2007). Social evaluation by preverbal infants. *Nature, 450*, 557-559.
18）Kanakogi, Y., Inoue, Y., Matsuda, G., Butler, D., Hiraki, K., & Myowa-Yamakoshi. (2017). Preverbal infants affirm third-party interventions that protect victims from

aggressors. *Nature Human Behavior, 1*, 0037.
19）ジョナサン・ハイト、高橋洋訳（2014）『社会はなぜ左と右にわかれるのか―対立を超えるための道徳心理学―』紀伊國屋書店
20）永野重史編（1985）『道徳性の発達と教育―コールバーグ理論の展開―』新曜社
21）荒木寿友（2017）『ゼロから学べる道徳科授業づくり』明治図書出版
22）中川美和（2003）「対人葛藤場面における年長児の謝罪―許容スクリプト」『広島大学大学院教育学研究科紀要』第52号　広島大学大学院教育学研究科　345-353.
23）デイビッド・フィンケルホー編、森田ゆり・金田ユリ子・定政由里子・森年恵訳（2010）『子ども被害者学のすすめ』岩波書店
24）戸田有一（2013）「いじめ研究と学校における予防実践支援」『発達心理学研究』24巻4号　日本発達心理学会　460-470.
25）山崎勝之・戸田有一・渡辺弥生編（2013）『世界の学校予防教育―心身の健康と適応を守る各国の取り組み―』金子書房
26）Berry, J. W. (1976). *Human ecology and cognitive style: Comparative studies in cultural and psychological adaptation*. Sage Publications ; New York.
27）志田陽子（2013）「多文化主義とジェンダー―憲法理論の視座から―」『GEMC journal : グローバル時代の男女共同参画と多文化共生』9巻　東北大学　30-45.

【参考文献】
・フィリップ・アリエス、杉山光信・杉山恵美子訳（1980）『〈子供〉の誕生―アンシァン・レジーム期の子供と家族生活―』みすず書房

第10章

【引用文献】
1）田中俊也（1992）「学級集団の理解」子安増生・田中俊也・南風原朝和・伊東裕司『教育心理学』有斐閣　71-92.
2）蘭千壽（1993）「発達段階別学級づくりの第一歩―教師も子どもも成長する学級づくりを―」『児童心理』47巻6号　金子書房　12-19.
3）江村早紀・大久保智生（2012）「小学校における児童の学級への適応感と学校生活との関連―小学生用学級適応感尺度の作成と学級別の検討―」『発達心理学研究』23巻3号　日本発達心理学会　241-251.
4）Kelly, G. A. (1955). *The psychology of personal constructs*. Norton.
5）近藤邦夫（1994）『教師と子どもの関係づくり―学校の臨床心理学―』東京大学出版会
6）Rosenthal, R., & Jacobson, L. (1968). *Pygmalion in the classroom : Teacher expectation and pupils' intellectual development*. Holt.
7）高旗正人編（2000）『学級経営重要用語300の基礎知識』明治図書出版
8）三隅二不二（1984）『リーダーシップ行動の科学（改訂版）』有斐閣
9）弓削洋子（2012）「教師の2つの指導性機能の統合化の検討―機能に対応する指導行動内容に着目して―」『教育心理学研究』60巻2号　日本教育心理学会　186-198.
10）白松賢（2017）『学級経営の教科書』東洋館出版社
11）大久保智生（2007）「問題を支えている関係を問う」夏堀睦・加藤弘通編『卒論・修論をはじめるための心理学理論ガイドブック』ナカニシヤ出版　155-166.
12）加藤弘通（2003）「問題となる行動―問題の見方と対策の立て方―」都筑学編『やさしい心理学―心の不思議を考える―』ナカニシヤ出版　161-176.
13）大久保智生（2010）『青年の学校適応に関する研究―関係論的アプローチによる検討―』ナカニシヤ出版

14）國分康孝監修、小林正幸・相川充編（1999）『ソーシャルスキル教育で子どもが変わる「小学校」』図書文化社
15）加藤弘通・大久保智生（2009）「学校の荒れの収束過程と生徒指導の変化―二者関係から三者関係に基づく指導へ―」『教育心理学研究』57巻4号　日本教育心理学会　466-477.
16）森田洋司・清水賢二（1994）『新訂版 いじめ―教室の病―』金子書房
17）加藤弘通・大久保智生（2006）「問題行動をする生徒および学校生活に対する生徒の評価と学級の荒れとの関係―困難学級と通常学級の比較から―」『教育心理学研究』54巻1号　日本教育心理学会　34-44.
18）加藤弘通（2007）『問題行動と学校の荒れ』ナカニシヤ出版
19）加藤弘通・大久保智生（2004）「反学校的な生徒文化の形成に及ぼす教師の影響―学校の荒れと生徒指導の関係についての実証研究―」『季刊社会安全』No.52　日工組社会安全研究財団　44-57.

第11章

【引用文献】

1）石隈利紀（1999）『学校心理学―教師・スクールカウンセラー・保護者のチームによる心理教育的援助サービス―』誠信書房
2）Fraser, M. W. ed (2004). *Risk and Resilience in Childhood : An Ecological Perspective* National Association of Social Workers, INC. Washington DC USA.（マーク・W・フレイザー編、門永朋子・岩間伸之・山懸文治訳（2009）『子どものリスクとレジリエンス―子どもの力を活かす援助―』ミネルヴァ書房）
3）鵜養美昭・鵜養啓子（1997）『学校と臨床心理士―心育ての教育をささえる―』ミネルヴァ書房
4）弓削洋子（2012）「教師の2つの指導性機能の統合化の検討―機能に対応する指導行動内容に着目して―」『教育心理学研究』第60巻第2号　日本教育心理学会　186-198.
5）東京学芸大学（2010）「『小1プロブレム』に関する実態と全国の取り組みについて」p.20.
http://www.u-gakugei.ac.jp/~shouichi/report/pdf/houkokusyo-02.pdf
6）近藤邦夫（1994）『教師と子どもの関係づくり―学校の臨床心理学―』東京大学出版会
7）国立教育政策研究所（2016）「スタートカリキュラム スタートブック」
https://www.nier.go.jp/kaihatsu/pdf/startcurriculum_mini.pdf
8）埼玉県教育委員会（2012）「接続プログラム」
https://www.pref.saitama.lg.jp/f2215/documents/496891.pdf
9）文部科学省（2018）「平成28年度『児童生徒の問題行動・不登校等生徒指導上の諸課題に関する調査』（確定値）について」
https://www.mext.go.jp/b_menu/houdou/30/02/__icsFiles/afieldfile/2018/02/23/1401595_002_1.pdf
10）日本小児心身医学会（2009）『小児心身医学会ガイドライン集―日常診療に活かす4つのガイドライン―』南江堂
11）脇中起余子（2013）『「9歳の壁」を越えるために―生活言語から学習言語への移行を考える―』北大路書房
12）宇野洋太（2016）「発達障害と学校精神保健」『精神科治療学』第31巻第4号　457（41）-464（48）.
13）杉山登志郎（2009）『そだちの臨床―発達精神病理学の新地平―』日本評論社
14）文部科学省（2015）「不登校児童生徒への支援に関する中間報告」p.7.

http://www.mext.go.jp/component/b_menu/shingi/toushin/__icsFiles/afieldfile/2015/09/07/1361492_01.pdf
15) 文部科学省（2017a）「『日本語指導が必要な児童生徒の受入状況等に関する調査（平成28年度）』の結果について」
http://www.mext.go.jp/b_menu/houdou/29/06/__icsFiles/afieldfile/2017/06/21/1386753.pdf
16) 文部科学省（2017b）「いじめの重大事態の調査に関するガイドライン」
http://www.mext.go.jp/component/a_menu/education/detail/__icsFiles/afieldfile/2017/03/23/1327876_04.pdf
17) 森田洋司・清水賢二（1994）『新訂版 いじめ―教室の病―』金子書房
18) 森田洋司（2010）『いじめとは何か―教室の問題、社会の問題―』中央公論新社
19) 国立教育政策研究所（2010）「いじめ追跡調査 2007－2009」 p.10.
http://www.nier.go.jp/shido/centerhp/shienshiryou2/3.pdf
20) 文部科学省（2008）「『ネット上のいじめ』に関する対応マニュアル・事例集（学校・教員向け）」
http://www.mext.go.jp/b_menu/houdou/20/11/08111701/001.pdf
21) 警視庁（2017）「少年非行の傾向 平成28年」
http://www.keishicho.metro.tokyo.jp/about_mpd/jokyo_tokei/kakushu/hiko.files/hikou.pdf
22) 奥山真紀子（2010）「マルトリートメント（子ども虐待）と子どものレジリエンス」『学術の動向』第15巻第4号 日本学術協力財団 46-51.
23) 厚生労働省（2018）「平成29年度の児童相談所での児童虐待相談対応件数」
https://www.mhlw.go.jp/content/11901000/000348313.pdf
24) 友田明美（2012）『新版 いやされない傷―児童虐待と傷ついていく脳―』診断と治療社
25) 西澤哲（2010）『子ども虐待』講談社
26) 玉井邦夫（2007）『学校現場で役立つ子ども虐待対応の手引き―子どもと親への対応から専門機関との連携まで―』明石書店
27) 内閣府（2014）「平成26年版 子ども・若者白書（全体版）」
http://www8.cao.go.jp/youth/whitepaper/h26honpen/b1_03_03.html

第12章

【引用文献】

1) Lewin, K. (1935). *A Dynamic Theory of Personality*. New York : Mc Graw-Hill.（相良守次・小川隆訳（1957）『パーソナリティの力学説』岩波書店）
2) 五十嵐哲也・杉本希映編（2012）『学校で気になる子どものサイン』少年写真新聞社
3) 小此木啓吾（1971）『現代精神分析Ⅰ』誠信書房
4) Rogers, C. R. (1957). The Necessary and Sufficient Conditions of Therapeutic Personality Change. *Journal of Consulting Psychology, 21（2）*, 95-103（H. カーシェンバウム・V. L. ヘンダーソン編、伊東博・村山正治監訳（2001）『ロジャーズ選集（上）』誠信書房）
5) Axline, V. M. (1947). *Play Therapy*. Boston: Houghton-Mifflin.（小林治夫訳（1972）『遊戯療法』岩崎学術出版社）
6) 平木典子（2009）『改訂版 アサーション・トレーニング―さわやかな〈自己表現〉のために―』日本・精神技術研究所
7) 文部科学省（2010）『生徒指導提要』教育図書

【参考文献】
- Tobin, R. M.・House, A. E. (2016). *DSM-5 Diagnosis in the School*. New York：Guilford Press.（高橋祥友監訳（2017）『学校関係者のためのDSM-5』医学書院）
- 氏原寛・亀口憲治・成田善弘・東山紘久・山中康裕編（2004）『心理臨床大事典（改訂版）』培風館
- 河合隼雄（1969）『箱庭療法入門』誠信書房
- 河合隼雄・山王教育研究所編（2005）『遊戯療法の実際』誠信書房
- 皆藤章編（2007）『よくわかる心理臨床』ミネルヴァ書房
- 國分康孝・片野智治（2001）『構成的グループ・エンカウンターの原理と進め方―リーダーのためのガイド―』誠信書房
- 前田重治（2014）『新図説 精神分析的面接入門』誠信書房

第13章

【引用文献】
1）伊藤良子・中橋富美恵（1999）「院内学級に通う児童のストレスの実態と心理的ケアについて―全国実態調査の結果から―」『発達障害研究』21巻3号　日本発達障害学会　229-234.
2）米国知的・発達障害協会用語・分類特別委員会編、太田俊己・金子健・原仁・湯汲英史・沼田千妤子共訳（2012）『知的障害―定義、分類および支援体系―第11版』日本発達障害福祉連盟
3）文部科学省（2013）「特別支援教育について」
https://www.mext.go.jp/component/a_menu/education/micro_detail/__icsFiles/afieldfile/2014/06/13/1340247_08.pdf
4）Zigler, E. & Bennet-Gates, D. (1999). *Personality Development in Individuals with Mental Retardation*. Cambridge University Press.（田中道治編訳（2000）『知的障害者の人格発達』田研出版
5）キャロル・グレイ、門眞一郎訳（2005）『コミック会話―自閉症など発達障害のある子どものためのコミュニケーション支援法―』明石書店
6）キャロル・グレイ編、服巻智子監訳、大阪自閉症協会編訳（2005）『ソーシャル・ストーリー・ブック―書き方と文例―』クリエイツかもがわ

【参考文献】
- キャロル・グレイ、門眞一郎訳（2005）『コミック会話―自閉症など発達障害のある子どものためのコミュニケーション支援法―』明石書店
- キャロル・グレイ編、服巻智子監訳、大阪自閉症協会編訳（2005）『ソーシャル・ストーリー・ブック―書き方と文例―』クリエイツかもがわ
- 河合康・小宮三彌編（2018）『わかりやすく学べる特別支援教育と障害児の心理・行動特性』北樹出版
- 国立特別支援教育総合研究所（2015）『特別支援教育の基礎・基本（新訂版）』ジアース教育新社
- 日本LD学会編（2016）『発達障害事典』丸善出版
- American Psychiatric Association、日本精神神経学会日本語版用語監修、髙橋三郎・大野裕監訳（2014）『DSM-5 精神疾患の分類と診断の手引』医学書院
- 梅永雄二・島田博祐編（2015）『障害児者の教育と生涯発達支援（第3版）』北樹出版

事項索引

あ

RTIモデル　124
IQ　113、114
愛着　34
アイデンティティ　31、137
アイデンティティ・ステイタス　138
アカルチュレーション　176
アクション・リサーチ　19
アクスラインの8原則　224
アクティブ・ラーニング　182
アサーション・トレーニング　193、226
足場かけ　53
アセス　185
アセスメント　146
アタッチメント　34
アタッチメント障害　210
アニミズム　45
アハー体験　79
アプローチカリキュラム　201
アンダーマイニング現象　62
アンビバレンス　215

い

閾値　27
いじめ　204
維持リハーサル　83
一次誤信念　170
1次集団　181
一次的援助　199
一次的ことば　51
一斉授業　84
イド　29、135、223
意味記憶　82
インクルーシブ教育システム　233
インターバル記録法　154
インフォーマル・アセスメント　147
インフォーマル・グループ　181
インプリンティング　27

う

ウェクスラー式知能検査　153
内田・クレペリン検査　152

え

ASD　243
ADHD　242
ABC分析　156
エゴ　29
エス　29、135、223
S-R連合　75
S-S連合　78
SL理論　189
SCT　151
エスノグラフィ　19
エディプス期　30
エディプス・コンプレックス　31
エピソード記憶　82
MMPI　149
LD　241
エンカウンター・グループ　225

お

オペラント条件づけ　75
音韻意識　51
オンライン調査　18

か

外言　52
開発的教育相談　226
外発的動機づけ　61
解離　209
カウンセリング　220
カウンセリング・マインド　200、221
拡散的思考　121
学習　73
学習障害　96、241
学習性無力感　70
学習動機の2要因モデル　63
学習の転移　86
学習方略　83
学力　123
学力不振児　123
仮説実験授業　86
仮想的有能感　141
カタルシス　226
学級経営　188
葛藤　215
感覚運動期　43
感覚記憶　80
環境閾値説　27
環境優位説　26
観察学習　87
観察法　19

き

記憶　80
期待価値理論　64、65
ギャング・グループ　166、183
9歳の壁　203
Q-U　185
教育評価　157
強化　77、156
強化子　77
共感　168
共感的理解　221、223
教師用RCRT　186
協調学習　88
共通特性　131
共同注意　167

く

偶然的観察法　19
具体的操作期　45
クライエント中心療法　223

け

計算障害　242
形式的操作期　46

266

事項索引

形成的評価　157
傾聴　221
系列位置効果　106
K-ABC　153
ケース・スタディ　20
ゲシュタルト心理学　16、79
ゲシュタルト療法　226
ゲスフー・テスト　184
結果期待　64
結晶性知能　117
原因帰属　65
原因帰属理論　65
言語的思考　51
顕在記憶　82

こ

語彙の爆発期　50
効果の法則　76
高原現象　107
向社会的行動　170
口唇期　30
構成的グループ・エンカウンター　226
構造化面接　20、155
行動観察　154
行動主義心理学　16、26、75
行動療法　224
肛門期　30
合理的配慮　233
効力期待　64
互恵性　170
心の理論　48、169
個人的特性　131
誤信念課題　168
5段階教授法　15
古典的条件づけ　75
古典的知能理論　116
個別指導計画　234
個別の教育支援計画　234
根源的特性　131
コンピテンス　65
コンピュータに支援された協調学習（CSCL）　91
コンフリクト　215

さ

サイコグラフ　131
サイコドラマ　226
再生　105
再認　105
作業検査　151
作動記憶　81
参加観察法　19
三項関係　167
三項随伴性　156
三次元知能構造モデル　117
三次的援助　200
三頭理論　119

し

CHC理論　118
シェイピング　78
ジェネプロアモデル　121
シェマ　42
自我　29、135、137、223
視覚障害　234
自我同一性　31
時間見本法　19
ジグソー学習　88
自己　137
自己愛　140
自己一致　223
試行錯誤学習　76
自己決定理論　62
自己効力感　64
自己制御学習　84
自己中心性　44
自己調整学習　84
自己評価　159
指示的カウンセリング　221
事象見本法　19
自然観察法　19
自尊感情　140
肢体不自由　237
実験観察法　19
実験群　17
実験法　17
実行機能　53、171
質問紙調査　18
質問紙法検査　149

視点取得　44
児童虐待　209
シミュレーション研究　21
社会的学習理論　87
社会的参照　167
社会的欲求　59
弱化　156
習熟度別学習指導　85
収束の思考　121
従属変数　18
集団帰属意識　175
16PF人格検査　131
小1プロブレム　201
生涯発達　23
消去　75
状況的学習論　84
条件刺激　75
条件反応　75
象徴機能　50
情動的共感　168
情報処理モデル　80
情報の処理水準　83
情報モラル教育　208
初期経験　27
初語　50
書字障害　242
初頭効果　106
自律訓練法　225
事例研究法　20
人格　129
新近効果　106
神経画像法　21
人工論　45
心誌　131
新生児模倣　168
身体虚弱　238
診断的評価　157
心的外傷後ストレス障害　209、220
心理劇　226
心理検査法　21
心理・社会的危機　31
心理社会的発達理論　31
心理性的発達理論　29
心理療法　222

す

スーパーエゴ　29
スキーマ　82、106
スキャモンの発達曲線　24
スクリプト　82、106、175
スタートカリキュラム　201
ステレオタイプ　175
ストレス　214
ストレス反応　214
ストレス・マネジメント　226
ストレッサー　214
スリーパー効果　187

せ

性格検査　149
生活感情　141
生活空間　135
性化行動　210
生活年齢　113
性器期　30
成熟優位説　26
精神年齢　113、152
精神分析療法　223
生態学的環境　28
生態学的システム理論　28
精緻化リハーサル　83
正統的周辺参加　93
生理的早産　39
生理的欲求　59
絶対評価　159
前意識　135
宣言的記憶　82
先行オーガナイザー　87、106
潜在記憶　82
前操作期　44
潜伏期　30

そ

総括的評価　158
相関　116
相互教授法　89
相互作用説　26
相互評価　159
操作的定義　154

た

創造性　121
創造性の4段階説　121
相対評価　158
ソーシャル・スキル・トレーニング　192、226
ソシオメトリック・テスト　184
組織的観察法　19
素朴生物学　48
素朴物理学　48
素朴理論　47

た

体制化方略　83
多因子説　116
他者評価　159
多重知能論　119
多重被害者　176
達成動機づけ　65
脱中心化　45
短期記憶　54、80

ち

知的障害　239
知能　112
知能検査　152
知能指数　113、114
知能の2因子説　116
チャム・グループ　166、183
チャンク　80
中1ギャップ　203
中心化傾向　187
聴覚障害　235
長期記憶　80
調査法　18
調査面接　20
超自我　29、135、223
調節　42

て

TAT　151
DN-CAS　153
DCD　245
ディスカリキュア　242
ディスグラフィア　242

ディスレクシア　97、242
適応機制　216
適性処遇交互作用　85
テスト・バッテリー　112、147
手続き的記憶　82

と

同一視　31
投影法検査　150
同化　42
動機づけ　60
道具的条件づけ　76
洞察学習　79
統制群　17
道徳性　171
読字障害　242
特性　131
特性論　129、149
特別支援教育　232
独立変数　18

な

内観法　16
内言　52
内集団　181
内的作業モデル　34
内発的動機づけ　61
喃語　50

に

二項関係　167
二次誤信念　170
二次的援助　199
二次的ことば　51
二重貯蔵モデル　80
認知機能　115
認知行動療法　225
認知心理学　79、80
認知地図　78
認知的共感　168
認知的方略　83
認知発達段階理論　42

事項索引

ね
ネットいじめ　207

は
パーソナリティ　129
パーソナリティの5因子モデル　133
箱庭療法　224
バズ学習　88
罰　156
発見学習　86
罰子　77
発達　23
発達課題　24
発達検査　153
発達障害　96、241
発達段階　24
発達の可塑性　28
発達の最近接領域　52
場の理論　135
パフォーマンス評価　160
場面見本法　19
ハロー効果　188
般化　75
半構造化面接　20、155
反社会的行動　192、218
反射のシェマ　43
反応形成　78

ひ
ピア・グループ　166、183
P-Fスタディ　151
PM理論　189
PTSD　209、220
ピグマリオン効果　187
非行　208
非構造化面接　20、155
非参加観察法　19
非指示的カウンセリング　221
非社会的行動　192、218
ビッグファイブ　133
ビネー式知能検査　152
病弱　238
表象　82
表面的特性　131

敏感期　28

ふ
フィールド研究　20
フォーマル・アセスメント　147
フォーマル・グループ　181
輻輳説　26
不登校　202
フラストレーション　214
フラストレーション耐性　215
プラトー　107
プレイセラピー　223
ブレインストーミング　122
フロー　68
プログラム学習　78、84
プロジェクト型学習　90
分離不安　203

へ
偏差IQ　114、153
弁別　75

ほ
暴力行為　209
ホーソン効果　188
ポートフォリオ評価　160
母性的養育の剥奪　34

ま
マターナル・ディプリベーション　34

み
三つ山課題　44
ミネソタ多面人格目録　149

む
無条件刺激　75
無条件の肯定的配慮　223
無条件反応　75

め
メタ認知　83、104
面接　154
面接法　20

も
黙従反応　240
目標構造　68
目標理論　67
モデリング　87
模倣　168
モラルジレンマ　172
森田療法　225
問題基盤型学習　89

や
役割演技　226

ゆ
有意味受容学習　86、106
遊戯療法　223

よ
幼小接続期カリキュラム　201
欲求　59、214
欲求階層説　59
欲求不満耐性　215
予防的教育相談　226

ら
来談者中心療法　223
ラポール　21、220
ランダム・サンプリング　20

り
リアリズム　45
リーダーシップ　189
力動論　135
リハーサル　80
リハーサル方略　83

リビドー　29、135
リミット・テスティング　210
流動性－結晶性理論　117
流動性知能　117
臨界期　27
臨床面接　20

る
類型論　129、149

ルーブリック　160

れ
レジリエンス　199
レスポンデント条件づけ　75
レミニセンス　107

ろ
ロールシャッハテスト　151
ロール・プレイング　226

わ
ワーキングメモリ　53、81、107
YG性格検査　149
われわれ集団　181

人名索引

あ
アイゼンク　131
アトキンソン（Atkinson, J. W.）　65
アトキンソン（Atkinson, R. C.）　80
アロンソン　88

い
板倉聖宣　86

う
ヴィゴツキー　52、56
ウェクスラー　153
ウェルトハイマー　16、79
ウォーラス　121
ウォルピ　225
ヴント　15

え
エビングハウス　151
エリクソン　31、137

お
オーズベル　86
オズボーン　122

オルポート　131

か
ガードナー　119
カウフマン　120、153
カルフ　224

き
キャッテル（Cattell, J. M.）　16
キャッテル（Cattell, R. B.）　117、131
キャロル　117
ギリガン　174
キルパトリック　90
ギルフォード　116、121

く
クレーク　83
クレッチマー　129、149
クレペリン　16、152

け
ケーラー　79
ゲゼル　26

こ
ゴールトン　15
コールバーグ　172
國分康孝　226
コスタ　134
コリンズ　82

さ
サーストン　116
サイモンズ　31

し
ジェームズ　15
シェルドン　130
ジェンセン　26
ジグラー　240
シフリン　80
シュテルン　26、114
シュルツ　225

す
スキナー　76
スキャモン　24
スタンバーグ　119
スピアマン　116

せ
セリグマン　70

そ
ソーンダイク　16、75

た
ターマン　114

て
デューイ　90

と
トールマン　78

な
ナグリエリ　153

は
パールズ　227
ハーロウ　34
ハヴィガースト　24
ハサウェイ　149
バデリー　81
パブロフ　74
バンデューラ　87、225

ひ
ピアジェ　42、56
ヒッチ　81
ビネー　113、152

ふ
フィンケ　121
ブルーナー　86
ブルーム　157
フロイト　16、29、135、223
ブロンフェンブレンナー　28、165

へ
ベック　225
ヘルバルト　15

ほ
ボウルビー　34
ホール　16
ホーン　117

ま
マーシャ　138
マーレー　151
マグルー　118
マズロー　59
マッキンレイ　149
マックレー　134

も
モイマン　15
モーガン　151
森田正馬　225
モレノ　226

ゆ
ユング　130

る
ルクセンブルガー　26

れ
レヴィン　135、215

ろ
ローエンフェルト　224
ローゼンツヴァイク　151
ローレンツ　27
ロジャーズ　223、225
ロックハート　83
ロフタス　82

わ
ワトソン　16、26、75

理論と実践をつなぐ 教育心理学

```
2019 年 4 月 1 日  初版第 1 刷発行
2023 年 8 月 1 日  初版第 5 刷発行
```

編　者	杉本明子・西本絹子・布施光代
発行者	竹鼻　均之
発行所	株式会社みらい 〒500-8137　岐阜市東興町40　第５澤田ビル TEL　058-247-1227（代） FAX　058-247-1218 https://www.mirai-inc.jp/
印刷・製本	サンメッセ株式会社

©Akiko Sugimoto, Kinuko Nishimoto, Fuse Mitsuyo. Printed in Japan
ISBN978-4-86015-465-3　C3037

乱丁本・落丁本はお取り替え致します。